W0468801

IÑAKI GABILONDO
CIUDADANO EN GRAN VÍA

IÑAKI GABILONDO
CIUDADANO EN GRAN VÍA

La aventura de 30 años de radio

Carmelo Martín

EL PAIS
AGUILAR

© 1998, Carmelo Martín

© De esta edición:
1998, Grupo Santillana de Ediciones, S. A.
Ediciones El País, S. A.
Torrelaguna, 60. 28043 Madrid
Teléfono (91) 744 90 60
Telefax (91) 744 90 93

• Aguilar, Altea, Taurus, Alfaguara, S. A.
Beazley 3860. 1437 Buenos Aires
• Aguilar, Altea, Taurus, Alfaguara, S. A. de C. V.
Avda. Universidad, 767, Col. del Valle,
México, D.F. C. P. 03100
• Ediciones Santillana, S. A.
Calle 80 Nº 10-23
Bogotá, Colombia

Proyecto de colección: Óscar Mariné
Cubierta: OMB

© Fotografías: archivo familiar Iñaki Gabilondo, Cadena SER, diario *El País* y Colleen Murphy

ISBN: 84-03-59500-X
Depósito legal: M-38.250-1998
Impreso en España por Gráfica Internacional - Printed in Spain

Todos los derechos reservados. Esta publicación no puede ser reproducida, ni en todo ni en parte, ni registrada en o transmitida por, un sistema de recuperación de información, en ninguna forma ni por ningún medio, sea mecánico, fotoquímico, electrónico, magnético, electroóptico, por fotocopia, o cualquier otro, sin el permiso previo por escrito de la editorial.

Índice

"La ética debe acompañar
al periodista como el zumbido
al moscardón".
GABRIEL GARCÍA MÁRQUEZ

"Siempre he querido que los oyentes
tengan clara una cosa: que les voy
a jugar limpio".
IÑAKI GABILONDO

Pretexto

El proyecto de escribir este libro sobre Iñaki Gabilondo dormía un sueño que ya duraba un año y parecía eternizarse, cuando un día conseguimos, fruto de un asedio, acaso imperdonable, que rompiera a hablar.

A cambio, le brindamos en bandeja un pretexto tramposo, para calmarle el temor a tirar del hilo interior irreversiblemente: si al final insistía en desistir, renunciábamos a la empresa.

Durante días, semanas y meses, el periodista que más escuchan los españoles fue contándonos, al fin, las cosas que le han pasado a él y que le han pasado a los demás durante treinta años de oficio en la primera fila del teatro de este siglo, mientras el país cambiaba.

Eran hechos que retrataban a Iñaki Gabilondo de un modo singular e inesperado y que a la vez nos retrataban a todos, porque tenían que ver con rasgos colectivos de un tiempo que aún nos parece que fue ayer: la dictadura, la transición y, por último, las libertades.

Iñaki Gabilondo es una firma en el aire que sería reconocible hasta en plena oscuridad. No hace falta, porque su programa y sus sueños ciudadanos de convivencia se emiten por la mañana en la cadena SER, a la luz del día.

Lluvia de palabras. La radio de Iñaki tiene palabra, va cargada siempre de palabras, es radio de autor.

A los exégetas malintencionados de Gabilondo les gusta tildarlo, como si fuera una ofensa, de ser moderado, evitando adjetivos que dicen lo mismo, pero que se ajustan más a la verdad, como imparcial, ecuánime, riguroso... O lo llaman Teresa de Calcuta, con un penoso concepto de la solidaridad del hombre. También están los que le niegan el derecho a guardar silencio en las guerras mediáticas que ensordecen el país.

Las circunstancias en que se ha movido la sociedad española en los últimos años han hecho de este comunicador que siempre parece que va a su aire un personaje sugestivo, distinto, contrario a la corriente, sumamente curioso. Era éste un buen reclamo para acercarse a él.

Pero la radio, ese medio de expresión, tiene un lenguaje, una literatura propia de la que pocas veces se habla, y en ella cada cual recibe un tratamiento, porque todo hombre de palabra merece un respeto. Iñaki Gabilondo: el don de la palabra. En esta parcela, el personaje que nos ocupa despertaba, a todas luces, un formidable interés. La radio es de letras, Gabilondo es un humanista.

¿Qué hay detrás de esa voz que asoma cada mañana antes de que salga el sol? Esta pregunta dio origen al libro. Y las páginas que siguen son la respuesta.

Había un Iñaki prácticamente desconocido, anterior a este líder mesurado de audiencias, que nos facilita la mejor explicación posible sobre él. Era de esperar que buena parte de su historia fuera un canto de amor a la radio; justo homenaje al medio que cumple ahora en España setenta y cinco años de edad.

En todo momento habló del tiempo que le ha tocado vivir, del periodismo y del país que vio evolucionar estando delante, con los dos pies dentro, en la recta final del milenio. Cuando habíamos terminado llegó la tregua, y hubo tiempo para añadir su deseo de ser algún día un vasco paisano de la paz.

El milagro de estas páginas es que lleguen a ver la luz. No sabe el lector con cuánta fe hubo que vencer las resistencias de última hora de Iñaki Gabilondo a convertirse, finalmente, en libro. Suerte que para entonces no buscó socorrerse en aquel pretexto concertado, a sabiendas de que durante horas y horas ya nos había dado su palabra. Les habla Iñaki Gabilondo.

CAPÍTULO I

'Hoy por hoy'...

Iñaki Gabilondo ha estado a menudo en el lugar donde se encuentran dos aguas. En esa posición entró en la radio cuando el franquismo se empezaba a desmoronar y la democracia llamaba a la puerta. Corrió los *sanfermines* de la transición. El día que lo llamaron para capitanear los servicios informativos de TVE, el azar le guardaba el inesperado *impasse* entre el adiós de Adolfo Suárez y la accidentada investidura de Leopoldo Calvo Sotelo. Se tuvo que tragar el 23-F. Y en la cadena SER, a mediados de los años ochenta, vivió una confluencia crucial de etapas en la empresa que determinó, en buena parte, el futuro de la radio en este país. Hay una versión de Iñaki poco conocida, o poco recordada, de periodista combativo en un tiempo en que carecíamos de libertad; hoy, en la intransigente democracia de estos días, resuelve sus dudas por la vía del consenso, y en esa posición parece a veces un hombre solo.

"La SER que heredó el Grupo PRISA", describe Augusto Delkáder, director general de la empresa —en el año del 75 aniversario de la radio en España—, "era la antena decana de la radiodifusión de nuestro país, con unos equipos humanos dotados de mucha sabiduría radiofónica, pero con una estructura empresarial que atravesaba un mal momento. Lo que vino a aportar nuestro grupo fue su capacidad y experiencia de gestión y un arsenal profesional de modernidad. Iñaki no ha sido únicamente el tránsito entre una SER y otra, sino la persona que encarna las dos culturas de la red, los valores tradicionales de la antigua SER y el espíritu renovador de la SER moderna. No es que Iñaki Gabilondo esté en la SER, es que la SER está en Iñaki Gabilondo".

El programa *Hoy por hoy* que dirige y presenta desde 1986, el de máxima audiencia en la radio española, con más de dos millones de oyentes, recrea una propuesta de rara vena comercial que se ha consolidado en la franja más exigente del medio. En un capítulo de esta historia, se sabrá que quienes apadrinaban la opción de Iñaki Gabilondo como alternativa a Luis del Olmo, que entonces gobernaba de un modo incontestable la mañana, apostaban con mucha fe. Fe significa creer sin pruebas. No había constancia, sino fundadas sospechas, de que aquel intelectual de la radio y la televisión, más afín al formato informativo que al cliché inmemorial del espectáculo radiofónico, fuera capaz de inventar para el gran público las mañanas que estaba necesitando la SER. El primero en dudar razonablemente era el propio Iñaki. "¡Cuánto me costó aprender a reír en antena!", señala como reflejo de aquella obligada metamorfosis hacia el desenfado.

A María Luisa García, folclorista, la llamó un día para cantar y hablar sobre el cancionero sefardí en el estreno de un programa anterior que se llamaba *Onda Media, aquí la SER*. Luego, la repescó como colaboradora habitual cuando ya había nacido definitivamente *Hoy por hoy*. No era un rudo cantador de boina calada, sino una joven urbanita con pinta de estudiante que, para sorpresa de todos, constituía un archivo viviente de aires típicos y ancestrales, con la antología de García Matos dentro de la cabeza. "Nadie apostaba por meter contenidos tradicionales en un programa de máxima audiencia, porque se consideraba un tema menor. Se da la circunstancia de que Iñaki vive mucho la cultura popular y la valora. Por eso, cuando yo vine, mucha gente diría, ¡ese tío está loco! Los locutores a veces piensan que a los oyentes sólo les interesa lo que les interesa a ellos. Me alegra que el tiempo le haya dado la razón a Iñaki." María Luisa es un *show* en sí misma; se sabe una tonelada de coplas y sale como puede de las emboscadas que le tiende Iñaki en directo: "Hoy es el día de san no sé quién, cántanos una copla, María Luisa..." Y ella mezcla romances, jotas y seguidillas. "Hay buen *feeling* con Iñaki." Los oyentes le envían letras de canciones viejas. *Por la calle abajo viene / un ratón haciendo el cojo, / que venía de segar / con una raspa en un ojo*, le remiten de Murcia. A veces abre los micrófonos para hacer excavaciones en yacimientos de la audiencia y sacar a la luz una frondosa arqueología de canciones picantes y verdes; en esos casos el pueblo canta por telefóno sin vergüenza. Un día desempolvó de su discoteca la voz de un hombre de Ávila que entonaba una antigua canción de segar y llamó una oyente: "Ese señor es mi padre". "¡Ahí va María Luisa y su orquesta!", anuncia Iñaki a bombo y platillo, y ella aparece en escena cantando y tocando un diminuto almirez. La radio entonces se vuelve bucólica y festiva.

LUIS DEL VAL: LA RADIO, UN GÉNERO LITERARIO

Cuando repasa el contingente humano con que escala cada día esa montaña de la radio que es la mañana, Iñaki Gabilondo asigna, al margen de cualquier escalafón, una función referente a Luis del Val. "Somos como hermanos", dice, y deposita en él la conciencia filosófica del programa. Del Val, periodista aragonés, se fue a vivir a Madrid llamado por la política, en tiempos de la regeneración centrista, y desempeñó la dirección general de Cooperativas. Su departamento convocó un certamen de periodismo y entre el jurado conoció una vez brevemente a Iñaki Gabilondo. Antes de que el azar los uniera del modo sólido de ahora, colaboró con Basilio Rogado en aquel espacio vespertino de la mejor radio rosa que se ha hecho en España, *Cita a las cinco.*

Un día Iñaki pasó por allí y lo oyó en plena faena de lucimiento: leía un comentario sobre Mari Carrillo. "Me pidió si podía hacer en su programa algo por el estilo." Después, durante un "Sermómetro" en que los oyentes votaban y el invitado era Adolfo Suárez, Iñaki tuvo la idea de que Luis fotografiara al personaje. "Yo no sabía qué era lo que él quería exactamente, pero supuse que debía fijarme en el aspecto físico del invitado durante el programa, y lo primero que me llamó la atención fue la camisa de Suárez. Ya no era presidente, sino duque, y aquellos días se hablaba mucho de que el duque de Alba se había hecho bordar todas las camisas con la corona ducal. Empecé diciendo que el duque de Suárez no llevaba corona ducal en su camisa. A Adolfo, al parecer, le entusiasmó el retrato y lo comentó después del programa." Ésa fue la primera de una lista interminable de semblanzas de urgencia que ha venido haciendo a lo largo de estos años. Minutos antes de recordar la génesis de la sección, Luis del Val acababa de leer en *Hoy por hoy* su perfil radiofónico del personaje que había entrevistado ese día Iñaki, el cantante Pancho Céspedes. El papel manuscrito con los rasgos del cubano quedó abandonado sobre la mesa del estudio como una hoja caída, tentando todas las manos que lo miraban a la vez. Su autor, ajeno al olvido, se marchaba dejándolo atrás para siempre con un descuido familiar. "Luego llaman para pedirnos una copia y nunca aparece el original de Luis", indica, sin que se le escape una, la productora, Paloma Quintanilla.

Del Val es un escritor de las ondas, al estilo de los autores que siempre frecuentaron el medio e hicieron de la radio un género propiamente literario; sus textos tienen alma y él aporta en antena una voz cálida. Se complace en ser un todoterreno del programa dispuesto a multiplicarse en funciones letradas por doquier. Hace fotos instantáneas como *polaroids*, cartas, preguntas, la letra pequeña, la frase de despedida... y hasta es capaz de producir un cuento cada día en dos minutos quince segundos hasta que la mente se seca de fabular, como si emulara a Matías Guiu, que en la SER de los años cincuenta y sesenta llegó a parir hasta siete mil cuentos y sólo descansaba el Viernes Santo y el día de la lotería de Navidad. Iñaki habla siempre con cierto desgarro del día que se le fue Luis del Val a la COPE —duró la ausencia cuatro años— y del feliz reencuentro cuando, por fin, lo rescató. "Estaba conmigo", cuenta, "y se fue en un momento en que la oferta le hacía falta; cuando terminó el contrato, yo que estaba como si me hubieran quitado a mi mujer y él que estaba pasando por lo mismo, nos buscamos, porque nos necesitábamos". Luis explica que "en efecto, hay en nosotros una identificación que va más allá de lo profesional y acampa en lo filosófico, en el esquema de valores sociales. Un día nos vimos y nació una esencial coincidencia, una identidad; por eso sabemos sin hablarnos si la entrevista está resultando larga o qué pena que ya se acabó. Tenemos una misma mirada ante la vida". Iñaki dice que "Luis es el símbolo que mejor resume lo que el programa quiere ser; es un aportador, pero no un aportador patatero, sino un aportador culto y sutil, próximo, normal..., un tío legal, un buen amigo. A mí ese tipo de gente es la que me gusta para la radio. Si tuviera que hacer un comando asesino para ir a Birmania nunca llevaría a Luis, pero para hacer un programa de radio, no encontraría a nadie mejor".

Una vez hubo un atentado de ETA y saltaron cunas de niños por los aires en una casa cuartel de la Guardia Civil, en Zaragoza, la ciudad de Luis del Val, "y entonces, Iñaki me miró y me lancé a la máquina a escribir un comentario. La radio es un medio caliente, y te puedes romper. Cuando escribo un artículo me emociono, pero me emociono más cuando lo leo. Empecé a leer aquellas palabras y se notaba que había una carga de emoción en mi voz. Iñaki se dio cuenta y rápidamente se puso a mi lado por si en un momento me quebraba, para arrancarme el folio y continuarlo él. Iñaki se emociona como nadie, pero no se rompe jamás. Tiene una envidiable entereza...".

Hoy por hoy empezó siendo un programa magacín en estado puro y luego creció hacia los dominios del veterano *Matinal SER*, ampliando sus márgenes hasta despatarrarse a lo largo de toda la mañana y abarcar de un tirón dos tramos diferenciados unidos en uno solo: el informativo y el de animación. "En los dos escenarios cabe una misma actitud: el rigor", señala Isaías Lafuente, subdirector del programa. "Iñaki lo define así: *Hoy por hoy* ofrece en las primeras horas las páginas estrictamente informativas de un periódico; las horas centrales contienen las páginas de opinión, y a partir de las diez de la mañana hace una oferta muy parecida a lo que sería el colorín del fin de semana". Lafuente resalta que la mejor cualidad del programa es su instinto de respuesta ante la actualidad inmediata —frecuentemente, la estampa negra de un drama—, donde el equipo de *Hoy por hoy* se funde en una perfecta simbiosis con los Servicios Informativos de la cadena SER. Cita, asimismo, los grandes despliegues de los programas especiales. El *Hoy por hoy* monográfico conmemorativo de los 70 años de Radio Barcelona, de la SER, la primera emisora de España, realizado el 14 de noviembre de 1994 desde el cine Novedades de la capital catalana, mereció el premio Ondas Internacionales de radio. "Iñaki me regaló ese premio físicamente, y lo guardo en casa como oro en paño."

La audiencia va a la Universidad

La mañana se llama, de una década a esta parte, cadena SER, se llama *Hoy por hoy*, se llama Iñaki Gabilondo. Pero hubo un tiempo en que las mañanas se llamaban exclusivamente Luis del Olmo. La gran proeza de Iñaki no ha sido destronar a su cordial competidor. Del Olmo —que pasó de RNE a militar en la radio privada, primero en la COPE y después en Onda Cero— tiene el mérito histórico de haber roto las cadenas de la radio pública en las postrimerías del franquismo con un magacín audaz. Gabilondo, el de ser líder de audiencia en la radio de la democracia con un programa esencialmente cultural, algo que en puridad tendría un sitio reservado en cualquier esquina discreta de este medio, menos en su plaza mayor.

Los hitos del programa los recuerda casi siempre de un modo emotivo: más de una vez ha citado con admiración "aquel día que Manuel Toharia nos explicó la teoría de la relatividad en dos minutos". Y eso no lo dice el conductor de un espacio dedicado a la ciencia los sábados al mediodía, sino el creador del programa de radio más escuchado del país. "Toharia es un militante activo de la fe en el futuro", dice Iñaki con veneración hacia el veterano comunicador científico. De él ha aprendido a tener más confianza en los progresos de la investigación, "porque yo, en el fondo, nunca he tenido la seguridad de que el futuro fuera a ser mejor que el pasado; lo que sucede es que en caso de duda apuesto por Toharia, que es el espíritu más avanzado del programa". A Iñaki, criado en un hogar profundamente religioso, la propia fe se le fue adelgazando y hoy se define como "un agnóstico español, quiero decir que hasta donde puede ser agnóstico un español". Entre lo conocido y lo desconocido, esa frontera difusa y mágica que dibuja Eugenio Trías, entre lo evidente y lo misterioso, se sitúa cada mañana con una sutil curiosidad. En un largo viaje, vio por la ventanilla del avión un extraño objeto luminoso, llamémoslo ovni, y no se muerde al contarlo, aunque nadie le haya dado una explicación posterior a aquel fenómeno.

Está convencido de que la audiencia de la mañana en la radio española es cada vez más culta: "Como consecuencia de un cambio general y generacional en la sociedad y de que la televisión matinal se ha convertido en un plato más apetecible para el gran público, el oyente de radio a esas horas es cada vez más exigente; esas amas de casa han ido a la Universidad, y la proporción hombre-mujer se va igualando. Así como hace unos años la mañana era abrumadoramente femenina, ahora es un 60/40".

A Javier Rioyo, el "urbanita de cabecera" de *Hoy por hoy*, le han traído hasta estas aguas otras fuentes: su paso por Radio 3, la emisora *progre* por excelencia de los años setenta, en la que compartió la aventura urbana de la modernidad con gentes de buena calaña como Manolo Ferreras y Fernando Poblet, y una más reciente travesía, que duró varios años, a bordo de *A vivir que son dos días*, con Lorenzo Díaz y Concha García Campoy, que desmontaron la tesis de que la cultura no *vende* y vistieron de gala las mañanas del fin de semana, cuyas tardes ya es sabido que son de rigurosa etiqueta deportiva. Llevaba algo más de dos años colaborando en *Hoy por hoy* una vez por semana. "Oye, ¿tú te vendrías conmigo todos los días?", le propuso Iñaki, y Fernando G. Delgado, actual director y conductor de *A vivir que son dos días*, le dio la carta de libertad para que el amigo nutriera al amigo. ¿Qué hay de común en los dos, en Iñaki y en Javier? Una misma curiosidad. Javier Rioyo, periodista, documentalista, es un noctámbulo cultural que trota por Madrid. Y ahora se levanta temprano para alimentar de arte, de música, de libros ese fisgoneo inagotable de un escéptico que disimula saber más de la cuenta llamado Iñaki Gabilondo. Rioyo sirve de puente, con otros músicos de la orquesta, para que la mañana vaya cambiando de sonido sin estridencias, y navegue desde la información pura y dura a los mares abiertos de las audiencias propias del hogar: las amas de casa ilustradas que saben que Iñaki no da nunca un minuto por perdido. "Uno siempre teme llegar a ese día en que, tras dar muchas vueltas, pierdas el interés por las cosas. Pero hay que ver la cantidad de interés por todo, absolutamente por todo, que cabe en Iñaki para imaginar que el interés no se acaba nunca si uno es en la vida un verdadero buscador de placer."

¿QUÉ FUE DE SU AGRIA POLÉMICA...?

"¿Qué fue de su agria polémica con Iñaki Gabilondo?", preguntó el periodista Ramón Arangüena a los 70 personajes que entrevistó con falsos cuestionarios para el programa humorístico de televisión *Osados*, de Antena 3. En tres ocasiones estuvo a punto de someter al simulacro al propio Iñaki. Paloma Quintanilla recuerda que llamaron de Antena 3 a *Hoy por hoy* para entrevistar a Iñaki Gabilondo para un programa supuestamente dirigido a América. Y estuvo a un paso de consumarse la cita, pero las tres veces, por imprevistos reales, debió suspenderse, hasta que en Antena 3 desistieron porque el tiempo se les echó encima. El fraudulento entrevistador acabó, meses más tarde, colaborando en el programa de Iñaki, con un espacio que reincidía en su tentación de falsificar declaraciones jocosamente: "corresponsal en Babia". "Yo lo tenía todo dispuesto para el caso de que Iñaki picara aquella vez. Había previsto decirle, para darle un poco de sentido: Usted es una persona un tanto controvertida, un individuo que tiene contradicciones personales... Luego habría hecho un silencio para preguntarle a continuación: Y dígame, ¿qué fue de su agria polémica con Iñaki Gabilondo? Estoy convencido de que algo hubiera dicho, de que hubiera respondido con naturalidad: pues todo el mundo tiene polémicas consigo mismo, o algo así. Y, claro, hubiéramos hecho un montaje con la pregunta y la respuesta, sin el señuelo de la introducción. Pero no se pudo hacer. Otra de las preguntas estaba referida al hecho de que se llama Iñaki Gabilondo Pujol: ¿Le sirvió de algo ser sobrino de Pujol para triunfar en la radio?"

Cuando los guionistas de *Osados* dudaban entre famosos periodistas y comunicadores a quién atribuir la agria polémica de marras, optaron inicialmente por Pilar Urbano, pero enseguida temieron que la polémica en más de un caso pudiera ser real, y no tardaron en comprobar que todo el mundo conocía a Iñaki y que, además, era muy improbable que alguien hubiera tenido un roce con él, lo que reforzaba la intencionada estupidez de la pregunta. "Si el invitado era músico, yo le soltaba que la polémica había sido sobre la flauta mágica o el Orfeón Donostiarra, al que sé que es muy aficionado. Una vez le pregunté a no sé quién si había sido por su discoteca favorita, que es algo que repite mucho Iñaki en su programa, y el entrevistado me respondió: "Pues yo no sé a qué discoteca va Iñaki." A Concha García Campoy fue a la que más le extrañó la pregunta. "Pero si somos amigos y compañeros, cómo voy a tener una agria polémica con él...", me contestó sorprendida. Casi todos decían que eran íntimos amigos de Iñaki; de la noche a la mañana le salieron setenta íntimos amigos." Cuando meses después, Arangüena consiguió entrevistar a Gabilondo para una serie osada en la revista *Interviú*, le preguntó por la gente que se tropieza en la calle a las horas intempestivas en que suele adentrarse en la Gran Vía con rumbo a Radio Madrid: "Un día me dijo una puta: ¿A dónde vas tan peinado, que se va a dar cuenta tu mujer? No se podía imaginar que iba a trabajar", contó Iñaki. Desde muy temprano frecuentan una zona de mujeres de vida alegre.

El humor, que es la mano que tiende la radio al oyente melancólico, y que alcanzó un gran impacto social con *Tip y Top*, Miguel Gila y Pepe Iglesias *El Zorro*, en los años cincuenta, recobró una vitalidad inesperada en la "década radiofónica" de los 80, tanto en versión solista como coral. A Luis Figuerola-Ferreti, abogado y creativo publicitario, lo descubrió Tola en una fiesta privada y lo dio a conocer en TVE. El olfato de Nacho Lewin le dijo que avisara del hallazgo a Julio César Iglesias y, dando esos saltos de aquí para allá, Iñaki lo enroló en *Hoy por hoy*. Durante la travesía nacieron los personajes doña María y El Braulio, y la SER, ya con Julio César a bordo, alumbró la pareja Figuerola-Capitán. Javier Capitán, economista, *clavaba* la voz de Felipe González y Figuerola encarnaba a Fraga, pero pronto salieron a la superficie Carrillo, Guerra, el Papa, Molowni, Rodríguez Sahagún..., y cobró forma *La verbena de la Moncloa.* Después vino al mundo *Gabinete de crisis.* A Iñaki no se le escapó de las manos este aire nuevo de buen humor e institucionalizó en las mañanas la filosofía popular de "Doña María", gladiadora de las amas de casa, mientras el personaje residió en la SER —hoy con domicilio en RNE—. Tampoco pasó por alto el fenómeno del equipo de *¡Lo que yo te diga!*, originario de Radio El País, y en 1992 fichó a Sardá y su álter ego el señor Casamajor, procedentes de *La bisagra*, el programa estrella de RNE en aquellos momentos. Ahora, cada viernes, acoge a los guiñoles de Canal Plus. El moderno humor radiofónico, el de los Gomaespuma y el de *El estado de la nación* de *Protagonistas*, goza de un prestigio superior al que merece este género en la propia televisión.

Eran los días del Mundial de fútbol cuando la periodista Charo Oñate telefoneba a Ana Obregón para averiguar el plato favorito de Davor Suker: huevos fritos con arroz y salsa de tomate. Charo elaboraba por esas fechas un menú imaginario para los días de fútbol en casa y se fijaba en los gustos de cada país. Una vez satisfecha su curiosidad sobre Croacia, nos dijo que ella era una aficionada consorte. "El fútbol sería precioso si durara cinco minutos cada tiempo." Iñaki, en cambio, es un hincha de reconocida solvencia, capaz de memorizar alineaciones de la Real Sociedad, su equipo de toda la vida, y de compartir, con doble militancia, amores balompédicos con el Betis, su equipo de adopción. *El menú del Mundial*, comenta Iñaki, "como casi todas las ideas en radio, surgió de un modo espontáneo un día en antena y ya se quedó fijo hasta el final del campeonato". Antes de que Iñaki la llamara en 1994, Charo nunca había hecho radio y sentía vergüenza al hablar por un micrófono, hasta el día que se adueñó sin rubores del ámbito del estudio y se reconoció en los tics del programa de un modo natural: "Yo tengo un carácter muy optimista, rebusco las cosas positivas de la vida, averiguo el color blanco debajo de la negra cáscara de la realidad...". Y hace ganchillos de esperanza en todos los temas que aborda en esas horas más coloquiales del programa que conducen al mediodía, tanto cuando forma pareja con la actriz y periodista Cayetana Guillén, como cuando habla de los hijos, ella que es madre de cuatro, con Joan Barril, padre de cinco, en la entrañable *Escuela de padres* semanal. "A Iñaki le gusta contrastar los puntos de vista y abrirse a los nuevos problemas del hombre, los conflictos sociales de nuevo cuño. Yo procuro *aggiornarme* en cada caso, para hablar sin tabúes de las ONG, la objeción de conciencia, las parejas de hecho, las nuevas referencias... Y me apunto a la solidaridad, a la brigada de las buenas intenciones, pese al desencanto de fantásticos economistas que parecen negarle toda utilidad a nuestra vocación ciudadana de querer colaborar en algo."

Desde hace cinco años, en el programa hay un buzón para quejas de usuarios que atiende Jesús Soria, *Guía del consumidor.* Algunos oyentes, peligrosamente adictos a sus consejos, se resisten a comprar nada sin consultarle. Si alguien pierde las maletas y la compañía aérea se niega a indemnizarle, es muy probable que Soria le pueda echar una mano, no es la primera vez. Lo mismo si está en lista de espera en algún hospital de la Seguridad Social. O si no se quedó satisfecho con el juguete que alguien le regaló. "Una vez me llamó una niña para denunciar que le habían comprado un mecano para hacer un cuerpo humano y que no le salía. La grabé, llamé al juguetero, comprobaron que tenía un fallo y le mandaron otro nuevo."

La ecología, al 'prime time'

Un oyente que haya pasado los últimos doce años afiliado a *Hoy por hoy* ha adquirido una cultura de la vida muy pegada a la realidad. El creador de este programa no se conforma con hablar de la vida, sino que quiere escucharla en antena. Hubo una etapa de *Hoy por hoy* que se obsesionó con hacerlo desde la calle. "Quiero oír cómo suena la vida", decía. En la nueva temporada recién inaugurada, había recobrado, por la misma razón, su viejo espíritu de reportero, y lo primero que hizo fue ir a Tinduf a hablar con los saharauis. Iñaki: una voz en el desierto. África es el lugar favorito de este periodista para rearmarse de vitalidad.

A Carlos de Hita, que se define como técnico de sonido de la naturaleza, le corresponde trasladar paisajes sonoros a la geografía de la radio. "Hoy vengo de un bosque extremeño, de oír y grabar cómo suena de noche, al amanecer y al mediodía. Iñaki quiere que interprete para los oyentes los significados del repertorio sonoro de los bichos, sus llamadas territoriales, sus gritos de alerta cuando sienten miedo, qué dice un pollito cuando tiene hambre..."

Y a Luis Miguel Domínguez lo llamó un día para que la bandera de la defensa del medio ambiente ondeara a la hora de máxima audiencia. "Iñaki sacó la ecología de los horarios residuales y la llevó hasta el *prime time* de la radio", aplaude Luis Miguel, Luismi, como hace María Luisa García al referirse al folclore. Cuenta este naturalista madrileño, que hoy vive a caballo entre la radio y la televisión, cómo la muerte de Félix Rodríguez de la Fuente, en Alaska en 1980, cuando él tenía diecisiete años, lo comprometió con el medio ambiente, y desde entonces va detrás del sueño de cubrir ese mítico hueco. Se dedica exclusivamente a divulgar los atractivos del mundo natural y a denunciar los atentados medioambientales. Dice que el programa huele a auténtico "porque nos creemos la película a pie juntillas. Iñaki no ha incluido la naturaleza porque sea muy bonita, sino porque cree que una de las grandes revoluciones pendientes es hacer que la sociedad se preocupe de conservarla. En esto hay una gran honestidad, nada de demagogia". Su espacio fue fundamental durante la crisis de Doñana. Luis Miguel no es ningún ser antropocéntrico, pero mira el medio natural desde un ángulo prioritariamente humano. "Aquello era una catástrofe para la gente, sobre todo, y para los linces muertos y las águilas imperiales... también. Si el medio se deteriora, sufre el hombre que deja de disfrutarlo. Yo hablo siempre para el ser humano, y si el oso pardo se extingue, lo siento por el oso, pero especialmente por mi hija que nunca lo va a poder conocer."

Un día se pierde en la solanera de los campos de Calanda o en las selvas del Vietnam, o entre la fauna callejera o sube al Teide con Manel, un ciego catalán afincado en Tenerife, y vive en directo, en *Hoy por hoy*, "una experiencia impresionante, en pleno invierno: yo quería conseguir que una persona que no ve y tiene limitado, por tanto, su disfrute de la naturaleza, subiera conmigo a lo más alto y nos contara qué pasaba por su mente en medio del frío; le ponía la nieve en las manos, le daba rocas volcánicas para que las tocara, había un olor especial allá arriba y, al fin, dijo que sí, que podía sentir la gran dimensión, y narró su vértigo, aquella sensación ciega de altitud".

Cuando tenga nietos, Luismi les contará que solía ir de gira con el equipo de *Hoy por hoy* y siempre procuraba regresar en coche con Iñaki: "Les diré que yo viajaba con Iñaki Gabilondo y que hablábamos de la vida; él, con un pasado tan hondo, compartiendo conmigo experiencias que enseñan a vivir..., ambos rajando como dos papagayos en la carretera".

Fernando G. Delgado llama a Iñaki cariñosamente *egunon* y los de Gomaespuma bautizan a todos los miembros de *Hoy por hoy* con ese mismo apodo que parece un gentilicio: *los egunones*. Paisano de Iñaki, Juan Mari Arzak, es la conciencia culinaria del programa. Un día ambos, al saludarse en antena, dictaron sin querer una breve lección de euskera, lengua que Iñaki apenas habla pero en la que constantemente pesca. Iñaki y Arzak acababan de recibir sendos premios, de ahí el tono de los saludos:

Iñaki: ¡Juan Mari, *egunon!*
Arzak: ¡Iñaki, *zorionak!* (felicidades)
Iñaki: *Berdin* (lo mismo para ti).
Arzak: *Eskerrik asko* (muchas gracias).

El buenos días vasco se ha popularizado en la emisora, y Gemma Carrasco, periodista de Irún en *Hoy por hoy*, lo ha oído emplear erróneamente en antena en horas vespertinas. Al locutor se le escapa, de un modo recurrente, *egunon* donde debiera decir *arratsalde on* (buenas tardes).

Iñaki creció pegado a Francia y aprendió francés en lugar de inglés, pero lee la prensa internacional, para estar al día sobre el mundo, gracias a los servicios de Marisol Gullón, su traductora particular desde hace cinco años. Cada día acude a la Redacción de Radio Madrid y le selecciona los mejores artículos sobre política y sociedad de *La Repubblica*, *Der Spiegel*, *Le Monde*, *Herald Tribune*, *The Economist* y *Financial Times*, para volcarlos al castellano y ser devorados por él.

Hay un instinto didáctico en este hombre —ejerció la docencia en 1965 en el Instituto de Periodismo de la Universidad de Navarra— que se alimenta de su profusión como lector de libros, semanarios y periódicos, y salta a la *vista* en la radio cuando habla con invitados o contertulios. A veces, flota en el ambiente la sensación de que Iñaki se reprime una cuota de conocimientos en aras de administrar bien el tiempo, esa regla de oro en un medio que continuamente da la hora. Cuando la firma francesa S. T. Dupont creó los Premios a la belleza del tiempo en la comunicación, entre los primeros galardonados figuraba este discípulo de Antonio Calderón, genio de la radio del que se hablará en las páginas que siguen. "Lo que a mí me pareció nada más conocerlo es que era un mago de la palabra", señala Elvira Cordero, coordinadora del tramo más cotidiano del programa, el que transcurre entre once y doce de la mañana. Entró en la SER en condición de becaria para acabar integrándose en *Hoy por hoy*. "Precisamente, entonces Iñaki llevaba un espacio que se llamaba *Pido la palabra*, y recuerdo que nos trataba a los estudiantes como si fuéramos profesionales: nos hacía discurrir, tenía mucha paciencia. Yo sufría por dentro viendo que él, que era una estrella de la radio, perdía el tiempo enseñándonos a trabajar. Y a todos nos tenía encandilados." Durante un reciente programa desde Murcia, Iñaki se propuso conectar en dúplex con un avión y un submarino, y tras conseguirlo sorprendió a Elvira al ponerla al habla con su hermano, el capitán de máquinas Carlos Cordero, que navegaba bajo el mar.

Delkáder y Lola Carretero

Quien mejor lo conoce del equipo de *Hoy por hoy* es la periodista sevillana Lola Carretero, con quien se casó en 1993. Iñaki cuenta en un capítulo de este libro que en 1981 el mundo se le cayó encima. Ese año se quedó en paro y enviudó de su primera esposa, Maite Egaña. Recuerda que se llevó a sus tres hijos con él y, entonces, Lola le salvó la vida.

Lola Carretero es periodista especializada en el mundo de la moda, la belleza y la decoración. Pese a ser un tema esencialmente femenino y de obligado cumplimiento para la audiencia potencial de las mañanas, y aun teniendo en casa a una experta en la materia, Iñaki se resistía a incorporar a su esposa a *Hoy por hoy*. Pero un día, curiosamente, Lola recibió una insinuación de la competencia: "Me llamó el equipo que hacía los fines de semana el programa *Protagonistas*, y le di la noticia a Iñaki. Le dolía que no teniendo cubierto ese hueco, pese a las pruebas que había hecho con distintas colaboradoras, yo me fuera a otra emisora, pero habíamos quedado en no trabajar juntos. Se enteró Augusto Delkáder y le dijo "no la premies por ser tu mujer, pero tampoco la castigues por ello", y nos pidió que probáramos. Llevo dos años y medio y no me puedo quejar". Suma ya una década de experiencia en esta parcela de la información, comparte la radio con otras colaboraciones en prensa y actualmente es una voz autorizada en tendencias y estilos. "Siempre me atrajo este campo, yo me diseñaba la ropa desde pequeña."

Confirma Lola Carretero que Iñaki vive la mayor parte del tiempo en la radio. Eso lo sabe bien alguien que pasa muchas horas al volante con él, Jorge Vázquez, que es como su sombra. Iñaki está más cómodo sentado en el estudio que en el sillón de su casa. Se acuesta pasadas las diez de la noche y se levanta a las cuatro. Lee. Todos los días, como una tabla de gimnasia, lee veinte minutos por la mañana. A veces, cuando regresa a su casa son las cuatro de la tarde; es decir, de esas doce horas, casi todo el tiempo lo ha pasado en ese hogar de la SER, en su planeta particular, metido en la burbuja de una emisora, acaso el único hábitat del mundo capaz de hacer enteramente feliz a un cartujo de la radio como él: "yo es que gozo en la radio como un niño", dice. Y cuando sale de ese ecosistema para reintegrarse en la ciudad de la gente, y comer y dormir una hora, vuelve en el tiempo libre al móvil de su vida, que es el programa de cada mañana: llama por teléfono a Radio Madrid, habla con el director de Informativos, Antonio García Ferreras, y ultima los temas del día siguiente con su coordinador de tarde, José María García Lastra. Si entrevista a algún escritor, antes leerá de seguro el libro de que se trate, aunque por ese motivo se arriesgue a perder la primicia. "Yo no entrevisto a nadie por la solapa." Elige la música de su "discoteca favorita" que llevará de casa a la radio, y dedica el resto de la tarde a sus refugiados para la paz y a toda suerte de ONG con las que colabora de antiguo desinteresadamente. Los promotores de campañas de solidaridad saben que pone su imagen al servicio de cualquier buena causa.

Las tardes de Iñaki son un tiempo de libre ejercicio intelectual en los campos que más le placen: sus lecturas, sus músicas, sus paseos, sus silencios... y el deleite de mirar cómo anochece con disciplina.

En la radio se gana la vida. Iñaki Gabilondo, que es un fanático aficionado a la vida, convirtió la radio en su casa desde el día en que entró a trabajar en ella, hace treinta años. Pero ya desde mucho antes, desde que iba al colegio Hermanos del Sagrado Corazón, en la calle Sánchez Toca, de San Sebastián, soñaba con hacer de la radio un lugar para vivir. Ahora, con hijos que son hombres y hasta con una nieta en la familia, los cincuenta y cinco años que calza no le impiden asomarse al micrófono cada mañana con aquella curiosidad fresca de la infancia, que todavía hoy le salva de ahogarse en la rutina. Alardea de ingenuo, farda de tener más dudas que nadie y declara desierto el concurso de ideologías: en ninguna por sí sola cabe él. Es vasco, decisivamente vasco, y radicalmente demócrata. Visitarle, hacer el trayecto profesional de Gabilondo es descubrir, como en todo hombre, un plan de vida subyacente, un sistema de incoherencias y azares que sólo con el paso del tiempo adquiere un sentido cabal. Pero además, en su caso es ver cómo llega la democracia al país y cómo lo fue anunciando la radio cuando estaba prohibido contarlo. La radio, la democracia y Gabilondo.

Ciudadano, después periodista

Hay huellas de todo lo que pasaba en España a lo largo y lo ancho de Iñaki desde que decidió ser periodista radiofónico, una especie rara en los años sesenta, cuando la radio estaba muda informativamente y estos profesionales sólo tenían sentido y sitio en los periódicos. Un periodista que se define ciudadano antes que periodista, y el matiz no es baladí. “Prefiero aburrirme como periodista y que mi país vaya bien que pasármelo de cine como periodista y que el país esté patas arriba.” Basta echar un vistazo a las páginas que siguen. Aquí hay un alegato manifiesto, cierta nostalgia interior por haber sido felices, clandestinos e indocumentados; rescoldos de añoranzas del tiempo de aventura que prologó la libertad bajo la transición, y el espanto ante el espectáculo de hoy por estar el periodismo como está, odiosamente ducho, de vuelta de todo, follonero y amargado. Hacer radio en un tiempo de oídos sordos. Esta situación lo saca de quicio. Pero Iñaki aquí nos convoca a reflexionar. Nos cuenta su caso, nos divierte o conmueve según le fue en la vida —que le dio palos y rosas—, y moviliza a la gente a pensar. ¿Tienen un rato?, piensen y duden, nos propone. Iñaki no para de pensar ni de dudar. "Yo todo lo he pensado antes." Hace treinta años que piensa y duda como ciudadano y como periodista. No ha resuelto aún todas las dudas, o es que cada día tiene más. Acaso todo lo fíe a una sola certeza: un margen de esperanza.

Juan Luis Cebrián, periodista, escritor y consejero delegado del Grupo PRISA, subraya en Iñaki su modo innegociable de apostolar en favor del consenso: "Tengo una alta valoración periodística de Iñaki Gabilondo y diría que lo que más le caracteriza es que se trata de un hombre de consenso. En la medida en que la transición fue un proceso de consenso, a él se le identifica fácilmente con ese ámbito de conducta. No deja de llamar la atención el hecho de que esta manera de ser de Iñaki haya llegado a irritar a algunos, que lo han acusado de blando y de no tomar suficiente partido, sin querer entender que Iñaki, por suerte, no es hombre de conflictos, como se ha visto en las famosas guerras mediáticas (si es cierto que son guerras y hay bandos, términos que no me gustan nada), en las que no ha tenido ninguna participación. En mi opinión, es ese talante conciliador, ese deseo de aglutinar voces, el que hace que su programa sea el más escuchado en este país deseoso de posiciones inequívocamente democráticas. Nadie podrá tachar a Iñaki de sectario".

"Guardo, por otra parte, un recuerdo anecdótico de su paso por la dirección de Informativos de TVE. Fue un breve periodo, pero caló. En aquellos momentos posteriores al 23-F me llamó Fernando Castedo, dada nuestra amistad, y durante la conversación salió el tema. Castedo me confesó las presiones terribles que estaba sufriendo por parte de quienes querían que expulsara a Iñaki de la dirección de Informativos. Recuerdo que le dije que eso era una barbaridad, y que si salía Iñaki de su equipo, él mismo duraría poco en la dirección general, como así ocurrió."

En *Hoy por hoy* se cuenta la vida de 6.00 a 12.30. Por eso, desde que el espacio adquirió como él dice, un "horario de panadero", Iñaki madruga con los gallos y empieza a vivir antes de que salga el sol.

Abrir los micrófonos a las seis, con la voz diurna, cuando se encienden las primeras luces de Madrid y hay un país oyendo que se levanta para ir a trabajar, es un viejo hábito en su caso. Antes de que *Hoy por hoy* tuviera un horario tan maratoniano y tempranero, había pasado por la experiencia de hacer radio-despertador en un programa que se llamaba *Aquí la SER*, prehistórico antecedente del actual magacín, *Hoy por hoy*. Con aquel espacio Iñaki volvía a Radio Madrid tras el paréntesis de los meses escabrosos en que estuvo al frente de los Servicios Informativos de TVE, de cuyo relato en este libro se desprende que fue un hachazo en su vida. *Aquí la SER*, por otra parte, marca el inicio de su carrera de comunicador —llevaba más de doce años de directivo y tan sólo breves experiencias delante del micrófono— cuando salió al aire en febrero de 1983, recién estrenado el socialismo en España. Por eso, el programa, que se emitía de seis a ocho de la mañana con la obsesión de conquistar el interés de los ochocientos mil funcionarios que estaban a esas horas en pie para entrar a trabajar a las ocho, incluía las noticias del *cambio* en un combinado de discos e información, mientras "la dama del alba" —una reportera del programa— despertaba cada día en un hospital, un cuartel o cualquier lugar distinto del país.

Madrugar, en esencia, forma parte de la idiosincrasia de Gabilondo y su equipo de *Hoy por hoy*. En el control del estudio conviven desde esas horas sonámbulas tres personas, que conocen bien, por su antigüedad, la odisea del programa: la productora, Paloma Quintanilla, experta en indagar paraderos al teléfono, y los realizadores Ángel Jiménez y Juan Luis Iglesias. Ángel se desenvuelve con gestos que parece memorizar, por los años de oficio y, detrás de unas gafas de sol que nunca se quita, descifra en cada instante lo que indican las cejas de Iñaki. Ángel y Juan Luis tienen un juego a medias: hacer que la montaña de cuñas publicitarias radiadas toque el techo sin venirse abajo.

La Redacción de *Hoy por hoy* y de los Servicios Informativos de la SER (los boletines horarios que coinciden con el programa suelen tener voz femenina: Cristina López Benedicto, Ana Borderas o María Manjavacas) cuentan lo que pasa en el país. Son voces jóvenes de periodistas jóvenes. Dice Isaías Lafuente que una característica del grupo humano de *Hoy por hoy*, y acaso una seña de identidad, es la juventud. Quienes cocinan el programa diariamente (Isaías Lafuente, José Luis Velasco, Paloma Quintanilla, Elvira Cordero, Gemma Carrasco, Antonio Nuño, Lala García, José María García Lastra, Elena Gómez Carrascal, Matilde Suárez, Silvia Aranaz y los becarios de cada temporada: en la última, Enmanuel Zoco e Isabel Fierro) procuran distanciarse tanto de su edad como de su concreto entorno social, atendiendo a un continuo reclamo del director del programa de no subjetivar la mirada al ver qué pasa afuera.

"Nosotros reunimos el equipo", explica Gabilondo, "y yo pregunto de qué se habla en la calle, en la sociedad. Este mecanismo de funcionamiento que estoy revelando pondrá de manifiesto que nuestro colectivo no tiene hijos pequeños y nadie, por tanto, sabrá de qué se habla en las casas que tienen niños pequeños. Un día les pregunté si sabían qué eran los tazos. Los padres con hijos pequeños en España se quedarían turulatos si supieran que el equipo de *Hoy por hoy* no sabe lo que son los tazos. Los tazos es lo más popular en esas casas, es con lo que juegan los niños pequeños. Cuando preguntamos de qué se habla, tenemos que detectar antes qué pedazo de sociedad no está representado aquí." Así, en esos consejos de Redacción de *Hoy por hoy* se ha ido evidenciando qué faltaba en cada momento: la España rural, el *senderismo* cultural de las exposiciones y los conciertos, teatros..., hasta el choque generacional. "Antes de hablar hay que escuchar a la sociedad", subraya Iñaki.

Con el tiempo, ha cambiado de opinión sobre el método más idóneo para el parto de cualquier nuevo espacio radiofónico:

"Cuando yo era más joven, con un gran afán de cuadricular las cosas, ajustaba los programas hasta el más mínimo detalle, y repensaba el título más adecuado de cada sección. Ahora prefiero antes que inventar, adivinar. Si empezamos un nuevo espacio y me preguntan qué nombre le ponemos, me oirán decir que hay que esperar a ver cómo se llama por sí mismo. Yo no quiero concebirlo y bautizarlo en un laboratorio, ya me enteraré de su nombre, porque a medida que vas haciéndolo, te dirá cómo es y cómo se llama... Te verás un día, por las buenas, presentándolo de una determinada manera y así se quedará para siempre. Este modo me parece infalible para que un programa sea auténtico. Prefiero que las cosas se hagan así, porque así la comunicación se hace de verdad. Decir verdad es decir las cosas sin disfrazarlas, sin tener que hacerlas por conveniencia, por estrategia: convendría meter algo de informática..., no, a mí no me gusta que las cosas se hagan de esa manera, que nos pongamos a calcular fríamente lo que convendría. No recuerdo ya la última vez que alguien dijo tengo una idea para hacer una cosa a las once... Porque saben que no me gusta obrar así por sistema. Me gusta que observemos los asuntos desde la realidad social."

Un viernes coincidieron todos los de la España rural —el medio ambiente, las fiestas populares—... y ese día Iñaki dijo: "¡Oye, qué buen ambiente hemos creado!". Así nació la excursión. La *Escuela de padres* surgió el día que les falló un psicólogo que colaboraba habitualmente en el programa. "La educación es algo esencial, aunque a veces paradójico. Basta mirar el otro día al Papa, educado en una escuela comunista, junto a Fidel Castro, formado con los jesuitas. Nosotros prestamos una atención muy constante a este aspecto."

A veces, en las reuniones que el equipo hace nada más acabar el programa, alguien suelta a la cara de los demás que "no nos acordamos de la zarzuela", y resulta que es cierto y se toman medidas. "Otro día soy yo el que comento en antena que vengo de estar con gente de mi generación, nacida en los cuarenta, en un programa de televisión, con Felipe González, Ardanza, el Dúo Dinámico, Anguita, Cristina Alberdi, Belloch, Bofill... y hemos hablado de un oyente que llamó y dijo que casi todos teníamos una infancia rural y ahora la juventud es muy sofisticada, que nuestros padres estaban arando y nuestros hijos están con el ordenador. Y Felipe me habló de su padre y las vacas, y Ardanza, de los suyos en el caserío. Nosotros estamos en medio, nuestros hijos ni siquiera saben que las amapolas crecen en los trigales. Empezó la gente a llamar y a contar sus experiencias, y nos pegamos tres meses y medio con aquel espacio que tuvo tanto éxito y se llamó *La casa de tus padres.*"

Cada año Iñaki repasa qué mundos le faltan en el programa. "Acertaré o no, pero lo haré sobrevolando siempre el conjunto, los temas concretos no me preocupan, ésos ya saldrán. Lo que me interesa es que la mayor España verdadera posible esté recogida en *Hoy por hoy.* No me importa nada más. Eso es lo que yo llamo verdad."

ASOCIACIÓN DE CURRANTES LAUREADOS

A estas alturas se jacta de haber conseguido formar un gran equipo, con una lozana predisposición por llegar antes que nadie a la noticia pese a los trienios en antena acumulados en todos estos años. Una asociación de currantes laureados. A Iñaki le concedieron en 1990 el Premio Ortega y Gasset de Periodismo por "su capacidad para llevar a un equipo profesional a una posición de liderazgo en la radio española, desde la solvencia, el espíritu de innovación y el acercamiento a la realidad social..., con un decidido respeto a las ideas y sentimientos ajenos". A lo largo de estos doce años ha participado en el programa una amplia nómina de profesionales, algunos de los cuales permanecen y otros pasaron a cumplir distintos cometidos dentro o fuera de la SER. De este modo, además de los que aparecen aquí citados, cabe señalar, entre los que ya no están, a Javier González Ferrari, María Teresa Campos, Javier Astasio, Mariví Fernández Palacio, José María Alfageme, Manolo Ferreras, Vicente Vallés, Julia García y Astrid Romero, entre otros... Del mismo modo, entre los tertulianos y comentaristas históricos figura José Luis Sampedro junto a un largo etcétera que sería agotador enumerar. Nadie olvida aquel "Ciudadano perplejo" de Joaquín Vidal. Por otra parte, la última incorporación ha sido Jaime Peñafiel.

La obsesión del equipo de *Hoy por hoy*, destaca su director, "es el juego limpio". Y la cultura: "Nos hemos reunido una banda de tíos con una preocupación culta; nos gusta leer libros". La cultura, como duda: "La gente que no duda me da miedo". Al cabo del tiempo reparó en un mínimo detalle clasista, de un clasismo al revés: "La mayoría procedemos de familias modestas, y observé no hace mucho que había en mí una cierta resistencia a integrar gente de otra posición social, acaso porque yo intuyera que este programa es muy sacrificado en horarios y en dedicación y desconfiara, sin ningún fundamento, de los no modestos. Lo que enseguida temí es que hubiéramos constituido una especie de club o familia modesta. Lo voy a corregir: necesitamos en el club a dos o tres niños bien". De igual modo se pregunta si ha logrado constituir un fiel mosaico de ideologías en su programa. Escorado hacia un progresismo militante, rebusca en el horizonte voces conservadoras que sean honestas, y echa de menos a Isabel San Sebastián: "La fiché sin haberla visto en mi vida, porque hacía las entrevistas de *Abc* y era fácilmente identificable dentro de un espectro del periodismo. Luego resultó ser una excelente compañera, hasta que se nos fue a la televisión."

Hay, pese a ese síndrome de juventud que impregna al equipo de *Hoy por hoy*, una elocuente veteranía, una posición prudente y serena ante la vida, que sale a relucir por los poros del programa, fruto, seguramente, de una actitud. Los oyentes tienen de portavoz a alguien con muchos kilómetros de radio recorridos, como José Luis Velasco. Y el primer bloque de *Hoy por hoy*, dedicado por entero a la actualidad general, con excepción de lo más cotidiano (donde cuentan también los locutores y redactores de noche de la SER: Paloma Tortajada, Eva Aguado y Javier Ruiz, y el responsable de la información deportiva, Joseba Larrañaga, y el de las noticias del tiempo, Florenci Rey, y cada vez que es requerido irrumpe un clásico del reportaje como Severino Donate), se entrega cada mañana a un ejercicio de ponderación, de 8.30 a 9.30, en el difícil género de la tertulia, que más adelante abordaremos. En el tiempo de opinión, Iñaki se aplica con particular esmero a compensar los colores y las ideas sin permitir *burradas*, como nos explicará llegado el caso, y para ello se rodea de auténticos *cabezones*, sabios y periodistas, catedráticos y diputados, hombres y mujeres. Son un pelotón de cerebros, como celebra una reciente campaña publicitaria de la SER: Joaquín Estefanía, Javier Pradera, Jaime García Añoveros, Javier Tussell, Miguel Ángel Aguilar, Fernando González Urbaneja, Carlos Rodríguez Braun, Joan Barril, Pedro Schwartz, Mari Carmen Gallastegui, Antonio Franco, Josep Ramoneda, Juan Tapia, Javier Pérez Royo, Román Orozco, Nicolás Sartorius, María Eugenia Cuenca, Gregorio Peces Barba, Esteban Ibarra, María Bernarda Barrios, Cristina Almeida... (Ésta última, dada su condición de candidata en las elecciones de la Comunidad de Madrid, causa baja en la nueva temporada de las tertulias de

Hoy por hoy. La decisión de Gabilondo fue entendida y compartida por la abogada y dirigente de Nueva Izquierda.) Emilio Ontiveros, catedrático de Economía de la Empresa de la Universidad Autónoma de Madrid, le asesora en asuntos económicos y participa, en calidad de experto, esporádicamente en el programa. El tramo informativo de *Hoy por hoy* concluye habitualmente con una entrevista a un invitado. Los viernes actúan "las sacapuntas", un elenco peculiar de mujeres periodistas que configuran la contratertulia de la semana: Karmentxu Marín, Carmen Rico Godoy, Nativel Preciado y María Esperanza Sánchez.

Entonces se cierra un telón y se abre otro, detrás del cual aparece una radio más distendida, incluso más divertida e informal, que no se aparta del concepto de actualidad. Iñaki, consciente de que la información política empieza a padecer síntomas de fatiga —sólo disimulada en las vísperas electorales—, agradece a Dios que su programa entre a media mañana en territorios de amenidad y entretenimiento porque, de invadirlo todo el tiempo informativo, "me pegaría un tiro". En ese encuentro diario entre la información y la animación, la noticia y el espectáculo, el periodista objeto de este libro ha alcanzado su consagración profesional. Las dos aguas de la radio.

Iñaki ideó una válvula de escape para combatir el desaliento que provoca el periodismo exhausto de información; se llama "el búho". Llevaba unos dos años buscando a esa ave rapaz dentro y fuera de la casa, "porque se trataba de pasear por los territorios confidenciales de la información y era fundamental dar con alguien de gran personalidad para no poner en juego la solvencia". Y un día, de regreso de la corresponsalía en Moscú, el periodista de la SER Rafael Manzano —hoy jefe de Economía— se le apareció en la Redacción con todos los atributos para el cargo: largo sacerdocio en la radio y un carácter relajado, apto para captar confesiones. ¡El perfecto búho! Manzano le desvela cada mañana a Iñaki en antena secretos y menudencias que nadie vio detrás de la noticia. Él va a las conferencias de prensa a oler por los pasillos mientras todos escuchan al que habla. Sus informantes aumentan por días y, como en el resto de *Hoy por hoy*, se nutre de lo que le cuentan los ojos que ven en toda España: las emisoras de la SER. El espacio, dado el éxito, engorda: dos días por semana, "el búho" incorpora como refuerzo a la periodista Amalia Sánchez Sampedro, y habitualmente lo secundan Rioyo y Villacastín.

En ese bosque del mundo cotidiano en *Hoy por hoy* hay una fauna muy pintoresca, que acoge al "urbanita" Javier Rioyo; el propio "búho"; Luis del Val, que escribe en el aire; Antonio Albert, que nos enciende el televisor; Carlos Boyero y el equipo de *¡Lo que yo te diga!*, que ponen el dedo en el cine; Rosa Villacastín y Santi Maifrén, que hacen la crónica sentimental de los héroes de la *jet*... Y asistimos a un *Hoy por hoy* en familia, con Charo Oñate y Joan Barril en la citada *Escuela de padres*, y Luis del Val y Elvira Cordero en los diálogos de Adán y Eva. Charo y Cayetana Guillén Cuervo —que oscila entre la radio y el cine— se hacen señas en antena de una orilla a otra: de una a otra generación. Cada pasajero lleva su equipaje: Jesús Soria carga con las quejas y denuncias de los consumidores; Lola Carretero traslada la pasarela a la radio y Luis Miguel Domínguez, sus parques naturales y especies en extinción; Manuel Toharia, su pasión científica; Carlos de Hita, el habla de la naturaleza; María Luisa García, el hermoso folclore musical; el doctor Bandrés, sus historias médicas y de médicos; Juan Mari Arzak, su cátedra de gastronomía; Manolo Molés, sus toros; Irma Soriano, El Corte Inglés y sus personales publirreportajes... Los viernes, una parte considerable de esta *troupe* se evade en "suculentas" excursiones (esta sección tiene *fans* propios; uno de ellos, Felipe González, lo confiesa en este libro); los naturalistas del programa viajan en el autobús a pedales y cuando encuentran la sombra de una encina redentora allí descansan para hacer *periodismo de investi-*

gación con *sabrosas* primicias servidas por una audiencia de gran generosidad culinaria. Los oyentes saben que tienen su parcela acotada en la recta final del *Hoy por hoy* y cada día hacen cola al teléfono para hablar con Iñaki Gabilondo de su tema preferido: la vida. La ceremonia suele terminar con un par de ritos invariables: el tarot de Leonor Alazraki y una sentencia del día en boca de Luis del Val.

El 'sermómetro'

Los oyentes de las mañanas de la SER entran y salen como Pedro o Juana por su casa, pero los que llevan tiempo adscritos a esta sintonía, los que han hecho su oído al sonido de Iñaki, saben que también el código ético del programa les implica. Un día salió en antena un invento, el "Sermómetro", y al cabo de un tiempo su uso ha quedado restringido. "Fue una idea de Eugenio Galdón", cuenta Iñaki, "que consiguió que unos jóvenes ingenieros de Telefónica fabricaran el instrumento, y con él contabilizábamos miles de llamadas a favor o en contra. Pero vimos que estaba bien sólo para cuando el tema planteaba una clara disyuntiva; no tenía carácter científico, no era un referéndum; era, eso sí, un juego, muy goloso para esos oyentes que son muy forofos. Ahora ya lo utilizamos en casos puntuales: ¿Almunia o Borrell? y cosas así."

Había un día al año en que *Hoy por hoy* perdía los papeles. El 1 de enero Iñaki abría el programa de año nuevo con lo que él llama "el guión en blanco". Sólo tenía una línea escrita: "¿Hay alguien ahí?". Esa mañana solía repetir, como una consigna formularia, las mismas palabras: "Buenos días, ¿hay alguien ahí? Supongo que no. A estas horas de año nuevo, quién va a estar ahí... Si por casualidad hubiera alguien, por favor, llámenos". El primer año llamó una oyente. "¿Hay alguien ahí?" "Hola, *bonjour.*" "Buenos días, ¿es usted francesa?..." Y la oyente gala contó que tenía un hijo pequeño y felicitó a todos por

Año Nuevo. Ese día duerme la gente, menos los que tienen niños que juegan con los regalos que les dejaron los Reyes, y que son muchos, por eso llueven las llamadas. Tres años seguidos telefoneó siempre al principio la misma mujer. Y al cuarto año, un 23 de diciembre, faltando ocho días para la cita de costumbre, una joven de treinta y tantos años se sienta en el estudio de Radio Madrid a ver realizar *Hoy por hoy.* En una pausa publicitaria, Iñaki se acercó a saludar, como suele hacer, a los *espectadores* del programa. Cuando la joven habló tenía aquella misma voz dulce que solía inaugurar el guión en blanco todos los años: "Hola, buenos días", dijo y se presentó: "Soy la misma que le llama a usted el 1 de enero. Este año no voy a estar aquí ese día, porque me voy de viaje. Y como no quiero que se crea que ha perdido una oyente, he venido a saludarle".

Confiesa que le gusta coleccionar ritos y tics que pertenecen a la memoria de *Hoy por hoy.* Las anécdotas emotivas, las músicas señaladas, los latiguillos coloquiales... y "mis particulares supersticiones". La más visible coincide con los *sanfermines:* "Mi familia ha estado muy unida a esa fecha, mis hijos son como yo muy *sanfermineros.* Siempre, el día de San Fermín coloco un pañuelico rojo en el micrófono y que no me lo quite nadie en todo el programa".

En los tiempos en que Elena Markínez era la voz que abría el espacio de El Corte Inglés, sucedió esta simpática anécdota:

—Iñaki: *Hoy por hoy*, cadena SER. Las diez y seis minutos de la mañana. El mensaje de El Corte Inglés, que ha abierto ya sus puertas. Elena...

—Hola, soy Rappel... (salió al aire por error la voz grabada del popular vidente en una cinta que no correspondía).

—Iñaki (sorprendido): Perdón, Elena...

—Elena (entra al fin la cinta correcta): Este verano vamos a disfrutar de todo, de los días de vacaciones...

Iñaki no se va a retirar mañana mismo —el célebre entrevistador de la CNN Larry King, de avanzada edad, firmó recientemente con esa cadena el contrato de su vida, convirtiéndose en una magna referencia para todo buen periodista que desee resistir con él—, pero piensa en ello todos los días, con la misma racionalidad con que piensa y habla de la muerte. "Nunca he entendido", dice a propósito, "ese escamoteo que hay respecto a un hecho tan cierto como la muerte; algunos parecen haber decretado su abolición y yo, en cambio, hablo de ella con una impudicia que a muchos espanta. Yo les digo, a mí no me vais a engañar con esa milonga que os habéis creído todos a la vez: habéis decidido que no existe y yo sí sé que existe, yo sé que tengo un número limitado de días de radio y de merluzas en salsa verde por comer y de baños en las aguas de Menorca y de novenas sinfonías de Beethoven por escuchar." Con esa misma naturalidad plantea que un día tendrá que decir adiós a esa compañera del alma que es la radio. "Pero quizá no tenga que ser una despedida radical, sino progresiva: una primera fase en la que se reduzca el horario, o un cambio de formato y de contenido en otra franja del día. No sé... Pero sí me gustaría, y se lo he dicho a mis jefes, que de ese tema siempre hablemos con naturalidad, poniéndolo sobre la mesa, sin decirnos cosas por la espalda, que no me entere un día que mi empresa ya lo ha decidido y no sabe la forma de darme la noticia, porque ese día me matan. Ésta es mi casa, donde he pasado toda una vida, y sólo pido que un día nos demos un abrazo cuando nos estemos diciendo adiós." Quienes lo conocen bien aseguran que Iñaki no podría vivir sin la radio, y que el día que anuncie su marcha será para hacer otras cosas en la SER.

¡ACABA DE INAUGURARSE EL UNIVERSO!

¿Qué otras cosas en la SER? Se da la circunstancia de que, siendo sus dos grandes aficiones la música y el deporte, nunca ha podido hacer programas sobre ninguno de los dos. Cuando la SER inauguró *Sinforadio*, le pidió que dijera unas palabras para bautizar la criatura, pero el día que tenga tiempo, no se quedará con las ganas de hacer su propio espacio musical. Oyente de José Ramón de la Morena y buen conocedor de fútbol, rugby, ciclismo..., exceptuado el único deporte que le aburre —el tenis—, todo invita a creer que ese día imaginario en que no tenga que levantarse a las cuatro de la mañana para hacer *Hoy por hoy*, alguien pensará que hay un Iñaki y un Valdano y un Santiago Segurola y un Garci y un García Candau, y que todos esos juntos forman una tertulia de fútbol de verdadero lujo. Al margen de especialidades, sí acuna un sueño: "Hacer un programa que yo pudiera preparar durante quince días o todo el tiempo del mundo, cuidando hasta el mínimo detalle, elaborándolo hasta la perfección... Porque yo me declaro un perfeccionista que padece la amargura de sentir que le han arrebatado el derecho a la perfección. Como hago programas de seis horas todos los días, a mí me queda la impresión de que los cuadros me salen llenos de borrones".

Una de las personas mejor informadas de su entorno asegura que Iñaki Gabilondo alberga la ilusión de dar la noticia del año 2000. ¿Después se irá, acaso, con el cambio de siglo? Insisten esas fuentes en lo improbable de la hipótesis. Iñaki dice que ama tanto la radio porque está *enganchado* a la vida, y cada mañana se enfrenta a un día que nunca ha de volver: "Mañana es un día de riguroso estreno para mí, ese día no lo he visto en mi vida". Y se deleita contando que mañana se levantará antes del alba, entrará en su estudio, encenderá la luz y dirá por el micrófono: "Son las seis de la mañana". Y que en ese momento sentirá por dentro: "¡Acaba de inaugurarse el universo!".

De todos los bajones de moral que le ha acarreado el trabajo, fue en su famosa crisis de voz cuando pensó de verdad que era el final de su carrera radiofónica. "Había tenido otras crisis en las que estuve a punto de dejarlo, unas veces eran crisis de cansancio, y otras, crisis profundas de fe en el oficio. Pero aquella vez fue una crisis de voz. Había tenido un enfriamiento importante, la forcé más de la cuenta y se me produjo un desgarro que me dejó durante mes y pico sin poder hablar. En todo ese tiempo pensé que igual ya no podría volver a la radio. Una vez curado pregunté si aquello podría volver a pasarme y me dijeron que uno siempre se puede caer dos veces de un andamio, pero que no hay razón para que tenga que ocurrir. Los locutores de toda la vida se han cuidado la voz, pero yo no, porque yo no fui locutor toda mi vida, me pasé quince años de ejecutivo, fumaba como un animal, no reparaba en si estaba afónico o no."

Sin embargo, Iñaki cantó en su juventud en un *ochote* de Pamplona que se llamaba Iruñako Zortziak, y también en el Orfeón Pamplonés. Era un bajo particular, con una voz grave levemente ronca, que es la misma que llevó a la radio. (Cualquier veterano oyente de Iñaki Gabilondo conserva recuerdos de su voz que le permitirían reconocerla en una muchedumbre de emisoras encendidas a la vez.) Iñaki es un melómano que odia la música de fondo y siente una atracción demiúrgica hacia la ópera. Seguidor número uno de Alfredo Kraus, benefactor del Teatro Real y directivo del Orfeón Donostiarra..., de pequeño estudió solfeo con un don especial para leer partituras. Iñaki, que siente un amor bicéfalo por la música y la radio, se reencuentra a sí mismo cada tarde, haya o no tenido un mal día, escuchando como los ángeles ese idioma en el que habla Dios: la música. "Necesito música para poder vivir. Cuando escucho música es como si estuviera alimentándose esa parte de mí que se pregunta qué es el tiempo, qué es el espacio, qué es estarse haciendo mayor, qué es el pasado, qué es el futuro, para qué venimos, en qué consiste todo esto, qué es el amor, qué es sufrir, qué es el miedo..., todas esas preguntas que se hacía mi amigo Eduardo Chillida cuando ingresó en la Real Academia de Bellas Artes de San Fernando con más de setenta años de edad. Yo necesito ser consciente de eso, necesito vivir con lucidez, saber a ciencia cierta que estoy vivo y que me voy a morir." Cuando llegue ese día le gustaría escuchar la número tres de las cuatro últimas canciones de Strauss.

"He vivido con una suerte loca", dice al repasar el guión de su vida, lleno de momentos agrios y dulces. La vida le golpeó y al mismo tiempo le hizo feliz en brazos de la radio, donde había querido mecerse desde pequeño. "No ha sido un camino de rosas, pero al hombre se le mide por su capacidad para levantarse después de haberse caído, y yo he tenido grandes fortunas y grandes desventuras, y he triunfado en lo que quería triunfar, y he vivido como quería vivir. En cierta forma, siento que he sido extraordinariamente feliz, pese a los momentos duros que he pasado. Los altibajos estaban incluidos en la nómina, y es injusto ponerse a llorar cuando hay tantas personas buscando simplemente una oportunidad en la vida."

A Iñaki le ha rondado más de una vez, de un tiempo a esta parte, la idea de aflojar el ritmo para poder vivir otras experiencias con mayor intensidad. Conoce como nadie el medio siglo que le ha tocado vivir y es un ser introspectivo que frecuenta el hábito de pensar y repensar el pasado como el personaje histórico de Marguerite Yourcenar en *Memorias de Adriano*, su novela favorita: aquel sabio emperador del siglo II que vivía apasionado por Grecia. Lo que le ha frenado hasta ahora ese deseo de recalada es algo que Gabriel García Márquez llama "una pasión insaciable": el periodismo. A Iñaki le enciende las ganas, por ejemplo, la sospecha de que las puertas de la tele se cierran para él, por los condicionantes políticos del momento. "Cuando pienso que la tele se acaba para mí, me da mucha pena." Después de entrevistar a centenares de personajes anónimos y célebres (de los misioneros de Ruanda a Margaret Thatcher, de la UGT de Prisiones, a Pilar Miró, la amiga que ya no está), el juego de banderías que divide esta profesión lo expulsa por el momento de la pequeña pantalla.

Donde vive feliz es en su edén de la radio, de donde nunca quiso volver a separarse después de que dejara este medio unos meses para irse a TVE y verse, finalmente, en la calle sin poder regresar a ella durante un prolongado paréntesis de tiempo. Cada nueva colaboración televisiva estuvo a partir de entonces supeditada a una condición inexcusable: que fuera compatible con la SER. Acostumbrado, como aquí se verá, a que lo hayan echado de tantos sitios, cada día se felicita de seguir en su trabajo de toda la vida, y sólo se formula un deseo: quedarse como está. Iñaki Gabilondo es uno de los periodistas con más poder de audiencia en la historia de la comunicación, desde la transición hasta nuestros días, si sumamos los oyentes y telespectadores que lo han seguido a partir de que debutó en la pequeña pantalla para contar el 23-F. Su mérito mayor consiste, según señala en este libro el presidente del Grupo PRISA, Jesús de Polanco, en que Iñaki es "alguien que ha decidido no manipular a nadie".

Estas páginas contienen a un Iñaki Gabilondo en estado puro; es un desplegable sobre su modo de pensar y su manera de vivir, de enfrentarse al oficio, de mirar la evolución de la radio y de asistir a los cambios que fue registrando el país. Conviene hacer la advertencia de que este libro fue concebido al cabo de una temporada de radio, con todos los costos de sobrecarga que ello representa y toda la autenticidad que también entraña. Pocos días después, Gabilondo y Lola Carretero fueron vistos felizmente en aguas del Mediterráneo, compartiendo baños con amigos de siempre como Víctor Manuel y Ana Belén, junto a los que veranean desde hace años en Mahón, Menorca. Dice Iñaki que ese retiro estival —durante el cual lo sustituían García Lastra y Goyo González en los tramos informativos y de animación, respectivamente— lo devuelve como nuevo a la radio. Téngase en cuenta.

GAVELA: "¡AQUÍ EMPIEZA UNA NUEVA HISTORIA!"

Daniel Gavela, director de la SER, recuerda que cuando él llegó a esta casa, en 1994, sacudía Radio Madrid un miedo antiguo cada vez que llegaba el final de temporada: el pánico a que Iñaki parara el reloj:

"Había ocurrido algo que dejó huella. Fue un momento dado en que Iñaki pidió un año sabático, y al final se fue unos meses de viaje, estuvo en África, logró desconectar y después volvió. Pero en ese momento cobró cuerpo un miedo que estaba latente, y a mí me decían desde que llegué, ten cuidado que un día de éstos Iñaki no puede más y se marcha. Cuando lo conocí, en larguísimas conversaciones que aún hoy sostenemos a menudo, descubrí en él a un hombre, en efecto, abrumado por la responsabilidad del timón que llevaba en sus manos: su programa tenía una gran trascendencia no sólo informativa, sino también publicitaria y de audiencia para la empresa. La SER había emprendido una línea de programación muy seria, con resultados que necesariamente tenían que ser a medio y largo plazo. Había gente que ridiculizaba las posiciones de la SER desde que llegó el Grupo PRISA. Tanto José María García como el desaparecido Antonio Herrero no paraban de decir que PRISA no tenía ni idea de radio. Aquella travesía fue el gran mérito histórico de Augusto Delkáder: renovar la radio y entrar en la batalla de la competencia sin caer en la guerra de las estrellas a golpe de talón. Augusto luchó a la contra, apostó por gente nueva, se inventó una nueva generación de profesionales que ha sido el soporte de esta casa.

"La gran suerte del Grupo PRISA fue encontrarse, al llegar, con un valor de la entidad de Iñaki. En aquel momento, en que él hacía la gran escalada de la mañana, la SER no tenía ni un solo programa líder. *Hora 25*, que lo había sido, estaba pagando la factura del nacimiento de nuevas radios, como Antena 3, y la proliferación de telediarios nocturnos tanto en las grandes cadenas como en las autonómicas. Asistíamos a un cambio de hábitos de consumo de radio y televisión. Estaba en marcha *El Larguero*, que muchos consideraban una apuesta suicida. La SER ensayaba las tardes con Sardá y abría cauces en el fin de semana; reconstruía el *Carrusel Deportivo* con Paco González y Pepe Domingo Castaño. De manera que en ese momento tan decisivo estaba únicamente la sólida posición de Iñaki. Y hay que ver lo que supone estar soportando EGM (Estudio General de Medios) tras EGM, sin ganar en ningún tramo, aunque la SER siempre retuvo el liderazgo de cadena. Hace falta mucha fe como la que tuvo Augusto Delkáder, que fue quien ideó toda esta estrategia.

"Era decisiva la estabilidad profesional de Iñaki, un hombre con firma, la tranquilidad que daba a la empresa una figura como la suya. Con su sola presencia ante el micrófono transmitía una idea, una filosofía, unos objetivos..., y era un gran aportador de audiencia, algo que la SER necesitaba imperiosamente para no darse el batacazo. Por toda aquella enorme responsabilidad, era evidente que Iñaki sentía un gran peso sobre sus hombros. Sabía que no podía ponerse enfermo, que hiciera frío o calor, lloviera o nevara, tenía que levantarse a las cuatro de la mañana, y ponerse el mono de trabajar para estar horas y horas delante del micrófono un día y otro día y todos los días de la temporada. ¿Iñaki, una estrella? Iñaki, un obrero de la radio, que renuncia a facetas de la vida, siendo un gran vitalista, para meterse en la cama temprano y madrugar. En aquellas fechas él era quien tiraba del carro, porque los demás aún estaban de camino. Mientras tanto, le llegaban ofertas muy tentadoras y siempre dijo que no al dinero, porque en su caso está demostrado que el dinero no lo es todo. Ése ha sido el gran tamaño de su compromiso con esta casa. Un día, al fin, los EGM empezaron a registrar subidas importantes en otros programas: los de La Morena, Sardá..., y yo pensé que en esas circunstancias iba a poder florecer el mejor Iñaki, el que también sabía jugar de tacón. Y pasamos de 2,8 millones de oyentes a 4,5. Hablamos..., y acordándome de aquellos miedos atávicos de la casa, recuerdo que ante un buen resultado suyo en el que ganaba con claridad a sus competidores, le dije Iñaki: ¡aquí empieza una nueva historia!"

CAPÍTULO II

Una década de cambios

Es cierto que África le llama a veces cuando le parte el alma la profesión. Y que perderse por alguna de sus rutas, como Javier Reverte, entraña un misticismo depurativo que acerca de nuevo a lo verdadero, a lo auténtico, para quien busque esas raíces como un santo grial, ansiando reconciliarse con el trabajo y la vida. Frecuenta África desde hace tiempo y vuelve a ella cuando se encuentra mal, en esas paradas biológicas... "Llegas a África y ves la vida en toda su animalidad, en toda su verdad y entonces se te diluyen esas adherencias de una civilización entontecida. De pronto, te encaras con la autenticidad, con lo profundamente real." Aquella vez —1989— que dio la falsa alarma de abandonar la radio durante un año ante el temor de sufrir un cortocircuito fue, en efecto, a reponerse a África, curandera de periodistas descorazonados como él. "Pero no me fui un año. Yo he tenido dos tipos de empachos graves, que se han solido sumar: uno, cuando he hecho radio y televisión al mismo tiempo y al llegar junio no podía con mi alma, y el otro, cuando sufría alguna fuerte decepción periodística por el encanallamiento de las relaciones que se han producido en nuestro medio. Aquella vez que estaba al límite dije que me iba un año y me convencieron de que hiciera un verano largo. No podía más, y me fui a África, a Guinea-Conakry, Costa de Marfil, me metí en Burkina Faso..., andando con un guía que hablaba francés, los dos solos, un poco a lo loco, por aquellos pueblos... Quince días así te parecen siete meses. Vuelves como nuevo. Y, de nuevo, volví a la radio, como quien vuelve a una cuna, el lugar de tu infancia."

Era de los niños que en los años cuarenta soñaban con vivir alguna vez en la radio. "No ya trabajar, sino vivir allí, en aquella Disneylandia de nuestras ensoñaciones infantiles." De los pocos sitios donde evadirse en la España recién franquista, posiblemente la radio —desde luego antes que la escuela ideologizada de entonces— era el escondite perfecto. La radio, un armatoste alejado de los receptores de bolsillo de hoy, estaba entronizada en la mesa de la cocina de la casa, sobre un mantelito blanco, en una especie de hornacina, bajo el calor de los fuegos que alimentaban con carbón. En los hogares de la época —aún la televisión no había entrado a gobernar la vida doméstica del país— la radio era una vía de escape en la intimidad hacia un mundo de sueños que engañaba el estómago. En la casa de los Gabilondo, en la calle Churruca, del barrio del Buen Pastor, escuchaban en los años cincuenta a Pepe Iglesias, "éste es el zorro, zorro, zorrito para mayores y pequeñitos". Los españoles se desternillaban con el humor crítico de Gila y las historias de "El Finado Fernández" de Pepe Iglesias, *El Zorro*, que vino de Argentina a "alegrar el hambre", según contó una vez en *A vivir que son dos días*.

"Yo me crié en la radio y no vi la tele hasta que entré en la Universidad. Mi familia vivía alrededor de la radio. Una vez, de niño, visité por primera vez Radio San Sebastián, como toda la gente de mi generación. Los niños iban a ver la radio. Cuando en 1994 hice un programa especial por el 70 aniversario de Radio Barcelona, formulé la pregunta que nunca falla: '¿Tiene usted, de cuando era pequeño, recuerdos de la radio?'. Felipe González me cantó el Cola Cao, y José María Aznar nos trajo a todos a la memoria la figura de su padre, don Manuel Aznar, que fue muy importante en la historia de esta casa y de la radiodifusión..."

Iñaki tiene ocho hermanos. Hubo otro más, pero murió siendo un bebé. La mayor de los nueve, Lourdes, es monja y ha sido misionera. Después nacieron seguidos siete varones, una niña y el último, que volvió a ser niño. Él es el mayor de los varones; el siguiente era Ángel María, que falleció enseguida, en uno de esos casos de muerte súbita. Los demás hermanos son: Javier, que heredó la empresa de la familia, una carnicería de gran tradición en el mercado de la Brecha, en San Sebastián; Pedro, periodista, que es subdirector del *Diario Vasco;* Ángel, que fue fraile y en la actualidad es catedrático de Filosofía de la Universidad Autónoma de Madrid; Ramón, periodista y director de Programas de la cadena SER; Luis y Arantxa, ambos médicos, y Jesús, que permanece en el hogar materno y sufre una parálisis cerebral, que no le impide a sus cuarenta años vivir con relativa normalidad. La madre, doña María Luisa, había traído al mundo a sus hijos siempre en casa, asistida por comadronas, como era tradicional, pero el último, para un parto más seguro, nació en una clínica, y allí, sin embargo, se presentaron las complicaciones.

Doña María Luisa, una mujer vasca de piel blanca y ojos azules, con más de ochenta años sobre las espaldas, diez embarazos y diabética, sufrió dos infartos durante los días en que Iñaki hablaba para este libro. Viendo cómo la vida se le iba, el hijo festejaba la imagen de la madre feliz con la bisnieta de su mismo nombre, María, recién bautizada. “Es una mujer muy buena, una de esas frágiles mujeres fuertes de la Biblia”.

Iñaki, cuyo nombre completo es José Ignacio Pedro Alcántara Gabilondo Pujol, nació el 19 de octubre de 1942, cuando el mundo estaba enfrascado en una guerra y, a punto de cumplir tres añitos, oyó un día a todos decir la palabra paz.

Es padre de un abogado de treinta años, que también se llama Iñaki y que lo ha hecho abuelo; de Ainhoa, de veintiocho años, que estudió Turismo, y de Urko, de veintisiete, que es periodista. Los dos chicos ejercen en Madrid y la chica trabaja en un hotel de Lanzarote. “Esperaba no convertirme en un abuelo reglamentario, pero ya empiezo a sentir los primeros síntomas de debilidad", confesó tras el bautizo de María.

Ramón Gabilondo es, de todos los hermanos, el que está más cerca de Iñaki: trabaja a dos pasos de él, en Radio Madrid. Lo recuerda de niño jugando al fútbol playero en La Concha, en el Salleko, el equipo de La Salle. "Creo que iban de verde y rojo con pantalón blanco y me parece que Iñaki llevaba el número 6". También le atribuye la invención de un sencillo juego de fútbol doméstico que llamaban "los papelitos": con ese material confeccionaban los dos equipos, la pelota era de papel de achicoria y con dos pinzas hacían cada portería... "Jugábamos en parejas normalmente en el suelo de madera, y, como solía tener astillas, nos pinchábamos los dedos. A ese entretenimiento le hemos dedicado muchas horas en casa..." Ramón destaca en Iñaki, en sí mismo y en todos los hermanos una arraigada condición de trabajadores, "porque mis padres trabajaron mucho para sacarnos adelante. Mi padre, que era un autodidacto, él decía que tenía siete días de escuela, reunió a los hijos el día que se jubiló, y nos dijo que mientras cada uno de nosotros estudiaba una carrera, mi hermano Javier había estado cortando filetes en la carnicería, y sometió a nuestro parecer su voluntad de traspasarle el negocio en vida, como así ocurrió. Mi padre tenía un alto concepto del trabajo".

También cita al abuelo Pedro, guarda de una ermita en Azcoitia, que escribía con seudónimo en una revista nacionalista, y sostiene la tesis de que fue el que influyó en la vocación de los hermanos que eligieron ser periodistas. El abuelo Pedro tocaba siempre un cuerno en la noche del 5 al 6 de enero, víspera del Día de Reyes, y los hermanos Gabilondo se ponían en fila en función de su edad. Después disfrutaban de una gran fiesta, que cada año se repetía como una tradición, pese al sacrificio económico que suponía cualquier exceso de gasto para aquella modesta familia numerosa. "Por Reyes nunca nos dejaron un juguete bélico."

Pero un día, en Andoain, Iñaki, con cuatro años y medio, jugaba con unos amigos en el campo de fútbol de Echeverrieta, empeñado en encarnar con un palo en ristre al personaje de la película que acababa de ver, *Robin de los Bosques*, y tuvieron que darle tres puntos. "Tres puntos del 47 y en un pueblo: me quedó una cicatriz a un lado de la boca, que al principio era muy pequeñita, pero luego yo crecí y ella fue creciendo conmigo, y tanto nos conocemos ya que ni me doy cuenta de que sigue ahí. Cuando alguna vez me han sugerido, ¿te gustaría quitarte esa marca?, digo, ¡anda!, pues si yo ni me la veo."

El personaje de mi vida

Sin embargo, nunca ha sido mitómano. Admiró, pero no idealizó ni a Marilyn ni al Che, y lo más parecido a un mito para él han sido dos mujeres, las dos Hepburn. "Tal vez nos pase a los vascos, pero es que yo, como le ocurría a Pío Baroja, siempre me imagino al personaje más importante en pijama, en su casa, con zapatillas, despeinado y teniendo miedo. Al ser más poderoso siempre lo intuyo asustado, sintiéndose solo, temiendo hacerse mayor. Yo no creo en el hombre todopoderoso. A mí todos los hombres me parecen dignos de compasión. Eso puede que me acerque mucho a la gente. Le preguntaron a Baroja: 'De todas las grandes personas que usted ha conocido, ¿cuál es la más importante?' Y respondió: 'La dueña de mi pensión en Cestona'. Pues eso mismo, respeto reverencial no tengo ninguno. Respeto institucional, absolutamente todo. Hay muchísima gente común que es muy importante. De todas maneras, el personaje de mi vida ha sido mi padre."

Cada día, después de comer y en las horas señaladas por los mayores, la familia de Gabilondo en San Sebastián se sentaba a escuchar la radio: *El criminal nunca gana*, de los hermanos Baylos... y, cómo no, la mítica *Cabalgata fin de se-*

mana, el producto norteamericano del medio siglo, obra de Bobby Deglané, la gran estrella de la radio que no necesitaba ser un galán al uso: "feo, católico, sentimental, franco-hispano-chileno, caballista, fotógrafo del bando nacional, bajito, cofrade de cofradía", como lo vio Manuel Vázquez Montalbán en su *Crónica sentimental de España*.

Iñaki aprendió a hablar como hablaban en la radio, porque aquellos locutores hablaban muy bien. Eran "más importantes que los profesores de instituto", escribió el sociólogo Lorenzo Díaz en su historia de la radio en España. "Mi interés por el lenguaje proviene de mi condición de oyente de radio. Como yo quería ser de la radio, tenía que acostumbrarme a hablar de aquella forma tan bella." Aprender a hablar y aprender a leer, en el sentido más denso de ambos conceptos, se lo debe a determinados maestros que hoy identifica con toda claridad al repasar las distintas épocas de su vida. En la radio bebió de aquella fuente de grandes voces que llenaban con su personalidad los espacios dramáticos, deportivos y de animación en una España de lágrimas, goles y premios. Recuerda los partidos de fútbol que retransmitían magistralmente Mariñas y Matías Prats: "Me sé de memoria las alineaciones, quiénes jugaban en un Hungría-Alemania o un España-Argentina, porque no sólo oía, yo veía la radio." Y a leer con todas las consecuencias lo enseñaría, mucho tiempo después, uno de sus profesores de la Universidad de Navarra, el croata Luka Brajnovic, que recomendaba a sus alumnos *ingerir* lecturas en grandes cantidades y comentarios en clase de los libros *consumidos*. "Te leías a Azorín y a todo el 98 o nos tirábamos un mes leyendo a escritores del sur de los Estados Unidos..."

Hablar bien, por otra parte, es fruto de leer bien, las dos cosas que más caracterizan a Iñaki Gabilondo. Hasta mucho después no supo qué importante había sido, en ese hábito de lector que le acompaña desde que se levanta, el tipo de preuniversitario que le tocó cursar. "En nuestra época fue muy criticado; comprendía temas en vez de asignaturas, y nos llevó a leer hasta casi memorizar el *Fedón* de Platón, o el *Quijote* de Cervantes, o toda la guerra civil española, o los Concilios Ecuménicos... Con el tiempo, descubrí que yo conocía muy bien a Platón y que Sócrates para mí no era ningún desconocido. En su momento, nos resultaba hasta cabreante aquel sistema de lectura por absorción, pero después me llenó de orgullo todo lo que yo sabía de tales autores. Los exámenes eran abiertos, tenías que acostumbrarte a interpretar, a analizar las épocas, la cultura, el arte, la historia de cada instante y lugar." Cita a los profesores que fueron marcándole rutas decisivas: Salvador Comellas, Vicente Cacho Viu, Brajnovic, Antonio Fontán... "Fontán daba clases de latín, era un profesor maravilloso: situaba el latín en la vida de Roma. Y era como si se le fueran abriendo las miradas a un niño pequeño que aprende como una persona mayor. Y te empezaba por un ablativo absoluto y acababa hablándonos de Cicerón, y lo que a mí más me interesaba era saber que Cicerón había sido un señor de verdad. Todo eso me iba despejando la cabeza. Eran profesores que te abrían el cerebro y te metían la bola. Yo pasé de estudiar de una manera a otra radicalmente distinta. Desde entonces no he dejado de leer nunca. De repente, la lectura se convirtió para mí en una rutina, y el que me metió esa rutina de leer no lo sabe."

A uno de esos profesores, Comellas, fue a quien le oyó decir una vez en clase, en la Universidad, que "el día que asesinaron a Eduardo Dato estaba lloviendo en Madrid". Iñaki, que vive enamorado de la Historia, dice que a él siempre le ha llamado la atención esa clase de afirmaciones simples: "Reparas en cosas tan contundentes como que Dato no era un tío de los libros y que el día que lo mataron la gente se despertó, llovía, hacía sol o nevaba". Ése es su modo de leer, "no en busca de erudición, sino acercándome a la vida de los demás, a un tiempo, a unos hechos y a las sensaciones de la gente que está viviendo, soñando y muriendo, como si todo empezara y acabara en cada hombre individual. Todo se inaugura a cada momento, el hombre siempre se cree que está inventando la pólvora, de qué poco le sirve la experiencia de sus antepasados..., hace como que el mundo no ha existido hasta el día en que él nació. Me llama mucho la atención: el mundo empieza el día que naces tú, ¿lo demás no sirve?, ¿la historia no sirve para nada?"

Su ídolo es el siglo XIX. "Me fascina cómo comienza y el mundo sueña que todo es posible, cómo conviven Goethe y Beethoven, cómo surgen unos personajes que son unos titanes que entran en escena con una esperanza exaltada... Me subyuga ese inicio del siglo, la llegada de Napoléon, el arranque de los nacionalismos, la filosofía, todo cuanto significa la caída del antiguo régimen, las consecuencias de la Revolución Francesa..." Y reivindica los siglos de presencia en España del islam. "Un día me dejó espantado el analfabetismo en el que yo vivía y en el que sospecho que vive muchísima gente aún. Esos ocho siglos de islam en nuestro país resulta que los habíamos computado como una cosa extranjera. Hablábamos como algo nuestro de los reyes que reconquistaban y no de los que estaban siendo reconquistados. De pronto se van y es como si ya no nos competen." Por esta razón, cuando, con motivo de una encuesta de *Abc*, le pidieron que mencionara un personaje histórico español, Iñaki citó a Abderramán III. Insistieron: "No, español". Y reiteró: "Eso, Abderramán III".

PERIODISTA RADIOFÓNICO, ¡QUÉ BARBARIDAD!

La radio que Iñaki hace es literatura, pero lector y locutor tardaron en encontrarse. Lo que aquí se cuenta es esa historia y las historias paralelas que han vivido España y la radio. La radio tardó en ser considerada en España un medio de comunicación propiamente dicho. Y la elección de Iñaki

Gabilondo de matricularse en periodismo para ejercerlo en las ondas era, cuando menos, chocante y prematura en su época de estudiante. Nadie con una mediana visión de futuro profesional habría tenido semejante ocurrencia. Los jóvenes aspirantes a periodistas de los años sesenta ponían rumbo directo a la prensa escrita, donde el derecho de informar estaba restringido y vigilado, pero se iba ganando trabajosamente cierto espacio entre líneas y respiraba un tímido aire de apertura a partir de la ley Fraga. De ahí la rareza de que Iñaki se descolgara de la fauna escogiendo otro camino para reivindicar, desde la Universidad de Navarra, el oficio de periodista radiofónico.

Desprovista desde el final de la guerra del derecho a informar, la radio se había convertido en el gran coliseo de todas las fantasías e ingeniosidades, en un sitio para celebrar una gran fiesta familiar, donde se brindaba con premios a porrillo y se repartían alegrías y sueños contra el desaliento del país. Algo que no casaba con el periodismo de siempre —un modo civilizado de cuestionarse la vida—, ni siquiera con el nuevo periodismo norteamericano, tan lúdico y renovador, que ya disputaba territorios de ficción a la novela en los locos años sesenta.

La radio, aún en esa década, víctima de una incipiente crisis de identidad con la llegada de la tele al salón de casa, era una tómbola de feria rebosante de obsequios para marujonas. Los intelectuales le hacían ascos. Y se equivocaban de actitud.

"Si yo, estudiando periodismo, me puse a querer hacer radio no era por un capricho insensato ni por una ingenuidad infantil", comienza aclarando Iñaki Gabilondo.

"Aún recuerdo lo extravagante que resultaba mi decisión. O sea, mis profesores y compañeros no entendían que de verdad yo quisiera dedicarme a la radio. Era como si a un estudiante de periodismo le preguntaras, ¿tú qué quieres ser? y te respondiera, ¿yo?, trabajar en el circo. Le dirías, bueno, ¿y para trabajar en el circo tienes que estudiar periodismo? La radio estaba muy asociada a Bobby Deglané y todos los grandes mitos de la animación. Era un lugar para el espectáculo, el escenario por el que desfilaban artistas y volatineros, una caja de sorpresas, una fábrica de concursos. Y encima, la poca información que daba estaba claramente dirigida desde el poder. No, no parecía ser un destino muy indicado para la cabeza de unos chicos que quisieran estudiar periodismo. Cualquier sitio, menos aquél. La nuestra era, sin duda, una extraordinaria radio de animación, incluso yo diría que mejor que ninguna otra; estaba hecha por grandes maestros, si bien permanecía huérfana de información. Pero yo quería trabajar, mejor, vivir en la radio. ¿Y por qué? Porque yo había nacido en San Sebastián, a dos pasos de Francia. Y recuerdo que la radio tenía ya entonces para mí esa fascinación de lo mágico, de lo invisible, de lo prodigioso... Me hacía soñar. Y cuando fui adquiriendo conciencia de adolescente y oía las radios francesas, las emisoras extranjeras, yo me decía, un día nosotros tendremos seguramente algo parecido a eso; lo que hacemos ahora es distinto y es muy bonito, es Disneylandia, pero nosotros no hacemos información, y no hacemos información porque nuestro país también es distinto a ésos, pero un día será como ésos y haremos eso. Y yo quiero hacer eso."

En la casa familiar de San Sebastián, ciudad muy antifranquista, el padre, José Ignacio, y el tío Facundo decían al oír *El Parte* de RNE: "¡Todo mentira!". De esa manera Iñaki creció sin ocultársele que la información que daba la radio no era verdad.

Iñaki Gabilondo lleva treinta años unido a la radio. La conoce bien. Es carne de radio. Ha vivido todas las travesías —y travesuras— del medio desde que colisionó con el fenómeno televisivo, a finales de los cincuenta, cuando el mundo del espectáculo cambió de domicilio, abandonó la radio y se mudó a la pequeña pantalla con el fin de ocuparla ya para siempre. Iñaki es un buen testigo y protagonista de la capacidad de resistencia de la radio. El día que hizo realidad su sueño de *vivir* al fin en ella, hacia finales de los sesenta, ésta había perdido su condición estelar y, con la marcha de sus ídolos legendarios al retiro por un cambio generacional que en algunos casos fue consensuado y en otros llegó a resultar traumático, corría el riesgo de sumirse en un lento naufragio hacia tierra de nadie. Iñaki dice que la radio siempre seduce, hasta en los peores momentos. Y aquél lo era.

75 AÑOS DE RADIO

En el último año de este milenio, el medio del que hablamos cumple tres cuartos de siglo de edad. EAJ-1, Radio Barcelona, fue la primera emisora autorizada, y empezó a emitir el 14 de noviembre de 1924. Dos años después se fusionó con EAJ-7, Unión Radio Madrid, y así se puso en marcha la cadena Unión Radio —ya entonces, la única que tenía empaque nacional y que podía hablar en sus retransmisiones del mítico "para toda España"—, que en 1940 se convirtió en la actual Sociedad Española de Radiodifusión (SER). Cronológicamente, la segunda estación con licencia de apertura fue EAJ-2, Radio España de Madrid, pese a que comenzó sus emisiones cuatro días antes que la emisora catalana, si bien interrumpió su actividad a los pocos meses y no la reanudó regularmente hasta 1927, mientras Radio Barcelona permaneció en el aire todo el tiempo hasta hoy. Unión Radio Madrid, que había nacido el 17 de junio de 1925, se instaló en el edificio Madrid-París de la Gran Vía madrileña. "Yo, el Rey", dijo Alfonso XIII al inaugurar la emisora, "me siento envanecido de ser también un radioescucha más". Radio Madrid se situó en los años treinta a la altura de las mejores emisoras de Europa: era capaz de bordar un día de programación ofreciendo por la mañana un discurso del ministro de Obras Públicas, Indalecio Prieto; por la tarde un partido de fútbol desde Chamartín, y como colofón, la transmisión por la noche desde el Teatro Cómico de la comedia *Lo que fue de la Dolores*. De la decana, Radio Barcelona, su mayor éxito lo constituía la retransmisión de las óperas del Liceo, que obtenía proyección nacional al ser ofrecida en directo por las estaciones de Unión Radio "para toda España". Contaba en sus filas con el creador de la radiobeneficencia, el locutor más popular del país: Toresky.

Cuando la radio nació en España en los años veinte, bajo el directorio de Primo de Rivera, no tuvo las cosas fáciles. Surgió en medio de dificultades económicas y tardó en encontrar su rumbo, pues mucho antes de que los ingresos publicitarios fueran como hoy su fuente natural de financiación, tuvo que vivir de las limosnas de los oyentes, que sufragaban directamente el invento de una manera voluntaria e inconstante, y así abonaban, no siempre de modo fiel, un impuesto estatal por el uso de cada receptor y un donativo al Club de radioaficionados. La falta de licencia podía representar para el propietario de un receptor el pago de una multa de diez pesetas por aparato de galena y de cien si era de lámparas. Los que recaían en la infracción tenían que abonar el doble de esos importes, y el Estado podía incautarse de dicho instrumental *clandestino*, en caso de multireincidencia.

La primitiva radio que alumbró el físico italiano Gillermo Marconi comenzó siendo, a efectos comerciales, un mero vehículo de promoción para la venta de receptores. El *sinhilismo*, como dieron en llamarse los pioneros y suscriptores del nuevo medio invisible, entró en los hogares adecuando su tecnología a las posibilidades económicas de cada cual: los receptores eran de lámparas o de galena, más caros o más baratos, de mayor o menor alcance. Los primeros podían escuchar hasta emisoras extranjeras. El mundo del *broadcasting* en aquella España de la dictablanda se dividía en lampistas y galenistas. Tal era la fuerza social que enseguida adquirió el invento, pese al reducido parque de receptores y la paradójica indiferencia inicial del Estado y las corporaciones públicas hacia la radio. Como a la Administración sólo parecía interesarle el citado cobro de impuestos a la emisión y la audiencia, su actitud fue objeto de rápida crítica. "El Estado debía hacer algo más que sacar dinero a los radioescuchas", protestaba un periódico de la época, *La Libertad*, ferviente partidario de la radiodifusión, que no tardó en reividicar que los modestos galenistas debían pagar menos que los lampistas. Lo curioso del papel del Estado respecto a la radio es que, tanto en tiempos de la dictadura como de la República, cargaba fiscalmente al oyente pese a no estarle prestando un servicio público propiamente dicho, como sí ocurría en el Reino Unido con la BBC. En España se consideraba por entonces que el receptor era un artículo suntuario.

No obstante, el periodo republicano representó el despegue definitivo de aquel *revolucionario* medio de difusión: "Es un sistema imprescindible para la propagación del pensamiento", se decía en un decreto de abril de 1932. Tomaron buena nota en Cataluña, y dos años después, Companys habló al atardecer desde el balcón principal del Palacio de la Generalitat, ante los micrófonos de Radio Barcelona y Radio Asociación, para proclamar, en nombre del Gobierno que presidía y del Parlamento de la comunidad, "el Estado catalán en la República Federal Española". El *estat català* duró tan sólo esa tarde y esa noche; a la mañana siguiente, capituló de forma voluntaria, ante las órdenes tajantes del Gobierno de Madrid al capitán general de Cataluña para que abortara la secesión.

En aquellos tiempos la radio se abrió camino como pudo, trató de sorprender y ganar adeptos. Se fabricaban receptores tan insólitos como un cilindro poco más grande que una moneda de peseta, o aparatos montados en barcos, conchas, pipas, cajas de cerillas, pureras, pitilleras, puños de paraguas, polveras, castañuelas y hasta botones de camisa. Dada la imaginación popular, Ignacio Barrado, el gerente de una papelería de la Gran Vía madrileña, organizó un concurso-exposición. Había una evidente fiebre popular en aquellos albores de la radiodifusión en el país, y un columnista de prensa dividió el "mundo de gozadores" entre cocainómanos, morfinómanos, eterómanos, opiómanos... y radiómanos.

Las casas fabricantes creaban estaciones de radio para anunciar la comercialización de sus productos, y su interés no residía tanto en la emisora como en la tienda abierta al público. Así nació Radio Ibérica, que fue la primera emisora cuando la radio aún no era oficial.

"Como la radio en España no es tan vieja, nos ha tocado palpar casi con la yema de los dedos su origen mismo, y yo puedo decir que he dirigido emisoras que tenían tiendas. La radio tenía un taller que reparaba los receptores averiados que le llevaban los oyentes afiliados a su club. Y había una tienda donde se vendían los aparatos. Las primeras empresas de radio que se agruparon entre sí eran vendedores de receptores que montaban su propia estación. Los directores de radio, cuando yo empecé, teníamos una emisora y una tienda. Y yo despachaba con el que ponía la música, con el locutor y con el empleado de la tienda. Primero se vendían receptores; después se fueron sumando planchas, lavadoras, tocadiscos y, finalmente, televisores. Por donde yo pasaba iba cerrando esas tiendas."

Enseguida la radio encontró su camino como medio de comunicación, y ya para siempre fue un espejo de la realidad. No se ha perdido una. Vivió todos los grandes cambios en primera fila. Estuvo en la Puerta del Sol en la proclamación de la República, como iba a estar, años más tarde, en el Congreso de los Diputados durante el intento fallido de golpe de Estado contra la democracia. Cuando Franco se alzó, una emisora canaria, Radio Club Tenerife (EAJ-43), dio lectura al bando de declaración de la contienda civil. Había logrado implantarse como medio de comunicación en plena República, y tuvo que ir a la guerra con doce años, pues nació formalmente en 1924. Los dos bandos usaron y abusaron de ella para hacerse mutuamente la *guerra psicológica*.

El general ultra Queipo de Llano, con fama de pendenciero y parlanchín, se explayaba desde Radio Sevilla con aguerridas soflamas contra el enemigo sin la más mínima consideración por la higiene dialéctica del medio: "Yo os autorizo, bajo mi responsabilidad, a matar como a un perro a cualquiera que se atreva a ejercer coacción sobre vosotros; que si lo hiciereis, quedaréis exentos de toda responsabilidad", pregonó con desvergüenza el 23 de julio de 1936. Su idioma era el insulto despiadado: La Pasionaria pasó a ser en sus labios cada noche una furcia, y el socialista Prieto, un cacique gordo, un estafador... Gerald Brenan, que fue uno de sus oyentes perplejos, no dudó en calificarlo, sin embargo, como "una estrella de la radio" dotada de una personalidad "cruel, bufonesca y satírica". Fue el primer gran demagogo que explotó el morbo radiofónico del deslenguamiento visceral. El propio Franco acabó silenciándolo en febrero de 1938, al parecer por presiones de Serrano Súñer, contrario al tono desquiciado de Queipo de Llano. En total, fueron emitidas casi seiscientas charlas con gran impacto social, según computó Hugh Thomas. En aquellos años de *guerra mediática*, en que Queipo pronosticaba "el fin vergonzoso de los rojos", los republicanos respondían: "¡No pasarán!". Atrincherados en Unión Radio de Madrid, estos últimos daban rienda suelta a su dosis terapéutica de aliento ideológico para contrarrestar los mensajes de la zona nacional. El 19 de enero de 1937 nació en Salamanca Radio Nacional de España (RNE), al servicio de Franco. La red de emisoras públicas tuvo que esperar, como todo el país, cuarenta años para quitarse de encima ese baldón y poder prestar, ya en la democracia, un servicio políticamente neutral (hasta donde lo han permitido las tentaciones intervencionistas de los sucesivos gobiernos) y culturalmente loable sin ningún género de dudas. ("Yo rindo homenaje de gratitud a los compañeros de las emisoras de RNE", dice Iñaki Gabilondo, "porque merced a ellos Beethoven no ha muerto".)

Por todo lo dicho, la radio no tuvo tiempo de desarrollarse como medio de comunicación en un estado de normalidad, y su evolución en la España cavernosa que surgió de aquella contienda, bajo la mordaza franquista que iba a durar casi cuatro décadas, la situó en desventaja respecto al resto de Europa.

La radio fue sobreviviendo en nuestra sociedad con imaginación. Desde la posguerra inició la conquista sentimental del país, que se quedó prendado de ella para siempre. Y fue cubriendo etapas: había sido al principio un medio de comunicación ilustrado, hasta cierto punto, elitista, amante de la ópera y el teatro griego, fino propagador de la palabra en interminables conferencias que hoy serían un tostón, pero en aquel entonces despertaban un interés casi púdico derivado de la novedad tecnológica. Durante los años cuarenta y cincuenta, la radio se desmelenó, tomó la calle, toda oídos, y asaltó cuantos hogares, como el de los Gabilondo, rendían culto al venerable receptor. Llenó sus vidas con grandes concursos y seriales, que alcanzaban audiencias desconocidas hasta entonces. De aquella radio divertida, lastimera y popular, que no había dejado de ser culta, gracias al éxito de sus espacios dramáticos, se pasó, de pronto, al declive de los sesenta. En ese trance, la radio recibió a Iñaki. Los sesenta eran años de reactivación económica en una España de turismo y tecnocracia y había una incipiente protesta musical en los cantautores catalanes. Raimon —*Diguem no, nosaltres no som de eixe mon*—, Ovidi Montllor y aquel primer Serrat machadiano competían en las urnas de la radio —cuando conseguían salir al aire— con los que llevaban la voz cantante: Raphael, el Dúo Dinámico, Manolo Escobar... La década

Beatles, con su bronca emergencia parisina, la Cuba de Fidel y el Che, y el volcán Marilyn, rompía moldes y el hombre acabó en la luna. "A nuestro alrededor la vida era yerma y desolada, todo muy jodido", dice Juan Marsé, que dio a la luz en esa época *Últimas tardes con Teresa*.

Pues en aquellos años de menor carisma de la radiodifusión, Iñaki Gabilondo decidió hacerse, contra corriente, periodista —que inicialmente compaginó con Filosofía y Letras— de un medio donde había de todo, menos periodismo. "La radio era la percha donde colgábamos nuestros sueños", dice Teddy Bautista, que hoy preside la Sociedad General de Autores Españoles (SGAE) y por aquel entonces lideraba un grupo de rock, Los canarios. Y es que a mediados de los cuarenta, la radio, bajo el imperio de la dictadura, había tenido que renunciar a la información —la alternativa se llamó Radio Pirenaica— y sumergirse en el espectáculo. Pero aguantó ese tirón hasta los sesenta, incapaz de vencer en su terreno a un medio más poderoso sobre el escenario: la televisión.

La SER inventaba modos de renovarse mientras se sostenía con programas de gran éxito como *Ustedes son formidables*, con Alberto Oliveras; *Discomanía*, con el mítico Raúl Matas, y *Carrusel deportivo*, con Vicente Marco. Sobrevivían los seriales que había fundamentado Guillermo Sautier Casaseca y que fundara Vázquez Vigo, y triunfaban las *operaciones Plus Ultra* de Joaquín Peláez, pero lo que irrumpía como si fuera sangre nueva de verdad eran las fórmulas musicales, con *El Gran Musical*, de Tomás Martín Blanco, o "Para vosotros, jóvenes", de RNE, y ese formato de enorme calibre denominado los *40 Principales*, de Rafael Reverte —cuyo espíritu encarna Joaquín Luqui—, que revolucionaría el medio pocos años después, dando lugar a una cadena con su mismo nombre. Es la década que anuncia la explosión futura de la FM, que nace entonces en la radio pública.

La información estaba prohibida.

"Los jóvenes de hoy deben grabarse un nombre en la memoria: Antonio Calderón. Lo conocí cuando pisé la radio por primera vez. Antonio Calderón era Di Stéfano para un chico que quisiera ser futbolista, y el Papa para un chico que quisiera ser cura. Cuando yo vine a Radio Madrid a hacer la tesina de periodismo, en el año 1963, fui hasta el estudio grande, en la novena planta, y vi un espectáculo que para mí resultó fascinante: allí estaba el cuadro de actores de Radio Madrid en acción. En el control, Rafael Trabuchelli y, manejando cinco platos a la vez y fundiéndolo todo, Remedios de la Peña, y un hombre pequeño, con gesto torcido, bigote y cara de pocas bromas, una especie de Edward G. Robinson, dirigiendo aquella gran orquesta: Antonio Calderón. Ese día se me confirmaron todas mis expectativas con respecto a la magia de la radio. Yo, que cuando pequeño veía la radio como José Luis Garci, porque los dos somos niños de la radio, atrapados por la emoción de la radio, que pasábamos por delante de la radio como los niños pasan por delante de Disneylandia, que oíamos la radio de rodillas y que queríamos vivir en la radio; yo, que me detenía siempre en el portal del número 27 de la avenida de España (hoy avenida Libertad) para contemplar por fuera Radio San Sebastián y soñar con habitarla algún día..., de pronto, llego a la cadena SER, que era el sitio donde yo quería vivir de mayor, entro, abro la puerta y veo, pues eso... La Radio."

El regalo de RNE: la hora de 'El Parte'

Iñaki Gabilondo ha visto pasar por el micrófono, a lo largo de estas tres últimas décadas, los sonidos que iba adquiriendo en cada momento el país. Así, el sonido del silencio, cuando informar había sido cancelado en los tiempos que Manuel Vicent noveló en *Jardín de Villa Valeria*, o el de aquella olla a presión que era España cuando Franco expiraba y el murmullo de la calle se colaba con estrépito por los micrófonos... Y todos los sonidos que acompañaron una acorde y a la vez descompasada transición a la democracia, con el exilio oyéndose venir como un ruido de fondo. Hasta que una tarde de octubre de 1977, Iñaki y José Joaquín Iriarte presentaron al alimón en Radio Madrid el primer informativo en libertad, como si ese día hubiera salido el sol tras una noche prolongada de la que no se tenía noticia. Eran las 14.30, la hora mítica de *El Parte*, el viejo monopolio informativo de RNE, el único que salía al aire hasta entonces con consentimiento oficial. Todas las emisoras privadas conectaban obligatoriamente con este espacio hasta que llegó ese momento, sin duda histórico en la radio española. A Iñaki se le hace la boca agua recordando aquel instante en que se produjo la liberación informativa de la radio —el medio al que más tardó en llegar la libertad—, y cuenta la anécdota que marcó el acontecimiento:

"La SER se había estado preparando desde hacía tiempo para lo que venía y demostró una gran clarividencia al poner en marcha *Hora 25*, que empezó siendo un programa de cuestiones actuales, cuando todavía no se podía decir que era un informativo, y que ya luego se convirtió en el gran cenáculo de la información libre en momentos de profunda transformación política en el país. Yo veía actuar a Eugenio Fontán, que era el director general, y sé lo que va en su haber y aquello otro de lo que no le toca presumir. Eugenio tuvo arrestos y resistió mil y una presiones, y ése es su gran mérito, del mismo modo que digo quc no considero que fuera por una iluminación de sus convicciones democráticas. Pero el valor que puso ya le honra de sobra. Y bien, al final de todo aquel proceso de forcejeo para predisponer nuestra antena a un tiempo de libertad informativa, que se adivinaba inminente, en una de nuestras reuniones en la SER, se dijo que de un momento a otro podría levantarse la prohibición para dar paso a la libre competencia informativa. Eran fechas de gran efervescencia en la radio. En la SER aún no disponíamos de una Redacción de servicios informativos, que luego ha sido nuestro gran patrimonio. Y un día, que nunca olvidaré, nos enteramos de que pasado mañana comienza el asunto y RNE va a trasladar su informativo de las dos y media de toda la vida a las dos de la tarde. RNE creía, por el soplo que nos había llegado, que las dos y media era una hora que estaba manchada por *El Parte*, y quería empezar el nuevo tiempo con un horario *limpio* y distinto para la información. Recuerdo que nosotros dijimos en el momento mismo de enterarnos: No puede ser; ahora que toda España tiene la costumbre ritual de la hora a la que dan las noticias..., no nos irán a regalar las dos y media. Y confirmamos que sí. RNE dijo que a partir de pasado mañana la radio va a poder informar si lo desea y cuando le dé la gana. Y en ese mismo acto informativo, la radio pública notificaba que se colgaba de las dos de la tarde. Calderón y yo cogimos a Fontán y le dijimos, pasado mañana empezamos a las dos y media. Y Fontán: ¡Estáis locos!, pero ¿con qué, cómo, qué vais a poder hacer si aún estamos en pañales? Nosotros, con lo que sea, hay que ocupar esa posición, aunque sea con lo puesto. Y el primer programa en libertad que se emitió, ese octubre de 1977, fue a las dos y media y lo hice con José Joaquín Iriarte. La SER, desde ese momento, se instaló en las dos y media. Conquistamos esa hora y ya pasó a ser nuestra para siempre". Hoy conduce ese histórico informativo José Antonio Marcos.

El viaje por la radio que ha hecho Iñaki a lo largo de todos estos años está marcado por esos azares continuos en aparente desorden que construyen una vida de sobresaltos, y cuando ahora mira con gafas de lejos el recorrido, concluye: "El azar es una gran evidencia: ese partido de fútbol que comienza con el delantero centro pasando al interior derecho, si hubiera enviado a la izquierda se hubiera jugado otro partido. Toda la vida es un juego de azares, regido por un no sé qué, que otros llaman destino. Una vez leí que un azar es que nazca Napoleón, pero no es un azar que se den las circunstancias para el advenimiento de un cierto cesarismo y luego la casualidad es que se llame Napoleón Bonaparte, en lugar de José Pérez. Yo sí creo en la causalidad y en la casualidad".

Cuando el periodismo parecía llevarlo hacia la docencia —todo indicaba que estaba llamado a ello en la propia Universidad de Navarra, donde enseñaba en un laboratorio de radio—, lo sorprenden con una invitación inesperada: dirigir Radio Popular en su propia ciudad, San Sebastián. Y fue una azarosa circunstancia la que le puso en el camino de su primer trabajo, unos años antes. El día que conoció a Maite Egaña, su primera mujer, que le dio tres hijos, estaba con ella Charo Arteaga, una joven donostiarra que en ese momento sólo conocía la radio de oídas, como todo el mundo, pero no podía sospechar ni remotamente que acabaría ganándose la vida, ella misma, delante de un micrófono y que indirectamente iba a ayudar al novio de su amiga a estrenarse en el oficio que anhelaba.

A Charo la contrataron en la emisora de la Iglesia en San Sebastián, como ha ocurrido tantas veces en la radio, a raíz de unas pruebas a las que se apuntó sin mucha fe y por el mero hecho de acompañar a su mejor amiga, Maite, la vez que ésta sintió una repentina curiosidad por entrar en el medio. Maite no resultó seleccionada, y curiosamente su amiga sí; Charo piensa que su conocimiento del euskera influyó en la elección. Recuerda que ambas fueron *entrenadas*, a orillas de La Concha, por el propio Iñaki en labores de lectura radiofónica. Charo, que hace unos diez años pidió excedencia en la citada emisora para dirigir Emakunde, el Instituto Vasco de la Mujer, no podrá olvidarse de aquella primera vez que Iñaki y su pandilla se acercaron a las dos amigas jugando a conocerse.

Maite y las naranjas completas

"Nosotros en San Sebastián", indica Iñaki, "íbamos en cuadrillas de chicos y te acercabas a las chicas pues para ver si había alguna posibilidad de conectar con ellas. Pero fue en la Universidad donde descubrí un poco espantado que el mundo de las mujeres me era desconocido. En Filosofía y Letras, mi clase era abrumadoramente femenina. Cuando el trabajo de la radio me obligó a mirar con gran atención la realidad de mi país, me convertí, no diré que en feminista, pero sí en cómplice de las mujeres. Acostumbrada mi generación a verlas como diosas y ángeles divinos o en un plano descaradamente inferior, yo me he esforzado por tratarlas de igual a igual. Decía Rosa Montero en un artículo: si se muere mi padre, mi madre no sabe hacer un cheque; si se muere mi madre, mi padre no sabe hacer un huevo. No creo en las medias naranjas, sino en mujeres autónomas, individuales, con sus mundos, sus relaciones, sus puntos de vista y sus afectos. Soy partidario, por tanto, de las dos naranjas enteras. Con el tiempo he visto que nunca fui de muchas novias, pero sí de muchas amigas. Las mujeres se hacían amigas mías y luego ligaban con mis amigos. Me he entendido muy bien con ellas, las he escuchado con atención; su mundo me ha parecido inmensamente interesante. A toro pasado, he descubierto que probablemente algunas de aquellas historias hubieran debido ir por otro camino y que yo las llevé por el de la amistad. Les había escuchado tantas veces contar las cosas que los hombres hacíamos jugando a engañarlas, que en caso de duda me colocaba en una postura prudente. Vistas las cosas ahora, acaso yo sea un poco del lote de los pardillos. Es que, por otra parte, he sido un tímido terrible. Luego he conseguido aprender a controlarlo, aunque ahora está de moda y todo el mundo dice ser tímido. Pero sí, he tenido una timidez grave, importantísima. Ése ha sido uno de los grandes problemas a lo largo de toda mi vida."

Iñaki, según Charo Arteaga, guarda un perfil muy característico de los hombres de Donostia: "Son muy tímidos y respetuosos con las mujeres, muy legales y honrados. Iñaki es así, un chico de San Sebastián de aquella época, educado en el Colegio del Sagrado Corazón, con una familia muy sencilla, gente muy sana. Tiene una gran facilidad para que cuando te hable parezca que está sólo contigo". El día que las dos amigas lo vieron por vez primera, aún no era locutor, "pero ya llegó hasta el banco en el que estábamos sentadas y empezó a hablar de la misma manera que ahora explica las cosas por la radio. Era igual de encantador de serpientes que ahora. ¡Qué labia tenía!". Maite, recuerda Charo, "se quedó absolutamente subyugada por su voz. Yo no sé si eso lo sabe Iñaki".

Un día, en Radio Popular, dijeron en voz alta: "¡Hay que buscar un director joven y capaz!". Y Charo Arteaga se acordó de "aquel chico que hablaba tan bien" y que acababa de casarse con su mejor amiga. Y puso a la emisora en la pista de Iñaki, que se convirtió en su jefe: "Cuando él llegó éramos un equipo de gente joven y comprometida, con ganas de acercar la radio a la ciudadanía. Aquello fue una eclosión".

"Había un cura al frente de la emisora que iban a jubilar", reconstruye Iñaki, "y querían un nuevo director que fuera joven, que fuera periodista, que fuera, a poder ser, de allí y que tuviera alguna idea de radio. El que buscaran que fuera periodista y de allí indicaba que la emisora estaba queriendo dar ese viraje hacia una línea más de compromiso, en esa misma preintuición del tiempo que habría de venir. Periodistas que tuvieran interés en trabajar en radio ya dije que era bastante extravagante. Yo había estado un año y medio en París, gracias a una beca, perfeccionando mis conocimientos del medio radiofónico. En ese momento cabe decir que yo había hecho toda mi apuesta por la radio. De manera que se daban todas las circunstancias: era joven, tenía veinticinco años; era periodista, y tenía unas ganas locas de trabajar en radio. Me nombraron director de Radio Popular en San Sebastián."

Venía de vivir en París el mayo del 68, del que nunca quiere hablar, "porque forma parte de mis recuerdos ideales: nada más casarme me fui para allí y allí fue concebido mi primer hijo, allí viví una etapa muy bonita con mi primera chica, que luego se puso enferma y murió. Para mí París es de las cosas de las que casi no puedo hablar sin emocionarme. Por otra parte, mis vivencias de aquella exaltación he terminado por callármelas, pues mayo del 68 pasó a ser la bisutería argumental de todas las memorias. Dejémoslo estar...".

Su primer empleo en la radio, con veinticinco años, lo consiguió, del modo relatado, en 1968. Los sesenta..., una década de cambios. Cambió su vida. El año y pico que permaneció al frente de esa emisora, Iñaki dio señales del código que ya traía bajo el brazo: hizo una radio con raíces y se alineó con el mundo más progresista de la comunicación en el País Vasco. En parte, su ideario era fruto de aquella adolescencia radiofónica; quienes le han conocido bien más tarde y han hecho memoria de sus andanzas para este libro confirman que hay siempre un mismo Iñaki en todas las etapas, como retratos superpuestos de un mismo modo de reivindicar lo sustancial —él registra una clara evolución: dice que ha tenido que embridar su rebeldía para hacerse moderado—. Así por ejemplo, la cultura autóctona al lado de la modernidad, con un concepto muy cercano al que tenía Juan Ramón Jiménez de la tradición como conquista antes que como herencia.

"YO VOLÉ EL CANON"

En los años veinte, cuando los fundadores de la radio comenzaron a experimentar la vertiente publicitaria, se radiaban largas guías de anuncios por palabras, al precio de una peseta el vocablo. Una circular del Ministerio de Gobernación establecía, a finales de 1925, un máximo de 60 palabras por minuto y sólo cinco minutos de tregua comercial cada hora: 300 palabras de propaganda por hora, en total. La publicidad que se radiaba en España era atosigante y levantó quejas entre los oyentes; éstos ponían de ejemplo las emisiones que recibían (los que poseían receptores de válvulas) desde Londres o París. Como los mensajes se contrataban por palabras, los anunciantes parecían expedir telegramas de una manera casi ininteligible, ahorrando artículos, preposiciones y conjunciones que afeaban el sonido en las pausas publicitarias. Las marcas más austeras en gastos de promoción optaban por un camino que enseguida se reveló eficaz y consistía en repetir varias veces el nombre del artículo. El mejor cliente de la radio en aquellos tiempos bisoños era Servetinal, un producto farmacéutico contra la acidez y el dolor de estómago. Pero, aún en los orígenes, no podía decirse que los ingresos publicitarios generaran suficientes recursos para la feliz supervivencia del medio. Esto sólo fue posible con el paso del tiempo.

Lo primero que recuerda Iñaki de su debut como director de Radio Popular de San Sebastián es que, nada más llegar, voló el canon. El canon era una cantidad fija de ingresos que percibía la emisora, en virtud de un convenio con una central mayorista que gestionaba la publicidad de la cadena. Fuera cual fuera el volumen de la facturación, el canon no variaba e Iñaki debió pensar que de ese modo la emisora tampoco despegaría nunca. "Yo volé el canon", afirma, y no ha olvidado todavía que tras esta medida, la emisora se encontró, de la noche a la mañana, con cero pesetas en sus arcas. En aquellos días sin recursos y "con apuros" tenía que ir, cada fin de mes, a pedir dinero al obispo Jacinto Argaya para pagar las nóminas: "Este mes no paga el canon".

"Había un patronato que presidía Manuel Escudero —padre del actual jefe de la oficina del candidato socialista, José Borrell—, por entonces procurador en Cortes, de origen carlista, pero un tipo aperturista, que falleció hace poco y ha merecido comentarios muy elogiosos. El patronato lo dirigía el obispo Argaya, que era muy simpático y me hablaba de Mozart; a los dos nos gustaba mucho la música. Para mí fue una experiencia curiosa tener que ir a pedirle dinero todos los finales de mes. Eran fondos de la diócesis y el obispo tenía que decidir si atendía las nóminas de la radio o si pintaba el campanario de la iglesia de Fuenterrabía. Pero volar el canon era lo acertado. Profesionalmente, nos hacía soñar con ingresos muy superiores a los que teníamos, aunque nos obligó a partir de una situación de desamparo económico muy grande."

Despierta un evidente interés, a propósito de la publicidad, la simpatía profesional que Iñaki Gabilondo le profesa a este renglón más gerencial que comunicacional de la radio. Contrario a un cierto divorcio histórico entre presentadores y anunciantes en la radio comercial, se declara un comunicador que ama la publicidad: "Amamos la publicidad porque forma parte de la vida, porque nos la encontramos a la vuelta de cualquier esquina, en las páginas de los periódicos, en las pantallas de televisión; y como amamos la publicidad, no nos asusta encontrarla también en nuestros programas de radio". Reclama, eso sí, que en todo momento se establezcan las fronteras precisas para diferenciar el mensaje publicitario del contenido básico de la comunicación radiofónica. La radio sabe bien, subraya, que en tiempos de crisis aguda, la sociedad sustituye todas sus demandas de la más áspera información por un sentimiento consumista que se parece a la *evasión de las posguerras*. Como quiera que él, durante muchos años, dirigió emisoras antes que condujo programas, se considera alguien bien informado de la importancia que corresponde en la radio a la publicidad. Y asegura que nunca por culpa de ésta entró en conflicto su libertad profesional en el mundo de la comunicación privada. "Sin embargo", recuerda adelantándose a los hechos aquí narrados, "en los únicos cinco meses de mi vida en que abandoné la radio comercial para dedicarme a la televisión pública, sufrí un grave y serio problema que me costó el puesto de trabajo."

Respecto al debate subsiguiente en el seno de la radiodifusión entre la radio pública y la radio comercial, cabe introducir aquí que Iñaki ve ciertas ventajas, antes que posibles inconvenientes tópicos, en esta última. Tres ventajas, al menos, enumera:

1. La valiosa información sociológica que aportan los publicitarios al elegir el lugar donde invierten los clientes, facilita un conocimiento privilegiado de los perfiles de la audiencia: "Nadie conoce tan bien a los habitantes de un país como quienes trabajamos en una radio comercial".

2. El uso de un lenguaje nuevo: "Estamos viviendo en una sociedad icónica, y la publicidad —que resume y quintaesencia todas las palabras y todos los sonidos para precisar la naturaleza de su mensaje— ha llegado a destacarse y sobresalir por encima de los propios comunicadores en la utilización de un lenguaje vivo y contemporáneo. La publicidad, que ha llegado a la maestría en el análisis del lenguaje, ha sido capaz de llevarnos desde un estilo decimonónico del que somos herederos hacia un lenguaje mucho más sintético, mucho más gráfico, mucho más sugerido que subrayado. La comunicación, que es algo mágico, imperceptible, difícil de encuadrar en cualquier tipo de lógica o de racionalidad, tiene mucho que ver con la capacidad de convicción que se deriva del empleo de un lenguaje que nosotros, los hombres de la radio comercial, hemos aprendido de la publicidad".

3. La práctica de un ritmo diferente: "En nuestro caso, la obligación de hacer sitio a la publicidad limita nuestro tiempo y nos obliga a una mayor aceleración en el contenido de los programas, a una mayor brevedad; nos acostumbra a un tictac interior que ha modificado por completo nuestra tendencia a otro tipo de tempo".

En la otra cara de la moneda, cita como una perversión de la que huir la "equívoca actuación del locutor presentando a la vez el programa y la publicidad". Pero en este caso se felicita de que nunca los espacios informativos incurrieron en ese pecado.

En cualquier caso, rebate la idea de que la radio pública se dirija al ciudadano y la radio comercial al consumidor, "porque en este mundo en el que todo se entremezcla y en el que todas las verdades son verdades a medias, es indiscutible que los ciudadanos son también consumidores y que los consumidores, por el hecho de serlo, no pierden su condición de ciudadanos".

Iñaki Gabilondo expuso estas ideas en 1985, durante un encuentro internacional de estudios sobre la radio, *Rencontre de Torremolinos*, promovido por RNE y la Unión Europea de Radiodifusión, y al hilo de los comentarios surgidos durante varios días de convivencia entre profesionales de medios públicos y privados, se dirigió a los primeros: "Felices ustedes, los que trabajan en la radio pública, que están considerando la posibilidad de recurrir a la publicidad si todo va mal; porque nosotros, si nos va mal, no podemos recurrir a los presupuestos del Estado".

Dicho lo cual, retornamos a aquellos crispados días —no ya tanto publicitarios como políticos— en que Iñaki Gabilondo comienza su aventura en la radio.

En la España de finales de los sesenta, la Iglesia vasca, como algunos otros sectores eclesiásticos del país, tomaba posiciones ante el cambio político que se adivinaba. La radio, aún en sus horas bajas, era un arma de evidente influencia social, pese a la rápida implantación de la pequeña pantalla. Que no faltaran voces apocalípticas anunciando de un modo novelero los funerales del único medio de comunicación que carecía de imagen, prueba el mérito de la radio en sobrevivir, pese a todo. Carecía la radio, además, como se dijo —y era lo que más daño le producía—, de información. Sólo se toleraba tímidamente cierta especie de boletines asimilados de actualidad local. La Conferencia Episcopal contaba con emisoras propias en distintas provincias del país, pero no funcionaban integradas en una misma red. Cada obispo hacía la guerra por su cuenta.

"La Cadena de Ondas Populares Españolas (COPE) nunca ha actuado como una tal cadena hasta que llega Luis del Olmo. Había unos obispos muy *progres* en aquel momento y había otros que eran carcas. Mientras una emisora de la COPE a lo mejor estaba todavía ofreciendo el santo rosario por la tarde, podía haber otra que se había metido en una línea de alto compromiso. Lo que ocurre es que en la diócesis vasca la Iglesia estaba mucho más comprometida que en otros sitios. Radio Popular de Sevilla tenía su fuerza y Radio Popular de Valencia tenía la suya y así cada una, pero todas juntas poseían una mirada muy heterogénea. En un caso estaban los jesuitas, en otro los dominicos, en otro era un patronato el que marcaba la línea y en otro el propio obispo. De manera que en aquellos años, y durante un tiempo considerable, las posibilidades de fabricar un producto unitario en cadena no eran muchas. Pasarían los años, y fue José Luis Gago, un cura extraordinario, quien se dio cuenta de que para edificar una cadena tenían que dar un mismo toque profesional por encima de las distintas sensibilidades de cada Obispado. Entonces ficharon a Luis del Olmo y a Encarna Sánchez, y construyeron la cadena. Pero hasta ese momento cada uno iba por su lado."

"Cuando yo llego a Radio Popular de San Sebastián, la SER era ya la única verdadera organización frente a RNE y, sin duda, la más importante comercialmente, a una gran distancia... Estaba la SER y luego se encontraban las pequeñas cadenas, la Red de Emisoras del Movimiento (REM), la Cadena Azul de Radiodifusión (CAR)..., que como grupo no tenían gran entidad, si bien algunas de sus emisoras poseían una cierta fuerza. Yo llegué allí y vi que en todo el País Vasco destacaban Radio Popular de Loyola, Radio Popular de Bilbao y, en menor medida, Radio Popular de Santander. Y me pegué a ellos y empezamos a hacer programas conjuntos, muchos de los cuales tenían carácter deportivo (retransmisiones de partidos de pelota, carreras de traineras, vueltas ciclistas) o concursos de *bertsolaris*, y eran comercialmente muy interesantes. En mi tierra la afición al deporte es monumental. Radio Loyola era muy rompedora ideológicamente, muy euskera. La dirigía Lecuona, un jesuita al que mucho tiempo después me encontré en El Salvador con la gente de Ellacuría, tras la tristemente célebre matanza. (Aquella vez fui a hacer un programa de televisión con motivo de un aniversario de la tragedia.) Nosotros, de una manera más matizada, empezamos a entrar también por ahí, y acabamos constituyendo una especie de minicadena, entre Loyola, Bilbao y San Sebastián, aquel triángulo muy pegado a las raíces. Desde el punto de vista programático, hicimos las primeras cosas en euskera en Radio Popular de San Sebastián, algo que entonces estaba prohibido. Eran esos años en que el régimen apenas podía sujetar toda la presión que había, pero todavía tenía en su mano la norma, y la usaba cuando le daba la gana. Recuerdo que yo puse en antena el primer programa musical en euskera: la música de moda, inglesa, internacional..., pero presentada en euskera."

La radio de Gabilondo de aquellos años tenía un aire mcluhanesco de magia tribal cuando desenterraba la vieja cultura, el idioma postergado y la idiosincrasia colectiva mediante ese poder indígena que la antena siempre tuvo y que la hace ser un medio caliente. Iñaki se compenetró fácilmente con la radio y descubrió enseguida que había en ella una capacidad de comunicación despertadora de recuerdos y arcaísmos que la acercaba al pueblo de tú a tú; supo que el medio era capaz de reducir el mundo al tamaño de una aldea y hacer compatible la vida local con una visión universal, que hoy llamamos globalización. Curiosamente, ésta parece ser ahora la única vía que tienen los medios tradicionales de comunicación para sobrevivir al impacto totalizador de las nuevas tecnologías.

Según Urko Gabilondo, de veintisiete años, el menor de los tres hijos de Iñaki, su padre admira particularmente a un jesuita vasco que reside en El Salvador, Jon Sobrino: "Yo creo que le ha influido por su forma de ver la vida. Es uno de los supervivientes de la matanza de Ellacuría. Mi padre habló con él nada más morir los jesuitas. Es un teórico de la teología de la liberación".

Urko, que vuelca en América la bohemia africana que heredó de su padre, pasó dos años dando clases en la Universidad Centroamericana de El Salvador, nada más licenciarse en Periodismo. Antes de volver algún día a aquel sitio donde conoció "tanta gente sincera", sobrelleva como puede el peso de apellidarse Gabilondo, ser periodista y encima ejercer en la radio, en una emisora ajena a su padre, Onda Cero, donde le gana en rigores de horario: trabaja de noche y duerme de día. Cuando Iñaki empieza a hablar en *Hoy por hoy*, su hijo lo escucha desde la competencia, "porque hacemos seguimiento de lo que emite la radio de la mañana, luego continúo escuchándolo desde que salgo de la emisora hasta que me acuesto, hacia las diez y media, todos los días".

Iñaki, al que hoy vemos como un hombre de la SER de toda la vida, confiesa que su primer año al frente de Radio Popular se empleó a fondo para competir con aquella mítica emisora que llenó de quimeras su infancia, Radio San Sebastián. "Yo dije, bueno, cada vez que la cadena SER meta su carillón *tin tirarón tirarirarín tirarón tirarirarón...*, la voy a convertir en forastera, porque en ese momento voy a hacer aquí una programación de lo más pegada al suelo, de lo más autóctona. Aquello, en poco tiempo, llamó mucho la atención. Logramos acreditarnos como una emisora muy de casa, y Radio Popular de San Sebastián fue perdiendo el cliché de *emisora de los curas* que la había marcado hasta entonces."

No tardó la SER en captar a aquel muchacho que había hecho la tesina en Radio Madrid, y le propuso dirigir la emisora de sus sueños, Radio San Sebastián, a la que, paradójicamente, había tenido que someter a cierto *pressing* de vasquismo antes de merecer la oferta que más deseaba. "Me ficharon, y todo el mundo entendió que yo me fuera, era como un ascenso, que no se podía rechazar, porque la SER era la más importante. Entonces, nadie se enfadó. Y se dio una circunstancia supongo que poco frecuente en la historia de la radio en España: la misma persona llegó a dirigir dos emisoras distintas, de distintas cadenas y dentro de la misma ciudad."

Directivo de la nueva generación

"La radio era la SER", subraya remontándose a aquel año en que fichó por esta cadena, en 1970. La década en que España dio un vuelco y la radio fue libre.

"Estaba RNE como cadena, pero que no tenía ningún interés comercial; la COPE, que tenía su entidad pero, como vimos, no operaba como cadena, y las demás que eran muy pequeñas... Entonces, estaba la SER, que era la de los mejores actores, la de los mejores locutores, la gran cadena. Allí había gente como Pedro Pablo Ayuso, Bobby Deglané, Pécker, Prat, Carmina Pérez de Lama, Vicente Marco... La radio era la SER."

Pero, con todo, era la SER venida a menos, dándose codazos con la tele, que le robaba los concursos, el espectáculo..., porque, a diferencia de la radio internacional, en España este medio no tuvo la oportunidad de agarrarse a tiempo al salvavidas de la información una vez que la pequeña pantalla ya le había arrebatado su vellocino de oro: el *show*. El derecho a informar libremente en antena tardó más de la cuenta, y eso paralizó la evolución de la radio española.

"Al fin, lograba estar en la SER. Desembarqué en Radio San Sebastián. Era la emisora con la que había soñado desde pequeño, en la que me dije por primera vez aquello de: 'Yo quiero vivir ahí'. Nunca se me habría ocurrido que con veintisiete años iba a ser el director de esa emisora. Pero fue así y resultó una experiencia intensa. De pronto, descubro que soy uno de los directivos de la nueva generación, porque al frente de Radio Sevilla y Radio San Sebastián estábamos los jóvenes en los que la SER empezaba a mirarse pensando en el futuro. En Radio Sevilla estaba Manuel Alonso Vicedo, que era el hombre con más futuro en la SER de Andalucía, y yo ya era el hombre de futuro en San Sebastián. Estaban en Madrid Fontán, Calderón, Cano, Tomás Martín Blanco..., una gente muy importante en la radio española. Y empezamos a participar en las reuniones. Para mí no fue sólo ir a una emisora de la SER, sino entrar a formar parte de una organización y en un momento decisivo, cuando se requería gente capaz de olfatear el nuevo tiempo que estaba por venir. Recuerdo muchas de aquellas reuniones; yo estuve presente, por ejemplo, en la que se acordó suprimir el programa *Los consejos del doctor*, de Martínez Bordiú. También vi desaparecer de la antena de la SER un espacio histórico, *Ustedes son formidables*, de Alberto Oliveras. Viví el momento en que toda esa radio estaba empezando a despedirse y comenzaba a alumbrar la nueva, con *Hora 25* a la cabeza.

"De manera que mi paso por Radio San Sebastián no se limitaba a una experiencia de radio local, sino que ahí cobro conciencia de que estoy dentro de una gran radio en cadena. Trabajo en San Sebastián, pero formo parte de una organización, la SER; observo que la empresa tiene otra perspectiva y me doy cuenta, como decía, de que soy, además, del pequeño grupo de jóvenes que está siendo mirado por la casa como los hombres que tendremos que estar preparados para el siguiente trance."

A Radio San Sebastián le iba a pasar lo mismo que a su rival, la COPE: el Iñaki de aquellos años era una versión revolucionada del comunicador apacible de hoy. Subió corriendo las escaleras del número 27 de la avenida de España, entró como una bala y puso la emisora patas arriba...

"Como yo había tratado, desde Radio Popular, de atacar a la SER desde un flanco más vasquista, descubro enseguida al llegar allí que, efectivamente, aquella casa tenía una gran debilidad en materia autóctona. Tenía un gran poderío de cadena pero una gran flaqueza en programación local, que yo me sabía muy bien porque les había herido por ahí. Estonces es cuando inicio desde Radio San Sebastián la gran urdimbre de corresponsales por toda Guipúzcoa. Y vamos haciendo cada sábado programas por los pueblos y extendiendo a nuestro paso una infraestructura en todas las localidades. Íbamos a Mondragón y retransmitíamos las fiestas, a Eibar y buscábamos un colaborador y así por todos sitios... Montamos una estupenda telaraña. Hacíamos programas en las distintas sociedades recreativas, concursos de coros..., retransmitíamos regatas de traineras desde un helicóptero, etcétera. Armé la que pude y conseguí sacar a la emisora de su mera condición de corresponsal de la cadena SER en San Sebastián... ¡Si me hubieran visto, yo tenía entonces una vitalidad!...”

Hay toda una filosofía de la vida fácilmente reconocible en el periodismo de ayer y hoy que practica Iñaki Gabilondo. “Ha sido una de las voces con más reflejos democráticos del periodismo español”, destaca el periodista y escritor Juan Cruz. “Descubrió un nuevo oyente y una nueva ética de hablar.” Con esa silueta se ha familiarizado buena parte de la sociedad española, desde que Iñaki pasó a ser definitivamente un comunicador, hacia finales de los setenta y, sobre todo, desde comienzos de los ochenta, en que ha dirigido y presentado los programas de la mañana en la cadena SER. Quienes han estado muy cerca de él aseguran que con esa misma ética que le ha llevado a ser un comunicador de masas vive desde siempre cuando no sale *al aire*. Su talante de James Stewart del micrófono, el instinto de superarse a sí mismo, la evidente vocación pacifista ante el problema vasco y esa fama de ecuánime tan iñakiana que lo ha convertido en nómada de una obstinada imparcialidad (dice su mujer, Lola Carretero, que es “un auténtico soñador que si quisiera ser malo no sabría y si no existiera la tolerancia, él la hubiera inventado”) tienen un mismo origen común: don José. Don

José es el padre de Iñaki. "Yo lo adoraba", afirma. Don José Ignacio Gabilondo era un vasco de Azkoitia.

"José lo llamaban. Mi padre tenía una carnicería. Nosotros nos hemos criado todos con la carnicería de mi padre. Y yo, que era el segundo de mis hermanos, he estado en los veranos, cuando iba al colegio, y más tarde, cuando ya iba a la universidad, haciendo los recados de la carnicería de mi padre. Mi padre era un hombre interesantísimo, que salió a los nueve años de su casa sin saber leer ni escribir, y se fue a trabajar; que siempre tuvo inquietudes culturales; que estaba abonado a la orquesta Santa Cecilia, y que todos los domingos por la mañana me llevaba con él a los conciertos del teatro Victoria Eugenia; que era un gran enamorado de la música y ese amor me lo transmitió a mí; que cuando, además, íbamos a un concierto, al día siguiente me llamaba por teléfono a casa desde la carnicería y silbábamos juntos —lo imagino con su mandil y el machete— lo que habíamos oído de Schubert o de Brahms... Que cuando empezaron Los Beatles y la generación adulta los consideraba unos peludos, mi padre decía: ¡Qué buenos músicos son! Que le gustaban mucho los libros... Un tipo muy especial, mi padre. Un hombre como derrotado por la vida. Un hombre que hubiera querido y debido ser probablemente algo muy distinto. Que tuvo que ponerse a trabajar desde pequeño como un animal. Que se le cayó encima la vida. Que tuvo un hijo y le pareció muy bien. Que tuvo dos y le pareció muy bien, y empezó a tener hijos y a cargarse de hijos, y a sentirse aplastado. Y vino la guerra. Y tuvo nueve hijos y la vida le seguía aplastando, y se fue haciendo más y más misántropo, con un punto depresivo en el que yo muchas veces me reconozco en él. Que se murió un día, porque yo creo que había decidido que estaba aburrido de estar vivo."

CAPÍTULO III

Sueños de libertad

Murió a los setenta y seis años. El padre de Iñaki es el ser querido más decisivo de su vida. "Él me adoraba, estaba muy orgulloso de mí. Yo le quería muchísimo. Es la persona que más he querido. Un hombre con un punto interior siempre secreto que de repente se revelaba en la música. Un hombre así... Mis muchos hermanos, más pequeños que yo, tienen una imagen diferente de mi padre. Le conocieron más cansado, más vencido, más triste. Yo le conocí de joven, cuando tenía ilusión. Me acuerdo de mi padre joven e ilusionado..." Era un hombre profundamente antifranquista y tolerante.

Una vez acudió Franco al frontón de Anoeta, para presidir la ceremonia inaugural de los campeonatos mundiales de pelota. El director de Radio San Sebastián era una de las personas invitadas a la gala. De pronto, una bola de fuego cae desde lo alto de la grada en las narices del general. Y una voz que grita *¡¡¡Gora Euskadi!!!* pone de manifiesto que lo que arde es un hombre.

"Allí estaba Franco y estaba a punto de iniciarse la competición. En el frontón de San Sebastián habían sido distribuidos para el acto oficial todos los equipos participantes. Yo había ido con un compañero, Paco Sáenz, que se encargaba de la información deportiva, y con Ángel Ibáñez, un veterano colaborador de la emisora que llevaba una sección muy local, muy querida allí, y al que llamábamos *El Eutrapélico* (que significa honesto, moderado y, al mismo tiempo, divertido). De repente, con toda la cancha llena con las distintas formaciones de los equipos, cae de arriba un objeto en llamas al grito de *¡¡¡Gora Euskadi!!!* ¡Joder!, los guardias, las escopetas, los grises, Franco —excuso decir que ¡cuerpo a tierra!—..., era acojonante. Empiezan a echarse sobre un hombre, y yo, que estaba muy cerca, voy a ver y me digo, éste es Joseba Elósegui. Era un hombre que había vivido el día del bombardeo de Gernika, siendo oficial de gudaris; era un nacionalista vasco que tenía una tienda de antigüedades en San Sebastián. Y con su protesta a lo bonzo delante de Franco había querido darle un susto al dictador. Aquel día se metió en el frontón, fue al bar, se roció con lo que fuera, se prendió fuego y se tiró en llamas. Pero no murió. Años después supe que había robado una *ikurriña* en el Museo del Ejército de Madrid. Era un nacionalista muy aguerrido. Salió ileso, aunque resultó gravemente herido. Y siguió dando por saco a Franco cada vez que tuvo oportunidad."

El incidente de Elósegui se produjo el 19 de septiembre de 1970. Había aprovechado un momento de solemnidad, durante uno de los discursos, para arrojarse al vacío desde una altura de veinte metros envuelto en llamas, asegurándose así que Franco le prestaría toda la atención. Salió milagrosamente con vida, pero al caer le rompió la columna vertebral a un policía y ocasionó quemaduras en una joven del grupo Goizaldi.

La estancia de Iñaki al frente primero de Radio Popular y después de la emisora de la SER en San Sebastián, entre finales de los sesenta y comienzos de los setenta, coincide con los primeros síntomas de desgaste del régimen franquista. Conscientes de que se agotaba el tiempo biológico de una vieja anormalidad, los gobernantes se enfrentaban al ocaso de la dictadura divididos, entre quienes de un modo mayoritario se atrincheraban en el poder absoluto del sistema ejerciendo mano dura cada vez que podían, y los menos reaccionarios, que buscaban la complicidad de los periodistas, para no perder las riendas de la situación. A las emisoras de entonces seguían llegando las relaciones de discos prohibidos.

"Nosotros recibíamos aquella carta sin ningún tipo de explicación: Ministerio de Información y Turismo. Relación de discos prohibidos en la fecha de hoy, 27 de tal, tal, tal: Pepito no sé qué... No te exponían ningún tipo de razones y te vetaban veinticinco discos de golpe. Se pasaba esta orden a Discoteca, y allí el discotecario pues empezaba a eliminar... En algunos casos, los que eran muy brutos se cargaban el disco para que nadie se fuera a confundir. Que luego la prohibición se levantaba, y seguían sin explicarte por qué se había prohibido ni por qué se dejaba de prohibir, entonces a veces el disco se había ido de paseo. En ese caldo de cultivo estábamos. Bueno, y las broncas eran incesantes. Con lo de los discos en euskera que yo ponía, el delegado del Ministerio de Información y Turismo, Felipe Ugarte, que luego fue alcalde de San Sebastián, me llamaba un día sí, otro no, según le daba, subido por los árboles (ahora, cuando lo recuerdo, no me extraña porque estábamos nosotros en una línea de pelea).

"Cuando repaso ese tiempo, observo que en el comienzo de mi carrera profesional, ya con cargos de responsabilidad, ésos eran los momentos en los que el franquismo tenía la fuerza legal y se veía venir que podía derivar hacia lo represivo después de unos años que habían sido más blandos, porque el país se le estaba yendo de las manos."

LA RADIO, AMORDAZADA

El 3 de diciembre de 1970 se inició el consejo de guerra de Burgos contra militantes de ETA. Dos de los acusados eran sacerdotes, y la Iglesia se movilizó para pedir clemencia en caso de penas de muerte. Los obispos Argaya y Cirarda, de San Sebastián y Santander, respectivamente, publicaron una pastoral contra el procedimiento judicial. La Conferencia

Episcopal y hasta el propio Papa secundaron las peticiones de piedad dirigidas al general Franco. El proceso, que desató una ola exterior de contestación al régimen, duró hasta el día 10, y a raíz de los paros, manifestaciones y choques con las fuerzas de orden público fue decretado el Estado de excepción. El sistema se vio obligado a movilizar, como de costumbre, multitudes en Madrid y Barcelona para calmar la vanidad del dictador, mientras centenares de intelectuales catalanes demandaban amnistía, democracia y autodeterminación, y ETA presionaba a su modo, con el secuestro, y liberación en la víspera de las sentencias, del cónsul de Alemania Federal en San Sebastián, Beihl. Hubo en total nueve condenados a muerte —amén de quinientos años de prisión y multas—, que fueron indultados por Franco en su tradicional mensaje de fin de año.

La radio privada guardó silencio y se limitó a conectar, como siempre, con *El Parte;* era un mutismo obligado por la falta de libertad informativa. Pero en el País Vasco, los ciudadanos estaban al corriente, con la oreja pegada a las emisoras del otro lado. *El otro lado* en Euskadi es Francia. Iñaki no olvida la sensación de ver pasar aquellos días en que España estuvo en el escaparate de la actualidad internacional, sin poder decir nada de puertas adentro, porque la radio estaba amordazada.

"Ese hecho, que armó un lío monumental en todo el mundo, me cogió siendo director de Radio San Sebastián. No les cuento cómo estaba San Sebastián aquel día que empezó el juicio. Era evidente que la realidad del país estaba cambiando y había una legalidad en vigor, que no siempre se aplicaba a rajatabla, pero que cuando querían, dejaba marca, como luego pude comprobar en carne propia en mi siguiente destino: Sevilla. Yo en ese momento lo percibí, tuve la impresión de que tenían problemas para sujetar aquello que se les desmadraba. Muchos de aquellos gobernantes habían vivido la época anterior del franquismo del ordeno y mando y ahora estaban en un franquismo que te lo podían ordenar, pero querían no ordenártelo. Tú se lo exigías y no se atrevían y ahí andabas hasta que un día se atrevían y te lo ordenaban y entonces ya estabas jodido. Antes, cuando la dictadura se sentía consolidada, te lo prohibían y ya estaba. Pero cuando yo empecé a dirigir, en los años setenta, querían de ti complicidad. Te decía aquel delegado de Información y Turismo que antes mencioné: Hombre, casi mejor si no lo pones. Yo decía: No, si tú me lo puedes prohibir. Hombre, no, si no se trata de prohibir, pero, hombre, quiero que entiendas... No, no, yo si no me lo prohíbes, lo hago. Joder, si yo puedo prohibírtelo. Pues eso, prohíbemelo.

"Bajo ese estado de tensión, se celebró un día el juicio de Burgos. Era el día de San Francisco Javier y recuerdo el asunto desde muchos ángulos. La gente estaba muy alterada. El jefe técnico de la emisora, Damián Muñoz, que era una persona mayor, me decía, viendo cómo estaba la calle: Director, esto me recuerda al 18 de julio. Y desde el punto de vista radiofónico, pues ya se sabe que no podíamos dar información, y en el País Vasco todo el mundo oía las emisoras francesas. En San Sebastián la gente habla francés. Entonces, toda la información que no se podía dar aquí se recibía perfectamente del otro lado. Yo era director de una emisora que todavía estaba instalada en la radio del *show*, del señora, señorita, del concurso, del Pécker, del Prat y todos aquellos buenísimos animadores, pero nos faltaba la información."

Aquella radio sin noticias iba a tener que esperar todavía unos cuantos años para poder saltar de una a otra orilla: de la animación a la información. Entre tanto, Iñaki fue acomodándose al tiempo en que le tocó dirigir emisoras con un tipo de periodismo de lo cotidiano, costumbrista y cultural, cargado de latidos sociales, que buscaba tener identidad. Un periodismo que entonces era radical, tanto porque iba a las raíces como porque desagradaba ostensiblemente a las autoridades. Aquel rodaje le suministró unas enseñanzas que le iban a ser muy útiles para cubrir, curiosamente, las deficiencias que presenta la radio de hoy, cuya enfermedad es la contraria de entonces: el exceso patológico de información. No nos extrañe, pues, que en el formato de *Hoy por hoy* quepan una folclorista como María Luisa García, que canta coplas en directo y habla de fiestas y romerías, o un ecologista como Luis Miguel Domínguez, o un urbanita como Javier Rioyo, que nos pone al día de la noche y la cultura. *Hoy por hoy*, el magacín radiofónico de máxima audiencia en España, debe su apego social en gran parte a lo popular y artístico, y el Iñaki de hoy es claro deudor del de aquellos años de censura. Pero por entonces, treinta años atrás, un periodista que amara la profesión lo único razonable que quería hacer era, precisamente, informar. No se podía.

El consejo de guerra de Burgos sirve de referencia, porque fue un hecho que condenó a la radio a un estado de melancolía informativa, del que logró escapar primero el periodismo escrito, gracias a que gozó antes de márgenes de libertad. La radio tardó más en salir del letargo. Cuando posteriormente llegara la democracia, iba a ser legalizado antes el Partido Comunista que el derecho a radiar información libremente.

"El juicio llevó tiempo, pero quizá recuerde de un modo especial el choque psicológico, lo que suponía aquel primer día para un profesional estar en un medio sin voz. Luego pasó todo lo que pasó, los subsiguientes episodios derivados de las condenas a muerte, la conmutación, la protesta airada del mundo entero, la televisión francesa que nos daba imágenes de las algaradas en ese país (que en el resto de España no se vieron), el franquismo acorralado..., todo aquello se vivió intensamente en el País Vasco. Pero ese asunto no salía en la radio, sólo la información que daba RNE, y cómo la daba, en los boletines de las 2.30 y las diez. Y nosotros, oyendo la radio del otro lado. Porque la radio en España seguía con su señora, su premio, su plancha y su tal. Se daba la tremenda paradoja de que estábamos todo el día oyendo la radio francesa para saber lo que pasaba en mi pueblo, abajo, en la calle donde yo trabajaba, aunque yo era director de la emisora de radio que estaba en esa calle."

Un día recibe en su despacho la visita de la policía con esta orden: "Tiene usted que interrumpir la emisión...".

"Era un 29 de abril y entran varios *grises* y un par de *polis* de paisano, y me dicen que debo cortar la radio porque pasado mañana, uno de mayo, hay prevista alguna algarada y los coches patrulla de la policía se han comprado unos equipos de radio especialmente para esa ocasión y al intercomunicar una unidad con otra sale Radio San Sebastián. ¿En qué frecuencia emite usted? Bueno, pues yo emito en la frecuencia en la que emitimos desde el año 1926, que da la casualidad que no la he elegido yo al azar, porque las frecuencias están fijadas por cristal de cuarzo y han sido autorizadas por la Dirección General de Correos y Telecomunicaciones, ¿a mí qué me cuenta?, ¿qué quiere que haga, que cambie de frecuencia? Nos cerraron la radio tres días y se llevaron el enlace microondas. Yo llamé al director general de la SER y se lo comuniqué. Nos quedamos sin emisión, con unas considerables pérdidas económicas y sin poder dar explicaciones a los oyentes de aquella kafkiana situación. Me acuerdo que un capitán de la Policía Armada me dijo al final: Bueno, nos vamos. Y yo le solté: No, no, y yo también; si ustedes se llevan el enlace microondas, yo me voy a mi casa.

El aula de la tolerancia

Los años de que hablamos eran de efervescencia política, y dirigir una emisora en el País Vasco cuando los idealismos antifranquistas, los nacionalismos y el españolismo ultra estaban en su punto de cocción, era vivir abonado a un permanente sobresalto político. Iñaki recibía continuas amonestaciones del poder, que procuraba hacerse notar con cualquier motivo: cuando llegaba la fiesta de la Inmaculada, le recordaban desde el Gobierno civil que ondeara la bandera española en el mástil de la emisora.

"En San Sebastián estaba claro quiénes éramos antifranquistas. Allí la sociedad se dividía en franquistas y no franquistas. Los franquistas eran la gente de los sindicatos, los falangistas, la gente así... Y luego estaba un amplio sector de la población, todos los que yo conocía —mis amigos, mi familia—... que éramos antifranquistas y vivíamos en clave de contraseña. Te ibas a un bar y todo el mundo, schhh, schh, se acercaba. Claro, tú sabías que el domingo, en el fútbol, iban a caer unas *ikurriñas.* Todo el mundo sabía quién había colocado la pegatina en la iglesia de Andoain. Todos sabíamos todo. Unos estarían comprometidos y otros no, pero la sociedad entera estaba fracturada en dos: una muy mayoritaria, que era claramente antifranquista, donde estaban los demócratas (nacionalistas y no nacionalistas), y luego, en el otro extremo, estaban los fascistas. Para nosotros no había más que hablar. Luego, ya a medida que fue pasando el tiempo, unos eran de derechas, otros eran de izquierdas, unos eran nacionalistas y otros no. Así era en mi pueblo."

Iñaki dice que su familia es un mosaico de ideologías perfectamente válido para entender la sociedad vasca. "Una vez le comenté a mi hermano Ramón, ¿te has dado cuenta de que nuestra familia es una buena muestra de nuestro pueblo?" Dice que un día de no hace muchos años, durante un bautizo familiar, llegó a esa conclusión. Y a ella vuelve una y otra vez para explicarse sus fobias y sus filias delante y detrás del micrófono, sus *cruzadas* contra el periodismo bélico y sus tonos conciliadores, su alergia a los dogmas y su particular sincretismo, el rechazo feroz que le inspiran los fanáticos y su búsqueda constante de tolerancia para vivir. Esas señas de identidad presentes en él son fruto, según explica, del mestizaje de sensibilidades que se daba cita en su familia. No lo supo hasta mucho tiempo después.

"La historia de mi familia es fiel reflejo de mi tierra. Muchas veces he pensado que es como un gran retablo, al estilo de la saga de los Ríus, de Ignacio Agustí, muy ilustrativa para alguien ajeno a Euskadi que quiera entender la complejidad del País Vasco. Mi padre, que murió a los setenta y seis años, era nacionalista vasco, y sus padres, nacionalistas vascos también. Mi madre, en cambio, proviene de una familia más bien carlista. Hemos tenido en la familia a rojos, socialistas, comunistas, nacionalistas, españolistas, muertos de un bando y muertos de otro bando en la guerra... Todas las tensiones que yo recuerdo de cuando era pequeño, en los postres de las primeras comuniones y los bautizos, en aquellas sobremesas, eran zanjadas a tiempo con un '¡No, por Dios, no discutáis de política!' Esas sensaciones se me habían quedado ahí, congeladas en la memoria, y las he ido rescatando y recomponiendo con el tiempo. Una familia muy unida por cómo se quería, pero separada por situaciones de ese tipo que después he ido comprobando y entendiendo. Dos mensajes descubro en mí de ese tiempo. Uno que me dice: eres de un pueblo pequeño, flanqueado por dos culturas más poderosas —la española y la francesa—; procura que la cultura de tu pueblo no muera durante tu generación. Y otro que me subraya: eres de un pueblo plural, en el que sólo cabe pactar para coexistir o no hay paz. La suma de estas dos cosas me ha marcado profundamente. La tolerancia es una enseñanza visual y sentimental que arraigó muy hondo en mí: mi familia se ha querido tan intensamente, porque ha querido quererse, ya que objetivamente no estaba llamada a convivir con normalidad. No tengo sino que ver los orígenes diametralmente opuestos de mi padre y mi madre.

"El tío Facundo era muy rojeras —y muy culto—, trabajaba en una fábrica, tenía problemas, necesidades, y todos los viernes íbamos en un autobús a llevarle un paquete con comida. Cuando me he parado a pensar cómo era mi familia, y cómo soy yo, he reparado en lo unidos que estábamos.

Es la historia de una familia que se ha querido muchísimo, en medio de unas tensiones que yo recuerdo de crío y que corresponden a las diferentes ideologías y a los zarpazos de la guerra. Mi familia se quería a tumba abierta a pesar de las diferencias. Y ese espíritu de convivencia nos trasladó a nosotros un sentido de la tolerancia, de la paz por encima de todo, de que no hay que odiar... Pero nadie nos lo decía de una manera explícita, lo mamamos en aquel ambiente. A medida que ha ido pasando el tiempo me he sentido más hijo de ese caldo de cultivo plural, heterogéneo..., con sus exageraciones: No habléis de política, por favor, no... En mi casa siempre había un temblor máximo en ese punto. Mi madre: Por favor, no os pongáis a hablar de política, porque vais a discutir. Y nosotros: pero qué bobada, ma, ¿por qué no vamos a discutir de política? Después lo he entendido, porque discutir de política ahora es una cosa y el no discutir de política al que apelaba mi madre estaba referido a la guerra —en la que le mataron a un hermano de diecisiete años— y a la posguerra, con un anecdotario que he ido reconstruyendo: mi padre en la cárcel, en el campo de concentración, los tíos muertos... ¿Te acuerdas tú del paquete del tío Facundo...? Y mi hermano Ramón, al que llevo ocho años, confirmaba la observación que le hacía. La historia de nuestra casa es muy parecida a la historia de nuestro pueblo... Esa lucha por restablecer la armonía a pesar de los extremismos. Yo me siento muy heredero de todo eso. El pecado de nuestros padres fue el silencio, dice Kepa Aulestia. En casa nos criamos en el silencio de los derrotados de la guerra.

"Mi abuelo paterno, por ejemplo, repudió, por así decirlo, a una hija suya, también nacionalista vasca, porque se casó con un rojo y se fueron a vivir a Francia. Y hasta que no pasaron por lo menos quince años no volvieron a hablarse. Cuando yo tenía quince años, un día, me dijo mi padre, vamos a ir con el abuelo al otro lado, porque se va a reencontrar con la hija y con el yerno. Y fuimos, y allí estaban esperándonos en un parque de San Juan de Luz. Se abrazaron, lloraron todos mucho y estuvieron hablando toda la tarde. Fue la reconciliación después de muchos años; muchos debían de ser, porque, como digo, yo tenía quince, y eso me hace pensar que hacía tanto tiempo o más que no se veían. Sobre este episodio he reflexionado mucho después, porque fue el que me abrió todas las ventanas. Cuando mi padre, mi abuelo y yo regresamos aquella noche, entramos en casa y mi padre se desmayó."

PERIODISMO DE LA NORMALIDAD

El periodismo, dentro y fuera de la radio, y lo que queda de aquel compromiso social con la democracia, es ahora, en la España de finales de siglo, causa de un combate moral que enfrenta, como nunca, a los profesionales de la comunicación. Iñaki Gabilondo defenderá en estas páginas el derecho a no alistarse en ningún frente de la llamada *guerra mediática:* ni víctimas ni victimarios. Pero abandera modos de apaciguar los ánimos para regresar al periodismo de la normalidad. Abordar tal asunto, sin que en esta narración hayamos sacado aún los pies de aquella España tardofranquista (recuérdese que estamos en San Sebastián, en las postrimerías de un régimen que palidece bajo una fuerte combustión social) conviene al curso mismo de los hechos: Iñaki explica muchos de sus temores en el encono social heredado de la guerra civil.

Al director de la SER, Daniel Gavela, le resulta evidente que Iñaki tiene una mirada de la vida y la profesión muy influida por su afición a la historia. "Para la radio y el periodismo es una suerte que haya alguien que posea una memoria profunda y una mirada tan larga y amplia como él. Estoy convencido de que en la memoria de Iñaki está permanentemente operando la conciencia de que éste es un país belicoso, que arrastra una importante tradición de enfrentamientos civiles y radicalismos, de derramamiento de sangre y expulsiones; de que aquí no se pueden desenfundar las pistolas alegremente, porque los conflictos están a flor de piel. Eso está en el disco duro de Iñaki y en el origen de su política de consenso. Su bandera ya se sabe que es la conciliación, hasta en ocasiones en que se han metido muy injustamente con él y yo he echado en falta que sacara a pasear ese colmillo que siempre lleva enfundado."

"Me moriré creyendo que los periodistas tenemos un deber social", señala Iñaki sin querer desprenderse de un compromiso sartriano que le acompaña desde el principio. "Y mirando particularmente a la radio, diría que cuando yo era un crío pensaba que este trabajo tenía una vertiente misional, incluso. O sea, que tenía que hacer cosas. Después es posible que lo haya ido matizando un poco. Pero que sigo convencido de que estamos obligados en nuestra actividad a aportar algo útil a la sociedad, no les quepa la menor duda. A mí ya nadie me va a hacer cambiar de opinión. Por eso digo que me moriré creyendo que la radio y la prensa tienen un compromiso público. Los EGM, los audiómetros, los éxitos me parecen muy bien, pero yo digo que esto que hacemos tiene que servir para algo, tiene que tener alguna utilidad, o no tenemos razón de ser. Estoy dispuesto a aceptar que si antes me creía que esa utilidad era de un tamaño muy grande, ahora admito que sea más de carácter complementario. Pero rechazo la negación de ese cierto grado de utilidad. Yo me moriré creyendo eso. En nuestro país siempre hubo una tendencia muy peligrosa al fratricidio, al maniqueísmo de las barricadas. Y eso a mí siempre me ha impresionado. Por eso apelo a la responsabilidad del comunicador, que es un tipo con una posición privilegiada, y le digo y me digo: esto tenemos que manejarlo con ánimo de aportar y construir. No abogo por el procedimiento del escamoteo de la realidad, del no, no, no y paso. No, no, perdón, yo no paso y no podré pasar nunca. Yo tengo una responsabilidad. Y admito que no siempre sepa abordarla del modo más acertado, pero esa ambición tengo y me moriré con ella.

"A veces, cuando acudo a coloquios en los que se hacen terapias intensivas al respecto, me preguntan, ¿y usted por qué no entra al trapo como hacen otros compañeros suyos? Y entonces digo lo que pienso. Y pienso que en mi profesión se ha empezado a hacer, por parte de algunos que cada vez son más, una interpretación circense de las cosas. Y como yo resulta que no estoy haciendo cada mañana en la radio esa clase de interpretación circense, pues ahí está la duda, la gloriosa duda que hace que éste sea siempre el oficio de la permanente duda intelectual y de la permanente duda ética. La gente que no tiene dudas me produce un frío físico. Porque no se trata de que no haya que contar los hechos, de que haya que ocultar a los ciudadanos la realidad porque uno tenga una voluntad de aportación. No, de lo que se trata es de que tienes que acomodar el discurso en lo que dices y en cómo dices lo que dices. Me estoy refiriendo a la limpieza de la comunicación y a la lealtad con que debes enfrentarte a los amigos que te escuchan, que es la lealtad al amigo al que tienes un día que darle un disgusto y la lealtad de no estar todos los días dándole disgustos, porque tienes que intentar hacerle también la vida agradable. Y ahí está el juego de trapecista de no caerte de la verdad sin tener que agarrarte a la mentira."

Lleva más tiempo del que recuerda levantándose a las cuatro de la mañana y abriendo el micrófono a las seis para decir buenos días y estarse más de seis horas hablándole a la gente —estos últimos quince años le ha podido decir a una oyente fiel más cosas de la vida al oído que su propia pareja—. Habrá en ello un asomo de rutina, pero ésta no pasa de la puerta de la radio: ahí se despiden. Son célebres en Radio Madrid sus arranques adolescentes de entusiasmo cada vez que en su programa pasó algo que logró emocionarle. Excitado como un novel saldrá al pasillo a contárselo al primero que encuentre. No es rutina, sino hábito, y él lleva puesto el hábito de la radio.

"Hay cosas que le pasan a uno a veces por la cabeza cuando está en un trabajo como éste. Pues alguna mañana antes de arrancar el programa me he dicho, como si alguien dentro de mí mismo me estuviera haciendo un reproche: me voy a poner en este momento a hablar cuando hay un montón de gente que tiene cosas seguramente más importantes que decir que yo y no tiene dónde decirlas. Entonces, por qué yo voy a hablar en vez de ser el que oiga. Cuánto va a tardar en que se abra la puerta y vengan quince y me digan, ahora tú te quitas y me siento yo, porque tengo cosas más importantes que decir que tú. Y este tipo de reflexiones no viene mal. Entonces, te empiezas a preguntar cómo te legitimas tú en tu trabajo, por qué los oyentes te responden con su audiencia. Y como no sabrás todavía en ese preciso momento si te estás legitimando de verdad ante esa audiencia, te tendrás que plantear cómo te legitimas tú ante ti mismo. Y yo me lo he planteado, me lo planteo muchas veces. Me lo planteo todos los días. Tú te legitimas ante ti tratando de no olvidar que tienes que servir para algo, que tienes que ser de alguna utilidad social. Nosotros, en nuestras reuniones de equipo, solemos decir: en caso de duda, una aportación de corte progresista, mirando hacia adelante; en caso de duda, tolerancia; en caso de duda, libertad; en caso de duda, democracia; en caso de duda, Constitución; en caso de duda... O sea, vamos a marcar los parámetros, para si no tienes la seguridad de que vas a ser de provecho, por lo menos que tengas la seguridad de que no vas a ser de todo lo contrario. Daño, el menos posible. Evitar disparar con ametralladora. Manejar esta arma con cuidado, con todas las cautelas que el oficio ha ido acumulando a lo largo de su historia, con toda la formalidad expresiva, con todo el respeto a las personas...

"Puede que exista gente que lo haya reflexionado tanto o más que yo y que se coloque en otra posición distinta a la mía, pero hay mucha gente que no ha reflexionado en absoluto y se coloca ante el micrófono sin haber predeterminado qué representa en su caso ese trabajo, quién es él, quiénes son los demás, por qué hace eso y en qué consiste. Y, entonces, muchos hacen lo que hacen."

El director general de la cadena SER y presidente de la Asociación Española de Radiodifusión Privada, Augusto Delkáder, que es una de las voces que en los últimos años se ha levantado por encima del ruido para rebatir la crispación, coincide con el análisis de Iñaki respecto al papel de los medios periodísticos. "Algunos han elegido hacerle trampas a la sociedad civil, y fabrican piezas para un enfrentamiento muy dañino. De ese modo tiran por tierra uno de los grandes triunfos de la transición, que fue la tolerancia y la convivencia plural."

LA SEGUNDA VOZ

En los cursos, talleres y conferencias en los que interviene a menudo, Iñaki, que cultiva la reflexión como un acto cívico de convivencia y como el modo más sencillo de no tirar barro a la pared, tiene por costumbre referirse tanto a periodistas como a ciudadanos. En el mundo de la radio —suele insistir— te tienes que acordar siempre de que te oyen y de que tú tienes una responsabilidad. Esta responsabilidad de quien abre todos los días la boca y le da su palabra al coro de oyentes más numeroso del país, es lo que él llama "la segunda voz".

"Yo tengo desde hace tiempo la conciencia de que quienes nos situamos delante de un micrófono estamos equivocados si creemos que somos la primera voz. Por eso digo que yo soy la segunda voz. Cuando hacen encuestas y le preguntan a la gente qué hace por la mañana, no responden: Yo oigo la radio. ¿Usted qué hace por las mañanas? Pues, hombre, llevo al *cole* a los niños, me cepillo los dientes... Yo por la mañana suelo ir a una frutería que tengo y vendo fruta. Y si le preguntas: ¿Usted no mira el reloj a lo largo de la mañana? ¡Ah, sí, claro, cuarenta veces por lo menos! Y ¿usted no oirá la radio por casualidad? ¡Ah, sí! Casi toda la mañana. Pero su vida no es oír la radio. Su vida es su vida, y nosotros somos como el reloj: sin él no se puede vivir. Forma parte, de una manera tan clara, de su vida que está determinándole, como la radio seguro que le está ayudando y le está determinando, pero no puede sustituir su vida.

"El protagonismo del hombre de la radio que quiere apoderarse de la sociedad, no lo puedo entender y lo rechazo. Yo sé que soy la segunda voz del taxista, que está hablando con el de atrás y yo estoy por ahí diciendo cosas; que, de cuando en cuando, asomo, y de repente pasa algo y le doy una señal..., y un cuarto de hora después, le propongo un asunto que durante diez minutos seguidos le tiene interesado, cosa que luego olvida, y le vuelvo a aparecer y le voy asomando y dejando señales y, de pronto, dice: ¡Coño!, ahí hay una referencia que tiene una silueta que me gusta... Que no sea una silueta que pretenda descubrir América, que no le arrebate el protagonismo vital, que no le traicione, que no le oculte lo que le tiene que decir, pero que sea capaz de entender que un hombre es un bicho muy complejo y que ahí puede tener a un amigo para lo que sea. Para decirle la verdad, que incluye el no tengo ni idea de esto y el te he elegido esto bonito, que te va ayudar este ratillo. Pero siempre la segunda voz. Y para el señor que vende tomates la primera voz es la de están a 120, y la primera voz es la de la madre que está haciendo la comida, y a primera hora es la del sonido de la ducha o del exprimidor del zumo de naranja y el corre, niño, que se hace tarde. La primera voz es la vida. Y para mí saber que soy la segunda voz me ofrece una explicación de cómo me coloco yo en la radio cada mañana."

Iñaki considera que aceptar el papel de segunda voz puede no ser tan fácil para todos los comunicadores del país, porque vivimos un momento de fuerte divismo en los animadores y conductores de programas. Está la búsqueda de audiencias, del éxito, del dinero, la conversión de la sociedad en mercado del espectáculo. Desde los años setenta, la información es dramaturgia: las noticias se convirtieron en espectáculo y los espectáculos en noticias, según anuncian los expertos. Todo este fenómeno ha estado acompañado de connotaciones políticas, ideológicas y económicas.

"La nueva sociedad mediática lo está transformando todo", señala Iñaki Gabilondo en defensa de su posición. "Por eso digo que lo de ser segunda voz no cuela en algunos que quieren ser la primera, que quieren ser más importantes que el que mete el gol, y más importantes que el político y más importantes que todos. O sienten honradamente que lo son. Yo sólo quiero decir que yo no soy la segunda voz porque sea un conformista y quiera ahorrarme disgustos en la guerra. Mi actitud de muchos años en esta profesión ha solido ser tachada de pactista y contemporizadora. Lo explico para dejar claro aquí que nadie quiera ver en mí ninguna renuncia a nada. Yo no soy una persona que no quiere riesgos. No, ésta es mi posición, una posición labrada a lo largo de toda una vida profesional. Creo honestamente que hago lo que debo hacer y lo hago como creo que lo debo hacer, porque se trata de una posición largamente reflexionada. Y en treinta años he tenido tiempo de pensármelo muy bien."

CAPÍTULO IV

La memoria de la ciudad

La tele había entrado como un cañón, llevándose el espectáculo consigo. La radio, huérfana de su filón más comercial, que le había reportado cuantiosos beneficios durante los años de gloria que vivió este medio tras la guerra, empezó a sentir, a finales de los años sesenta y comienzos de los setenta, los cosquilleos de eso que Iñaki Gabilondo llama "el nuevo tiempo informativo" por venir. El gran cambio consistía en que ya dejaba de ser un medio de entretenimiento para ser muy pronto un medio de información. Ese tiempo estaba a la vuelta de la esquina y la SER lo cogió al vuelo. Él, un hombre del norte, hizo el sur —con esa fascinación por lo meridional tan común en todo vasco—, antes de pilotar la nueva era de la información en la primera cadena de radio española. Nadie podrá decir que este recorrido, que acabó resultándole providencial y enriquecedor, fuera planificado. Un hecho inesperado lo puso rumbo a Sevilla. Su vida cambió.

¿Qué hacía aquel rojillo en la emisora de Queipo de Llano, el general que no dejó títere con cabeza desde el bando nacional con arengas perturbadas a través de aquellas mismas ondas? Radio Sevilla había entrado, precisamente, en un proceso de transformación progresista, pero en la memoria de la radio española aún retumbaban las *homilías* del pirómano militar sin escrúpulos en la lengua. Y buena parte de la oficialidad sevillana guardaba cierta admiración nostálgica hacia el pasado más oscuro de la emisora idealizado en la figura del general. Ése era un injusto homenaje a la rica historia de la emisora que, de no haber sido por sus penurias económicas fundacionales y los condicionantes burocráticos de la Administración, hoy figuraría con derecho propio en los orígenes mismos de la radiodifusión española.

Iñaki va a Sevilla a sustituir a un joven colega, Manuel Alonso Vicedo, muerto en un accidente de coche. Vicedo —que era el prometedor delfín de la emisora, aún en calidad de subdirector, a la espera de ser nombrado esos mismos días— fallece junto a otras tres personas: el conductor, el crítico taurino y el locutor estrella de la emisora, Manolo Moreno.

"Es un accidente terrible. Vicedo, el director de facto, es un hombre muy popular en la tierra, de gran valía y gran manejo político, un tío que hubiera sido muy importante. Han ido al Puerto de Santa María, porque forman parte del jurado que ha de dilucidar una escultura para la entrada de la plaza de toros. Se trata de un monumento al toro, y en el jurado están los Mihura, los Domecq... Termina la reunión, sin acuerdo, regresan a Sevilla y los cuatro se matan a la vez en un accidente espeluznante.

"Ese día yo me encuentro en Radio San Sebastián con Domingo Pasarón, un ingeniero de la SER que visitaba nuestra emisora. Estábamos hablando en el despacho cuando nos notifican que se han matado Manolo Vicedo y los otros tres compañeros. Nos quedamos de piedra. Recuerdo ese momento y esa escena de una forma brutal por el impacto que me produjo y porque, además, yo no sabía lo que aquello iba a significar en mi vida. Porque yo, que pensaba irme unos cuantos días después a Sevilla a la toma de posesión de Vicedo, pues recibo una llamada de Eugenio Fontán en la que me dice que además de al funeral de Manolo quiere que vaya a hacerme cargo de la emisora, de la que había sido director su propio padre, Antonio Fontán. Radio Sevilla era la tercera emisora más importante de la SER, la emisora que aún arrastraba el lastre de aquel sello facha de Queipo de Llano y necesitaba cambiar de talante rápidamente ante el nuevo tiempo que se avecinaba. En la SER habían depositado todas sus esperanzas en un joven de la talla de Vicedo y necesitaban seguir confiando en la misma apuesta joven y me piden a mí que sea ese hombre, inicialmente por unos meses hasta que se piense bien qué se hace. Yo ignoro en aquel momento que va a cambiar mi vida por completo."

Aterriza en Sevilla en 1971, con mujer y tres niños, y ahí empieza otra vida "¡Sevilla, ciudad tuya, / ciudad mía!", escribía, recién casado, Juan Ramón Jiménez a Zenobia Camprubí, camino de Nueva York en 1916.

"Bueno, en realidad, me empezarán después varias otras vidas, pero ese primer día arranca para mí una clara otra vida. Porque me pasa de todo. A las veinticuatro horas de llegar a Sevilla tengo que inaugurar una calle que está cerca de la radio y que Sevilla dedica a Manolo Vicedo, cuya cortina descorro. Yo fui a heredar a un mito, Vicedo, que era mi amigo, con lo difícil que es para un vasco ir a vivir a Sevilla, que es como otro mundo. Luego, tengo que sustituirle en el jurado taurino de El Puerto de Santa María, porque todavía no se había emitido el fallo. Y allí conocí a Eduardo Mihura y a Domecq. El viejo Eduardo me cogió un gran cariño desde aquel día, le parecí un forastero curioso, y me llevó a comer a una venta y luego fuimos a ver la finca de los Mihura, *Los Zahariches*. Así llegué yo al sur y podría estar hablando de mi paso por Sevilla unas diez mil horas sin parar."

LA MAFIA LOCAL

En Sevilla descubre el paganismo y la sensualidad. La ciudad le conmueve, en ella se siente como Camus en Argel: profundamente impactado ya para siempre.

"Yo entro en otra meca, en otro mundo. Me pasó absolutamente de todo. Fue la etapa más intensa, emocionante, apasionante, total, dramática...., de mi vida. ¡Fue como un estallido! Y mi vida cambia. Yo soy otro a partir de Sevilla de donde salgo, desde luego, enriquecido. No pierdo un gramo de mi condición de vasco, pero adquiero una nueva condición de andaluz. Entro en una emisora ya muy importante que vive unas tensiones atroces. Radio Sevilla era la emisora puntera allí, era un auténtico poder en la ciudad, un poder tremendo a todos los efectos. Y me topo con la todopoderosa Sevilla institucional, que pretende reclamarme de entrada como uno de sus valores, y no duda en intentar captarme sin rodeos.

"Nada más llegar, un grupo selecto del poder fáctico local se me acerca con muy poco disimulo a decirme que si yo quiero triunfar no tengo problemas, porque yo ya me puedo considerar parte de ellos, y que allí un par de concejales, un director de un destacado periódico, unos industriales y no sé cuántos más son el poder y me garantizan que nunca me faltará publicidad. Todo eso con un paternalismo imponente (todos eran más fachas que don Pelayo). Y que querían que yo me metiera en este asunto y tal y tal... Empecé mal a los cinco minutos de llegar, porque les dejé muy claro que yo iba a triunfar o a fracasar solito, y que, desde luego, de entrar a formar parte de camarillas, ni loco. Los tíos, unos siete u ocho, me habían llevado en un viaje a El Puerto de Santa María para comer allí con todo ese ceremonial de una España que yo había visto sólo en el cine, la España de la escopeta nacional. Y con todo el descaro del mundo me empiezan a soltar: 'Tú vas a hacer un programa de este tipo y harás esto otro; tú, Iñaki, vas a ver...'. Ellos daban por supuesto que el clan recibía un nuevo miembro, uno más de la pequeña mafia. Dije lo que dije y ese mismo día empezaron mis desgracias. Añádase al hecho de que este grupo, como luego supe, era el más potente de Sevilla, la circunstancia no desdeñable de que casualmente eran la gente más amiga de Fontán, mi jefe. Fontán es de Sevilla e iba todos los viernes para allá. Mi etapa en Sevilla está marcada por la particularidad de que es la ciudad natal del director general de la SER y que él todos los viernes va para allí, con lo que, además de tener una interlocución con el director de su emisora, que era yo, pues tenía una interlocución sobre su director con las fuerzas vivas del lugar, que no me podían ver ni en pinta. Eran sus amigos naturales. Bastante mérito tuvo Eugenio, que se solidarizó conmigo muchas veces en contra de aquel sector duro, defendiéndome de un grupo de gente muy poderosa que decía: 'Este chico no se está enterando, a este vasco no sé cómo tú no...'. Ésa era la doble tensión a la que estaba enfrentado Eugenio: por un lado, los disgustos que le daba el chico que había enviado allí y por otro, la necesidad que tenía de que, aunque fuera a fuerza de malos tragos, la emisora se fuera metiendo por otro camino, porque él sabía muy bien por dónde iba a ir el futuro. En esa contradicción hay quien prefiere poner el acento en el Fontán derechista de toda la vida, y yo, para hacer justicia, he de decir ambas cosas. No debía de ser fácil para él llegar cada semana a Sevilla, con sus amigos corriendo a contarle una nueva mía. Y, sin embargo, me aguantó y me sostuvo hasta donde pudo, hasta que no pudo más y me sacó de allí."

El joven vasco heterodoxo que arribó a una ciudad mágica y vencida por los poderes inmovilistas, no sólo echó un pulso a la autoridad; llevado del sentimiento popular que traía todavía pegado en la ropa de su paso como director por las dos emisoras donostiarras, emprendió el mismo destape radiofónico en su nuevo destino en el sur y sacó los micrófonos a la calle para recorrer Sevilla pueblo a pueblo con una fe de miliciano, como si aquello tuviera, en el fondo, algo de frenética insurrección. Radio Sevilla, en tiempos de Iñaki, llegó a acuñar una divisa que estimulaba a los andaluces a compartir un mismo sentimiento regional. Daniel Gavela recuerda haber vivido un mes en Sevilla, en calidad de enviado especial del periódico *El País*, "y había un personaje que me aparecía por todas partes en la ciudad en las conversaciones con la gente: un tal Iñaki Gabilondo, a quien yo no tenía el gusto de conocer entonces y que era una referencia constante para los periodistas con los que yo hablaba".

"Mi entrada en la ciudad fue la de un tipo nada institucionalista, nada oficialista, muy antifranquista (lo de *Franco no, lo que viene sí* lo tuve muy claro desde pequeño) y, sobre todo, muy comprometido con la radio. Los treinta primeros días que pasé en Sevilla los dediqué por la mañana a hacer la radio, y por la tarde, con tres compañeros, íbamos siempre a un pueblo distinto. Yo pedía que me localizaran personas representativas de cada sitio, y me pegaba esa tarde hablando con la gente del lugar. Luego, volvíamos a Sevilla, hacíamos a la mañana siguiente la radio y por la tarde nos íbamos a Utrera, por ejemplo. Así, treinta días, treinta historias, y al volver de toda aquella gira, me dije que aquella tierra, que yo me creía que era una tierra de jijí, jajá..., era una tierra herida, que tenía sus problemas. Y, entonces, inicié una línea de trabajo absolutamente comprometida con la tierra andaluza. Como lo que yo tenía de vasco era una mayor querencia a la tierra, no me costó ningún trabajo decidirme a ello. Ésa, por otra parte, era la experiencia profesional que yo traía tanto de Radio Popular como de Radio San Sebastián. Como lo que yo mejor y más naturalmente tendía a hacer era constituir las estructuras más pegadas al suelo, no dudé en ir por ahí, aunque ya desde Radio Sevilla, por ser la tercera emisora de la SER, yo era un personaje muy metido en las reuniones de Madrid, muy de cadena. Y le di a toda la emisora una gran coherencia muy andalucista."

"Siéntase orgulloso de ser andaluz"

De aquella excursión intensiva por las venas interiores de Sevilla, Iñaki conserva el contraste de imágenes de bellezas y durezas expuestas a la vez. Y no se dio un margen de espera, tras asimilar lo hermoso y doliente de la región, para hacer la radio que estaba demandando aquella realidad simbólica de la típica periferia marginal del país. Hoy mira aquel Iñaki de entonces y se reconoce anímicamente un todoterreno, un vasco que se comía el mundo.

"A mí me sorprendió la falta de orgullo del andaluz en su condición de tal. En aquellos viajes por los pueblos veía unas situaciones... Por ejemplo, cuando vi Carmona me acojoné. Y al pensar que a mi tierra venían de emigrantes gentes de aquel vergel, me dije, esto no es posible, a esta tierra tenía que venir gente a emigrar, ¡si esto es un paraíso!, ¡cómo es que se van éstos a mi tierra, si tendría que ser al revés!

"Luego, veía que los locutores, que hablaban todo el rato andaluz, cuando se colocaban ante el micrófono decían con toda solemnidad: Transmite Radio Sevilla. Y yo les decía: ¿Por qué no habláis como lo hacéis habitualmente? Y ellos me decían: Es que nozotro no hablamo fino. Y entonces me empeñé en darle la vuelta a todo y poner las cosas en su sitio. Y empezamos a vivir una radio de reuniones mañana, tarde y noche con el grupo base, muchas veces hasta las siete de la mañana, todo muy volcánico, muy apasionado, y de ahí surgió nuestra línea que tuvo un gran impacto en aquellos momentos de comienzos de los setenta. Fue una línea que rotulamos con un eslogan que se extendió por toda la sociedad y que decía: "Andalucía es una tierra grande, hermosa, vieja y sabia. Siéntase orgulloso de ser andaluz". Este eslogan y esta filosofía lo iban marcando todo, todo... En el arte decíamos: Picasso en la galería tal..., andaluz. Hasta hablemos como se habla en andaluz. Las tertulias literarias... Empezamos a convocar gente, mucha gente andaluza, a darle cuerpo a la cultura, a la vida, a lo cotidiano andaluz. Y vi que muchas cosas y muchas personas se iban agrupando en torno a nosotros. Era un tiempo muy fresco políticamente. Y debió correrse enseguida la voz por toda la ciudad de que este chico vasco, que no sabemos muy bien quién es ni cómo es, pero, desde luego, con el director de *Abc* y con el concejal tal ha tenido una bronca de cojones... Empezamos pronto a tener una determinada fisonomía."

El lema que acuñó Iñaki para encender el sentimiento andaluz se transformó en sintonía radiofónica: una voz leía el mensaje con el indicativo clásico de la SER por soleares, bulerías y los distintos palos flamencos interpretados a la guitarra por José Cala, *El Poeta*.

Para olvidar a Queipo de Llano

En aquel momento, *El Correo de Andalucía*, que dirigía Federico Villagrán, era la referencia predemocrática: "Andaba al disgustazo limpio", señala. Ni que decir tiene que, enseguida, el diario más progresista de la ciudad y Radio Sevilla hicieron migas y formaron una pareja de medios cómplices ante las adversidades políticas. En Sevilla se recuerda *El Correo* de Villagrán como el periódico combativo de esos años, y la emisora de la SER en manos de aquel indómito periodista vasco, como un fogonazo en la oscuridad. Iñaki hacía olvidar la leyenda negra de los tiempos de Queipo en la emisora.

"Federico y yo nos convertimos, un poco, en los aglutinantes de una manera distinta de ver las cosas en los tiempos preliminares de un cambio social que iba a producirse en todo el país. Radio Sevilla era el lugar por donde pasaban los Rojas Marcos, Rafael Escuredo, hasta Isidoro Moreno, que era antropólogo y dirigente del Partido del Trabajo, a la izquierda del Partido Comunista, y todos los del PCE y el PSOE... Hacíamos programas de radio que no eran políticos, pero en los que hablaban todos ellos, que eran gente muy rompedora, y también Antonio Burgos, que era un hombre de derechas, pero todos demócratas. Aquella radio empezó a tener claramente una vibración antifranquista, que era un poco también el encargo que yo tenía. Yo no tenía el encargo político así explicitado; tenía un encargo de modernizar un poco aquella radio, que era todavía en el inconsciente colectivo la radio de Queipo. Y Queipo de Llano había sido un fascista. Queipo era Franco, pero en Sevilla. Estábamos intentando la reconquista de la emisora y allí se conservaba la famosa foto de Queipo con el micrófono de Radio Sevilla. Eran cosas del pasado, sí, y la emisora ya no era de esa casta, pero tenía aún esa aureola, tenía mucha aureola... ¡Tanta aureola tenía! Y yo pisé el acelerador."

María Esperanza Sánchez, que era una joven locutora que buscaba en sus programas musicales una vía de escape a la falta de libertad cuando él llegó a Radio Sevilla, recuerda de este modo su irrupción en escena:

"Radio Sevilla había sido siempre *la radio*, la de los grandes artistas, las canciones y concursos de posguerra, la de locutores míticos, como Rafael Santiesteban (años cincuenta, *Conozca a sus vecinos)*, que tenía que salir a la calle protegido por la policía... Pero en ese momento ya estaba de capa caída, se había quedado un tanto desfasada. Y Radio Popular, que la llamaban Radio Vida, adquirió fuerza, con Alfonso Eduardo Pérez Orozco, Romualdo Molina... y Vicedo, que luego se vino aquí y acabó su vida desgraciadamente en la carretera. Toda aquella gente luego se dispersó, muchos se fueron a Madrid, y han tenido trayectorias muy brillantes casi todos. En un momento determinado, llega un personaje radicalmente distinto, un tío joven a una radio antigua: Iñaki. ¡Fue la bomba! No lo tenían previsto. Empezó a hacer cosas nuevas, muy novedosas y a tener actitudes muy valientes en contra del régimen. Yo creo que aquí se hizo el primero o uno de los primeros programas feministas en la radio, en 1973, con motivo del Año Internacional de la Mujer; lo presentamos Juan José Folguera y yo. Iñaki era un obseso de la antena, quería que todo sonara precioso, perfecto. Siempre tenía puesta la radio, si oía algo que estaba mal bajaba a ver qué pasaba; si era una entrevista por teléfono y no se oía bien tenías que cortar, porque el sonido debía ser impecable, y el ritmo y la música y vocalizar... Nos decía que no estábamos delante de un micrófono, sino delante de la gente y que todo el mundo que nos escuchaba era licenciado en algo y que siempre había algún oyente que supiera mucho más que nosotros de lo que dijéramos. Hacíamos informativos locales y, si nos pasábamos de la raya, nos los prohibían y entonces camuflábamos la información en otros programas. Los oyentes se daban cuenta enseguida, y una vez llamó uno para decirnos: Os han quitado la voz, pero os queda la palabra. A Iñaki no lo paraba nadie. Cuando los fusilamientos de septiembre de 1975, poco antes de la muerte de Franco, decidió no mandar los micrófonos de Radio Sevilla a la concentración de la plaza Nueva. En el balcón del Ayuntamiento estaban todos los periodistas y los micrófonos de todos los medios, menos del nuestro. Allí iba a hablar el gobernador Leiva Rey, que salió y lo primero que buscó fue el micrófono de Radio Sevilla. Entonces le oyeron decir: Falta Radio Moscú. Iñaki sabía que arriesgaba en un momento que era de gran riesgo de todos los antifranquistas y que su riesgo era en la radio. Demostró ser un personaje diferente, moderno, atractivo, refinado y culto, se hizo célebre rápidamente, se convirtió en una referencia para la gente que luchaba contra la dictadura. Lo querían echar y lo echaron. Mucha gente del círculo oficial acabó respetándolo, como Manuel Otero Luna, presidente de los empresarios; algún delegado ministerial, o el propio alcalde de Sevilla, Juan Fernández Rodríguez García del Busto, que dimitió en desacuerdo con el gobernador. Por ese gesto, le concedimos, el último año que estuvo Iñaki entre nosotros, uno de los Premios Sevillanos del año. Como cierre de ceremonia, Iñaki pronunció un discurso y me pidió que recitara el poema de Machado: *La España de charanga y pandereta...* Franco aún vivía."

A Iñaki se le recuerda en el número 6 de la calle Rafael González Abréu, donde siempre estuvo la emisora, como un director que formaba equipos y hablaba de radio con el personal. María Esperanza lo rememora como una fértil novedad doblemente grata en aquel tiempo estéril. A Joaquín Luque, que era entonces botones de la emisora —sobrino del jefe de emisiones, Joaquín Marín—, le trae a la memoria un pasaje personal. El director se dirigió a él y quiso saber si pensaba pasarse toda la vida de subalterno. Luque le confesó que le gustaría estudiar electrónica. Desde ese momento, trabajaba por las mañanas y asistía a clases todas las tardes, sin tener que hacer frente a costo alguno. Hoy es uno de los técnicos de alta frecuencia de Radio Sevilla. "Iñaki llegó —describe— y la radio empezó a dar botes". El propio Gabilondo, que explica de paso su tardía llegada al micrófono, afirma que a alguien como él, a quien hacer radio personalmente tenía que desconsolarle con toda seguridad, le bastaba y sobraba por entonces con crear cuadros y ejercitar grupos de profesionales para verlos trabajar.

En una edición de octubre pasado de *Hoy por hoy*, el director del programa y ex director de Radio Sevilla, rindió homenaje a esta emisora en su 70 aniversario. Trajo al recuerdo los episodios centrales de su historia: la voz de Matías Prats recreando la Exposición Universal de 1929 ("Un clamor de vítores, acompañado de acordes..."); la República de 1931; Queipo de Llano; la Semana Santa; los duelos de fútbol entre el Betis y el Sevilla; Rafael Santiesteban; Jesús Quintero, *el loco de la colina* ("Lola, pregunta a Lola Flores, ¿qué es el sentimiento?" "No es una papa cocida que se tiene en el corazón, es lo que me hace vivir.")... Y cuando ya se despedía, María Esperanza Sánchez tomó la palabra para dirigirse a los oyentes y hacerles saber que Iñaki se estaba olvidando de una parte muy sensible de la vida de Radio Sevilla: los años *decisivos* que él la dirigió.

Dice Iñaki que si no siente una nostalgia acuciante de Radio Sevilla es porque sabe que allí continúa María Esperanza Sánchez. "Y si está ella, estoy yo. Yo sé que María Esperanza se considera discípula mía, pero ella no sabe hasta qué punto el tiempo lo ha puesto todo al revés, y ella ahora es mi referencia allí. Lo que yo haya podido aportar a Radio Sevilla no pasó, queda, mientras ella permanezca en ese lugar. Eso es lo que me garantiza, frente a la añoranza, que yo sigo en Sevilla."

Recuerda que en aquellos momentos él ponía toda la pasión en lo que hacía: "La gente se me pegaba a los faldones. María Esperanza, que fue el testigo más directo, lo describe como si hubiera sido un incendio. Nos metíamos debajo de todo como los ratones; no había causa en la ciudad en la que no nos jugáramos la vida. O sea, un entusiasmo muy fuerte. Ahora mismo soy muy vehemente, pues si me conocen a los treinta años..., es que la gente se quitaba porque era como si pasara un toro. A nadie le preocupaba si yo tenía o no tenía voz radiofónica y capacidad para hacer programas, sino que era un hombre muy caliente, muy apasionado, que trabajaba siete mil horas y lo daba todo. Montaba siempre grandes jaleos que daban vida a la radio".

Los sábados, por ejemplo, organizaba un espacio por las mañanas que se llamaba *Sabadeando*. "Era mucho más que un programa de radio, consistía en actividades. Yo les decía a las amas de casa: Para que hoy sábado pueda ir a la peluquería o irse de compras tranquila, tráiganos los críos a la radio. Y entonces me traían centenares de niños; alquilaba setenta y cinco autobuses, con sesenta y tantos monitores de los *boy scouts*, alguna firma comercial, y me los llevaba de excursión. Y a las dos de la tarde se llenaba la calle de madres que venían a recoger a sus hijos. Habíamos hecho tan sólo un par de conexiones por la radio para decir que los chicos estaban bien, no era una gran cosa para la antena, pero movilizaba que daba gusto aquella ciudad. Y convocaba un concurso universitario, que duraba todo el año como un campeonato, con un premio de un millón de pesetas para el viaje de fin de carrera. Hacía siempre movidas: Hoy, el que traiga más chapas de cerveza... Daba igual, toda Sevilla se volvía tarumba. Ése era mi estilo, yo tenía una capacidad natural para generar iniciativas, como había hecho en San Sebastián. La radio conseguía así tener una gran pegada entre la gente."

Para Iñaki, la radio es un cauce ideal para que pase como un río la memoria de las ciudades. "Como soy de una ciudad pequeña, siempre supe la fuerza que tenía la memoria, y la radio como un medio agitador de la memoria. Cogíamos a unos historiadores y nos íbamos con ellos de paseo por las calles para que nos contaran qué había antes donde ahora estaba cada cosa y cada casa: aquí había unas huertas, allí un convento, aquí el palacio de los duques de no sé qué... A la gente le encantaba. La memoria. Vivíamos la memoria del lugar, muy documentados, con muchas historias..., siempre en la calle. No contar la ciudad, vivirla, vivirla muy a fondo. Así es la radio que yo adoro, pegada a la vida. Y ése es mi compromiso con los oyentes. Con el paso de los años sólo puedo reafirmar mi compromiso con el compromiso."

Del norte llegó aquel rayo vasco, que rompió moldes, agitó el caldero e hizo saltar chispas en una sociedad rica en esencias y matices, que enseguida lo ganó. Como no eran tiempos aún de apertura ni cosa que se le pareciera (vivía Franco, vivía hasta Carrero todavía), y Sevilla estaba, como casi toda la periferia del momento, bajo el sofoco más recalcitrante de la dictadura, que dudaba entre si dar vueltas de tuerca por las bravas o ganar adeptos en la confusión, a Iñaki le tocó lidiar el toro del régimen local haciendo oídos sordos a constantes campañas de descrédito. Pero le esperaban días de auténtico calvario. Para dar una interpretación del contexto de aquella batalla que llevó a cabo desde la emisora, alega razones de temperamento, una saludable ingenuidad antifranquista y la fuerza social de una izquierda sevillana que salía al aire por la radio como si fuera un chorro a presión.

"No, no fue el resultado de una fría y calculada planificación por mi parte, sino la expresión de un carácter que yo creí que era el que aquella radio demandaba, y que por eso me habían llamado a mí, que, además, me conocían de sobra. Y empecé a vivir un sinnúmero de tensiones y un sinnúmero de emociones... Desde el punto de vista personal, fue el descubrimiento de mil cosas. Y una de ellas, el flamenco. Teníamos un programa semanal que era *La tertulia flamenca*. Para mí el flamenco, con lo vasco que soy, era una cosa que le tocaban a los turistas en los tablaos. Y resulta que la tertulia flamenca de Radio Sevilla tenía como autoridad nada menos que a Antonio Mairena, y allí estaba Rafael Belmonte, el hermano pequeño de Juan, el torero, y todos los flamencos más importantes. Yo, el día que bajé de mi despacho a oírles hablar por primera vez, me quedé alelado, me convertí en un aprendiz de aquello, y aquello me enamoró. Después he ido a festivales con Antonio Mairena y con Enrique *El Cojo*, porque veían que tenía interés y querían que me metiera en aquello. Y me metí como me metía en todo: ¡bffff!, en planchón..."

En otro de los espacios, una tertulia literaria, se daban cita, según cuenta, todos los escritores locales, y hasta allí iban a presentar libros de toda España o llegaba Nuria Espert y daba un recital poético.

"En todas aquellas iniciativas nuestras había siempre una impronta, un aliento político. No había aún en la radio española programas informativos, en los que cupieran las noticias de corte político, pero cuando nosotros presentábamos el libro *García Lorca, asesinado. Toda la verdad*, de Vila Sanjuán, se convertía en un acto en el que estaban todos esos que he dicho antes, y en la puerta estaban los *polis* y el delegado diciendo que aquello se prohibía, en fin..., ese tipo de situaciones. Era una radio que se había apuntado a *Siéntase orgulloso de ser andaluz* como línea central. Una radio muy apasionada en unos tiempos muy pasionales que se vivían en toda España y en Andalucía de un modo específico. Desplegábamos una gran actividad... Yo es que era un tío muy joven, con una gran vehemencia y con una gran pasión. No parábamos. Y todas las cosas que hacíamos tenían ese mismo sesgo, porque ya para entonces en Sevilla y en España entera estaban en circulación todas las vías de anticipo de un inminente futuro predemocrático. Ya estaban los centros culturales, que tenían un no sé qué; las galerías de arte, que tenían un sello tal; los colegios, que eran una avanzadilla... Ya estaba todo ahí. Y todo eso estaba pasando también por delante de la radio. Nosotros estábamos en aquel momento en una emisora de radio olfateando toda esa corriente que en todos los rincones de la sociedad española estaba ya amagando con los disgustos del reglamento en cada uno de los casos."

"Y le dije: 'Perdón"

De esta frenética etapa entre bambalinas, programando emisoras y gestionando ingresos publicitarios, ajeno prácticamente al micrófono y a la condición de comunicador de primera línea en que se convirtió después, habría que hablar, en su caso, como si nos remontáramos a un periodo de formación que tardó en revelarse como tal. "Yo entonces vivía todo lo que me estaba pasando como un ciudadano", señala, "un ciudadano que trabajaba al frente de una emisora de radio, pero que aún no era locutor." Hoy habla de aquello disfrutando con orgullo de una memoria que se traduce en herencia.

"Una herencia periodística enorme y una herencia social enorme. Porque ahora me doy cuenta de lo que suponía para mí entrar en contacto con aquel mundo culturalmente tan diferente al mío, incluso físicamente, paisajísticamente, meteorológicamente... Me sentía como en un sueño enloquecido, lleno de intensidades de todo tipo. Yo tenía una especie de intuición andaluza extraña desde antes, desde que vivía en San Sebastián. Esa atracción por el sur... Había un encanto misterioso, y cuando llegué, pronto, muy pronto, percibí que me iba a pasar algo muy transformador. Y ese algo fueron muchas satisfacciones aderezadas de muchos disgustos. Para poder hacerse una idea, entonces el presidente de la Diputación era el yerno de Carrero Blanco, Mariano Borrero Hortal. Ése, a un compañero de nuestra radio —se llamaba José María Rincón— que dijo en un programa que no sé cuánto dinero había de gastos de representación en su Diputación, le buscó la ruina, pues un día le llegó un expediente del Ministerio de Información y Turismo prohibiéndole trabajar, suspendiéndole indefinidamente en la emisora. (¡Había que ver lo que mandaba un presidente de Diputación yerno de Carrero Blanco en el franquismo!) O sea, en aquel tiempo, por ese conducto, podía llegarte un papel que te ponía de patitas en la calle y ya te podías morir de hambre. Y, claro, yo estaba entonces completamente desesperado, porque mi compañero había sido condenado a morirse de asco, y eso, además, tenía unas resonancias brutales en Madrid: ¿qué pasa?, ¿qué ha ocurrido?, ¿qué habéis hecho? Se pueden imaginar el subsiguiente follón. Entonces, me llega a mí la noticia de que Mariano Borrero Hortal estaría dispuesto a levantar aquella sanción si yo iba a pedirle perdón. Cáptese la irregularidad, a nosotros la sanción nos viene por el delegado de Información y Turismo, pero yo no tenía que presentar un recurso ante él, no, no, yo tenía que ir a pedir perdón al presidente de la Diputación. Atención a la particularidad del franquismo: una medida que se nos vende como sanción administrativa por una conculcación del principio de la norma sobre difusión de la radio, que se resolvía si yo iba a pedirle perdón al presidente de la Diputación. Y tuve que ir allí, a donde Mariano Borrero Hortal, a pedirle perdón al presidente de la Diputación, y el tío, además, me exigió que se lo pidiera con todas las letras: No, no, dígame usted perdón. Y le dije: Perdón."

La escena no fue un puro trámite caprichoso. Iñaki recuerda que en aquel trance "me tuve que comer hasta el alma, me mordí hasta los muñones", y del despacho salió llorando con una rabia que no olvida.

Los frentes de fuego se le multiplicaban por momentos, porque también tuvo problemas con el gobernador y con el capitán general y con... La situación era de "clamoroso combate".

"Hasta el punto de que yo suspendí toda la información de actos oficiales en la radio. No se daba información municipal, ni del Gobierno civil, ni de nada que oliera a oficial. No se daba una nota. ¿El alcalde? No, el alcalde no existe. ¿La Diputación? Tampoco... Bueno, hay que imaginarse aquello, era una situación completamente excepcional, de fricción política en un país sin libertades. Hubo un pleno de la Diputación cuando surgió aquel episodio de los gastos de representación, en el cual se declaró a Radio Sevilla emisora no grata o algo por el estilo, y se rechazaba de manera expresa la gestión de la dirección de la emisora de la cadena SER. Una cosa de ese calibre. Es fácil comprender lo que supuso para Fontán, de ahí que yo admire su capacidad de aguante histórico en aquellas circunstancias. Luego, como dije, accedí a la humillación de pedir perdón, con lo que jode agachar la cabeza de esa manera. Pero, acto seguido, yo me apunté los nombres de todos los diputados que aprobaron aquello y me puse la relación en mi despacho. Y, cuando pasado el tiempo, venían las fiestas de Carmona y me llegaba el alcalde: ¡Hombre, qué tal, Iñaki! Que quisiera ver si podías retransmitir la noche flamenca... (porque Radio Sevilla era un poder; era un joder, pero era un poder). Y te daban explicaciones: Oye, aquello fue muy enojoso, Iñaki, tú entiendes, en aquel ambiente... Y entonces yo, uno a uno, creo que a todos, fui mirando si estaban en la lista de los que votaron aquella vez, y les ponía la cara colorada. Era así, un juego *enragé*, muy tirante en algunos casos. ¡Hombre!, estoy contando episodios de especial crispación, había otros también con intensidad, pero sin llegar a esos extremos.

"Y luego, en paralelo, mi mujer se enferma. Fue en la primera mitad de mi tiempo de permanencia en Sevilla. Todo venía cargado de dramatismo en lo político, social, profesional y en lo personal. Mi mujer entró en una crisis aguda, y pasó de estar fenomenalmente bien a que esta noche se me muere. Y desde ese instante se está muriendo hasta que se muere de verdad nueve años después."

En esa época, iba por las mañanas a trabajar a la radio (o a pelear al frente) y regresaba a dormir al hospital, donde Maite, su esposa, ingresó a causa de una grave enfermedad que, en contra de los pronósticos, iba a dilatarse en el tiempo. Con los padres, los suegros y tres niños en la casa, la mujer en el hospital y la radio en llamas —cuando no era un foco era otro—, la vida, de golpe, se le vino encima. "Me sostuvo aún no sé qué."

En la Semana Santa sevillana todos saben que hay un paso en el que cada año sale *la flor de Iñaki*. Es una rosa roja que acompaña al Cristo de la Caridad, de la Hermandad de Santa Marta, en el paso del misterio que representa su traslado al sepulcro. Cuando era director de Radio Sevilla, Iñaki enviaba flores a las hermandades, y al enfermar Maite, Santa Marta —que acaba ahora de cumplir medio siglo de su fundación— colocó aquella rosa en un lugar visible, sobre un monte de lirios, debajo de la mano derecha del Cristo, de tal manera que simula una gota de sangre que florece. Aquella flor, que salió el Lunes Santo, en favor del restablecimiento de Maite se convirtió en una tradición. Él tardó un tiempo en conocer esta historia y desde entonces cada año, según indica Engelberto Salazar Martínez, hermano mayor de la hermandad, Iñaki y Lola Carretero acuden a la cofradía con rosas rojas, y una de ellas ocupa su lugar de costumbre en el paso. "A veces son los vascos quienes, ganados por Sevilla", escribió Antonio Burgos, "forjan nuestras más bellas leyendas."

Iñaki necesita volver regularmente a Sevilla, y lo hace cada dos por tres, como si fuera en busca de su doble sentimental, que sabe que se le quedó allí. Por eso dice que hace suyas las palabras del poeta Gerardo Diego, que es como él un hombre del norte enamorado de esta ciudad: "Fue a vivir a Sevilla y no pudo contenerse hasta que escribió: Sevilla, donde nació y vive mi otro yo, mi yo de enfrente. Eso mismo es lo que me pasa a mí. Y cuando voy a Sevilla, no sólo soy yo el que está contento, sino que también siento que la ciudad se alegra de verme". En un programa de Semana Santa hay un texto de Gabilondo sobre Sevilla que se titula: *La casa que espero y sé que me espera.*

Una vez al año, por Semana Santa, le gusta levantarse temprano el Domingo de Ramos y recorrer las iglesias y cofradías hasta la madrugada. Los sevillanos saben que si Iñaki está en Sevilla acudirá religiosamente a la basílica del Gran Poder y se sentará entre los niños en la plaza de San Lorenzo a oír cantar los pájaros por la tarde. ("Si me dijeran que me quedan diez minutos de vida, me gustaría despedirme en un banco de esa plaza bajo la lluvia de abril".) Iñaki, por su parte, sabe que el primer día de primavera recibirá de Sevilla una caja llena de azahar que cuatro fieles amigas oyentes le remiten religiosamente, como hace más de diez años, desde esa ciudad que siempre le recuerda. Este envío puntual es ya toda una institución en *Hoy por hoy.* En tales días de marzo los micrófonos de Radio Madrid, los estudios, los despachos..., todo huele a azahar.

CAPÍTULO V

Esperando la noticia...

La España y la radio de los primeros años setenta se disponían a recibir una noticia que estaba al llegar. La SER desplegaba en su red de emisoras la bandera de *Hora 25*, y enmascaraba como podía las aspiraciones informativas del programa, que había saltado a la antena adelantándose a su tiempo.

"Al final del franquismo, el programa verdaderamente significativo es *Hora 25*. Ésa es una radio de contraseña, que adquiere un gran valor histórico en ese momento. Antes de ello, yo ya estoy acudiendo a reuniones de la cadena en Madrid, en las que se barajan y comentan todos los síntomas de cambio que ya se respira por todas partes, y un día se toma esa decisión, y Antonio Calderón, el inventor de todo lo inventable e inventariable de la radio de este país, montó el programa con Manolo Martín Ferrand, que fue su primer director y conductor. Sin Calderón, la SER no habría tomado la decisión de crear el producto y sin Martín Ferrand, no habría alcanzado su gran calidad. En todas las emisoras de la red salía al aire cada noche *Hora 25*, que se presentaba como un programa de cuestiones actuales, porque estaba prohibida la información y no podía decirse que era un espacio informativo propiamente dicho. Todavía para entonces se está conectando obligatoriamente con RNE. En ese contexto, cada cosa que estás emitiendo con visos de ser algo parecido a una noticia sabes que lo haces con clara conciencia de pecado y clandestinidad. Ése es el mérito enorme de Martín

Ferrand y de todo ese equipo que supo ir vadeando aquellas aguas y abriendo camino a la radio en libertad.

"Y luego estaban las mañanas de la radio, un territorio en el que había un profesional que hacía una novedosa exploración: Luis del Olmo. En este sentido, él es un hombre clave, histórico. Luis fue el primero que intuyó la transformación de la sociedad desde esa franja horaria de la radio, y con ese instinto que siempre ha tenido la llevó a la antena de RNE en su espacio de toda la vida, *Protagonistas.* Era un locutor que hacía programas de animación como los hacían Joaquín Prat, José Luis Pécker o Juan de Toro, recientemente fallecido ('Anís Castellana, su presencia siempre agrada: en vaso largo o en copa corta, Castellana, ¡qué bien se porta!'). Y fue el primero que, observando el cambio, comenzó a introducir en la mañana elementos relacionados con la realidad, con la vida y con la actualidad del país, a medida que se iban abriendo pequeñas fisuras. Mientras tanto, los otros grandes locutores seguían haciendo su radio de animación, la radio de Juan de Toro. Luis era el Juan de Toro de RNE. Hasta que él inicia la nueva experiencia era impensable que por la mañana pudiera hablar alguien del mundo del trabajo. La mañana era la mañana; era los juegos, los concursos, la animación, el 'señora o señorita, le regalo no sé qué, patrocinado por tal'. Así era la radio de la mañana. Y la radio local, que había mucha más radio local que ahora, tenía otros contenidos. Nosotros, pues a esas horas de la mañana metíamos en Sevilla nuestros propios asuntos. Pero es Luis quien lleva a cabo la formidable transformación de la radio matutina, del mismo modo que *Hora 25* subvierte la noche con una programación cuasi informativa anterior a la posibilidad legal. Y todo ello coexiste aún con los seriales y los espacios de concursos más patateros."

EL REPORTERO GÓMEZ DE LA SERNA

Encumbrada la prensa, el periodismo escrito, a la máxima cota de credibilidad, en esos años postreros en que la autarquía abría ligeramente la mano a la información, quedaban la tele y la radio como medios adscritos a un consumo madrero y de poca exigencia cultural. Los intelectuales y progresistas del momento no tomaban en serio la radio porque la consideraban un reducto que abonaba la falsa diversión y la sensiblería más afines a un régimen ya decadente. De esa época —inicios de los setenta— son conocidas algunas opiniones sintomáticas al respecto, como la del periodista Emilio Romero, director de *Pueblo*, que el día que Alejo García le pidió cambiar el horario del periódico para hacerlo compatible con RNE, le soltó: "¿Pero todavía se oye eso?". *Eso* era la radio. A los detractores del medio no les faltaba parte de razón, habida cuenta de que la radio llegó con retraso, no por su culpa, a la libertad informativa, cuando ya los diarios circulaban cargados de información hasta las narices sobre la evolución política y social del país. La supervivencia de un tipo de programación fuera de lugar que aún llenaba las horas repartiendo premios y emitiendo los últimos seriales o especializándose en las nuevas fórmulas musicales de radio, no ayudaba a que la cultura y la progresía dejaran de darle la espalda. No obstante, se producía un injusto olvido histórico con ese desdén elitista hacia el medio que más calaba en los hogares. La radio, ya en su origen, tuvo un sesgo muy cultural, desde Ramón Gómez de la Serna y Ortega y Gasset hasta un intelectual como Ricardo Urgoiti, que fundó Unión Radio. Gómez de la Serna fue nuestro primer reportero radiofónico. Lorenzo Díaz, en *La radio en España* rescata de la revista *Ondas* la descripción de la Puerta del Sol radiada por el escritor, que prácticamente funda el género del micrófono —don Micrófono, lo llamaba él— en la calle. Se inspiró en la radio para hacer geniales greguerías: "Ladrillo:

pequeño aparato de radio sin maquinaria". "Locutor: el que habla con eco". "Los inventores de la radio toman azúcar de pilón para mantener electrizadas sus imaginaciones, y a sus hijos les dan válvulas pasadas por agua"...

"Antes del franquismo, desde los tiempos de la República y de Primo de Rivera, la radio era eminentemente cultural. A casi todos los intelectuales y grandes pensadores se los había metido en el bolsillo. Después es cuando se produce el gran vacío, y los universitarios, los escritores, los militantes de izquierda... consideran que es un medio para las amas de casa. Por eso, cuando yo decido estudiar periodismo para dedicarme a la radio me miran como un bicho raro. La radio es como un circo, un sitio muy divertido, donde se hacen novelas, espacios dramáticos, y que está bien, con sus concursos y partidos de fútbol... Y ¡qué va!, no se entiende qué puede tener que ver con eso un periodista. La primera incorporación a la radio de toda esa nueva gente, de la nueva modernidad, con el nuevo tono que digo, se produce a raíz de *Hora 25*, que pasa a ser una señal ideológica, y que los ciudadanos oyen como si fuera Radio España Independiente, dándose codazos. Es una contraseña más que un programa de radio. Y en ese contexto, aparece, como digo, Luis del Olmo dándole a la mañana un contenido social que no tenía. La mañana parecía un territorio inabordable, el último al que iría a llegar toda esa agua renovadora, era la zona más comercial, menos seria e intelectual de la radio."

La SER era punta de lanza de la radiodifusión privada frente al monopolio informativo de la radio pública —no obstante, dignificada por *España a las ocho*, respetable precedente de la información radiofónica, de la mano de su creador, Victoriano Fernández Asís— y volcaba todos sus esfuerzos para rejuvenecer el medio en la apuesta nocturna de la información a través de *Hora 25*, que era como una luz que se encendía cada noche. El programa comenzó a emitirse el 31 de enero de 1972: era lunes y hace de aquello ya más de un cuarto de siglo. Los veteranos de la casa recuerdan que a la SER no le preocupaban las mañanas, porque comercialmente no le iba mal, y ese desinterés iba a durar todavía un tiempo. En esos años que anunciaban el epílogo del franquismo, la SER libraba pulsos con la Administración un día sí y otro también...

"Eran tiempos muy delicados. La SER era una empresa que estaba quizá ideológicamente necesitada de vivir en paz con el poder, pero que, a la vez, no podía, no veía manera de evitar que su propia conexión con la realidad social estuviera dando rebotes de otro color. En la calle ya había ruidos, conatos de cierta desinhibición. Y pronto iba a ocurrir algo que precipitaría todo el proceso: el atentado a Carrero Blanco perpetrado por ETA, que me pilló fajado con mis más dilectas enemistades locales. La extrema derecha sevillana muy encabronada, por un lado; los conflictos institucionales por el otro... Yo ya respiraba un ambiente muy hostil en Sevilla hacia mí, que era, por otra parte, el que correspondía, en buena lógica, siendo yo como era y siendo el país que era, debido a la difusa situación que vivía entonces España. Eran los momentos críticos de la norma y de la ley, que el franquismo ya no estaba ejecutando con la naturalidad de años atrás, porque se encontraba desbordado por la realidad sociológica. Había todo un juego de tensión y contratensión, que a mí, además, me estaba alcanzando abrumadoramente, por lo que le caía al director general y por lo que él me hacía llegar: a veces muy cabreado, a veces tamizándolo mucho..., con constantes visitas suyas a Sevilla, un episodio tras otro de tensión y visceralidad."

Cuando la mañana del 20 de diciembre de 1973 salta por los aires en Madrid el Dodge Dart del presidente del Gobierno, el almirante Carrero Blanco, y cae en el patio de un convento de jesuitas, el mismo día que tenía que celebrarse ante el Tribunal de Orden Público el juicio por el *Proceso 1.001* contra Marcelino Camacho, Nicolás Sartorius, Eduardo Saborido y otros dirigentes de CC.OO, la radio permanece muda, y la única emisora autorizada a informar, la pública, no dirá abiertamente que se trata de un atentado hasta las siete de la tarde, casi diez horas después del suceso. RNE dio a la una la primera noticia secamente, sin precisar que se trataba de un acto terrorista, y al diario de la tarde *Informaciones* le dio tiempo de titular *Carrero ha muerto*, sin más aclaración. Las emisoras privadas se desesperaban conectadas a Radio Nacional en la confianza de que el Gobierno informaría. Pero en El Pardo había pánico a informar y RNE se pasó la mañana emitiendo música clásica.

"La muerte de Carrero me pilló en Sevilla y, más exactamente, regresando de Alemania, adonde había ido a pasar las vísperas de las Navidades con los emigrantes andaluces que residían allí. Había cogido un magnetófono y me había ido a Francfort y a Düsseldorf, con un compañero de la radio, a entrevistar a aquella colonia de paisanos que estaban lejos de su país. Me venía con todo ese material para ofrecer un programa especial de Navidades en Radio Sevilla, y ese día mataron a Carrero Blanco. Pero para nosotros, amén de la inquietud y la evidencia de que los tiempos corrían deprisa, aquello se limitaba a tener que conectar con RNE y esperar noticias con los brazos cruzados. De manera que lo viví, más que como hombre de radio, como ciudadano, y como ciudadano vasco, dadas las particulares circunstancias del caso. Todos nos dimos cuenta enseguida de que había sido un mazazo al continuismo franquista."

HIPÓTESIS TRAS LA MUERTE DE FRANCO

En noviembre de 1975, pocos días antes de la muerte de Franco, van a verlo dos individuos de paisano y se produce una escena surrealista, en medio de un cómico desconcierto que evidencia cómo el régimen estaba dando sus últimos coletazos de un modo estrafalario. Iñaki califica esta anécdota de "antológica" en su memorial de incidentes vividos en la radio. Una vez dentro del despacho del director de Radio Sevilla, los dos desconocidos hacen su presentación ante Iñaki:

—Soy el teniente coronel fulanito de tal del Estado Mayor.

—Y yo soy el comandante ...

Tras ello se inicia un esperpéntico diálogo, según los términos en que Iñaki logra recordarlo hoy:

—Bueno, finalmente, señor Gabilondo, no volamos la emisora, porque hemos pensado que, prácticamente, con la misma cobertura del centro emisor del sur de RNE...

—Perdón, creo que han empezado ustedes diciendo que por fin no vuelan la emisora, y yo no les sigo. ¿Es que acaso pensaban volarla?

—En previsión de eventuales episodios que pudieran derivarse de la inevitable muerte del Jefe del Estado, está en marcha una hipótesis que, de desarrollarse, consistiría en que se vuelan las emisoras y sólo se emite por unas cuantas un único producto durante el tiempo de emergencia que la hipótesis contempla: setenta y dos horas. Y entonces, durante esas setenta y dos horas se va a emitir desde la Capitanía General de Sevilla una determinada programación especial que, por lo que a la zona nuestra se refiere, se utilizará el poste del centro emisor del sur de RNE, en Sevilla. Pero, como la emisora de la SER está muy próxima y dada la relevancia histórica que tiene, hemos decidido que también se va a emitir por Radio Sevilla.

—¡Ah! Y eso ¿qué quiere decir?

—Que nos tiene usted ahora mismo que facilitar los nombres de las personas que en la hipótesis que estamos manejando deberán formar parte, junto con las de RNE, del equipo que pueda durante esas setenta y dos horas emitir, desde Capitanía General, los programas que se decidan. Porque se va a emitir con los locutores de Radio Sevilla por Radio Sevilla, y RNE lo hará con los suyos.

—De ser así, yo no sé si los llevo a la gloria o al matadero. Y es que la dicha hipótesis ustedes se la deben de saber muy bien, pero yo me estoy desayunando con ella en este instante. Hagan ustedes mismos la selección del personal. Allá ustedes, porque —añade Iñaki con cierta ironía— pudiera darse el caso de que yo no tuviera el más mínimo interés en participar en la tal hipótesis que ustedes barajan.

—No está previsto que usted no tenga el más mínimo interés, señor Gabilondo. Usted sería asimilado al rango militar correspondiente y estaría al frente de sus muchachos en la Capitanía General, ocupándose de la difusión de todo.

—Perdonen, ustedes, no sé si están de cachondeo, pero este asunto es lo suficientemente serio como para que yo, que no tengo ni idea de lo que me hablan, llame a mi director general y le informe.

Iñaki telefoneó a Fontán y lo puso al corriente:

—Eugenio, aquí hay unos señores que son el teniente coronel tal... y el comandante tal... que me comunican algo muy emocionante: *a)* que por fin no nos vuelan la emisora, y *b)* que, a cambio de que no nos la vuelan, formamos parte de una formidable cosa que se llama hipótesis...

Fontán le pregunta que si ha bebido y no le deja acabar, dando voces: "Pero qué pasa, qué es eso, que se ponga el militar...". Se pone y hablan y, mientras tanto, Fontán pide que le comuniquen con el Ministerio del Ejército.

"Allí estamos todos...", continúa relatando Iñaki, "yo intentando también hablar con el capitán general... y, en medio de este cuadro de despropósitos, se abre la puerta y entra un brigada que dice: 'Empezamos a cronometrar'. Y yo: '¿Qué están ustedes cronometrando?' Y me informan que están en ese momento llevándose el enlace microondas a Capitanía General, porque quieren calcular cuánto tardan para el comienzo de la hipótesis entre venir aquí y llevarse el enlace a Capitanía a fin de emitir con el poste y tal... Y dextrás de él viene el técnico de la emisora quejándose:

'¡Que dicen que se llevan el enlace!' Toda esta escena la he vivido yo, tal como la cuento. Total, que a todo esto Fontán confirma que, en efecto, no sé si por un error de notificación, se me debía haber anunciado esta visita y se supone que yo debía esperarla y que, previamente, debía haber sido informado por los directores de mi empresa de los pormenores del caso. Por eso empezaron así, dándome por enterado de algo tan brutal que yo desconocía. Tampoco la SER sabía nada de nada, pero se confirma en ese momento que, en efecto, aunque haya habido un cúmulo de fallos en la comunicación correspondiente, aquello iba a misa, iba a ser exactamente así. Fontán se pone nervioso, dice que va a coger un avión y va a venir a Sevilla con toda urgencia... El hecho es que se llevan el enlace, nos quedamos sin emisor durante unas horas, mientras ellos cronometran lo que tardan en hacer su hipótesis. Y, finalmente, ésta, la gran hipótesis, no se llevó a cabo nunca. Jamás."

'EL PAÍS' DE LA ESPERANZA

A estas alturas, Iñaki, que había vivido las listas negras de los discos prohibidos, que le habían cortado la emisora en San Sebastián porque interfería a los coches de la policía y que por poco no le vuelan Radio Sevilla sin darle tiempo a enterarse bien, se considera un hombre curado de espanto. Con tales recuerdos, dice que lo único útil que nos deja el pasado es la memoria, la posibilidad de no olvidar y de poder contarlo.

"Me parece que sería muy sano que esto formara parte de nuestra memoria colectiva, que no se borrara así como así, porque de estas historias yo puedo dar fe, como otros de muchas otras. Yo no olvido jamás las mías, y no es que me las haya contado un día mi abuela, ni que yo las haya leído en un libro. Esto me ha pasado a mí, para que vean cómo estaban las cosas. Después murió Franco."

Y a la muerte del general, tuvo que despedirse de la ciudad. "Me separan de Sevilla. Franco murió en noviembre de 1975 y yo dejo de ser director de Radio Sevilla en la primavera de 1976. Ya para entonces vivíamos en medio de una angustia tremenda y una gran ansiedad." Se habían producido los fusilamientos de septiembre de 1975, en Madrid, Barcelona y Burgos de dos miembros de ETA y tres del Frente Revolucionario Antifascista y Patriótico (FRAP). Dos de los condenados eran los vascos Juan Paredes, *Txiki*, y Ángel Otaegui. Había acabado el estado de excepción en Guipúzcoa y Vizcaya y ese año fronterizo ocurrieron hechos sintomáticos, como la constitución de la primera asociación política autorizada en España, Reforma Social Española, de Cantarero del Castillo, y el nacimiento de la Plataforma de Convergencia Democrática, socialista, que iba a integrarse con la Junta Democrática de España, de inspiración comunista, para dar lugar a la *Platajunta*. También fueron puestos en libertad los últimos condenados en el *Proceso 1.001*, entre ellos Marcelino Camacho, pocos días después de la muerte de Franco. Adolfo Suárez asoma la cabeza, cuando lo nombran vicesecretario general del Movimiento, pero no accederá a la presidencia del Gobierno hasta unos meses más tarde, en julio de 1976, una vez que el Rey destituye a Arias Navarro y pone fin a aquel tibio aperturismo del *espíritu del 12 de febrero*.

"A la caída de Franco sucede todo un tiempo nuevo que, al fin, comienza de verdad. Los fusilamientos nos hacían vivir esos últimos días con un gran sentimiento de drama, porque mataban a gente, en medio de una gran repulsa general... Pero vivíamos también una sensación regeneradora. Recuerdo que la extrema derecha nos amenazaba. A mí me llamaban por teléfono diciéndome que iban a pegar a mis hijos. Ese tipo de episodios nos pasaba a menudo. Pero no hay que exagerar aquello con ningún tipo de heroísmo, porque así era la vida normal entonces. Y era natural que se metieran con *El Correo de Andalucía* y Radio Sevilla, que éramos como los dos faros de la comunicación ante el nuevo tiempo que llegaba. Ante la falta de voz informativa de la radio, estaba la prensa, que decía cosas. El periódico de cabecera, el que allí mandaba, era el *Abc*, y el alternativo de combate era, como digo, *El Correo de Andalucía*. Estaba el periódico *Madrid* y enseguida, ya en 1976, nace *El País*, con Juan Luis Cebrián, que fue para todos los demócratas un ventanón abierto por donde entró un chorro de aire informativo sobre el cambio político, cosa que muchos aguardábamos con verdadero desconsuelo en un país de esperanza y que aún tardaría en suceder en la radio. Aquel *Correo* de Villagrán era progresista, con la ingenuidad del progresismo de la época, un progresismo muy rompedor, muy estrepitoso (es que todo era muy estrepitoso entonces), con disgustos y demás. En la radio, nada. En la radio, nosotros. Informábamos sin informar. Todos aquellos rojeras que intervenían en la emisora estaban metidos todo el día en Radio Sevilla, y no paraban de hablar. Acosta, del *Proceso 1.001*, Saborido, Soto..., toda aquella gente andaba por allí. Y no decíamos: 'Ahora comienza un programa informativo'. Claro que no, sino que hablábamos de la historia de Carmona, del campo, de la vida, y de repente, un disgusto, la bronca, el follón... Era una radio muy comercial, pero muy cruzada por aquella línea de *Andalucía es una tierra grande, hermosa, vieja y sabia. Siéntase orgulloso de ser andaluz* y, de repente, pues entraba Isidoro Moreno, que, como dice, estaba a la izquierda del Partido Comunista, y entrevistábamos a Nicolás Salas: "Hoy vamos a hablar con Nicolás Salas sobre el libro que acaba de publicar, que se titula *Los siete círculos viciosos del subdesarrollo andaluz*. Yo instituí unos premios para galardonar a sevillanos del año y distinguíamos a los personajes más relevantes: Clavero Arévalo, por la Sociedad de Estudios Andaluces, etcétera. Un día, Manuel Barrios, redactor jefe de Radio Sevilla, obtenía no sé qué premio con el libro *La historia del señorito andaluz*. Y hoy viene a cantar Jorge Cafrune, y hablamos con él: 'Vamos a ver, señor Cafrune, el cantor y el compromiso...'. Todo el día estábamos así. Éste es el caldo de cultivo que yo recuerdo de derechas e izquierdas jugando en esa época en que la radio tenía que estar muda informativamente por imperativo de la ley. Nada de aquello salía en programas informativos, pero los temas eran el pueblo, los problemas de la sociedad. En la radio se hacían entrevistas sobre canciones, pero entonces entraba Cafrune y se armaba. Era el abecé radiofónico de aquellos años en que llevábamos el pelo largo, pantalones de pata de elefante, y no había quien nos parara los pies."

¡Que viene el 'Azor'!

"Cuando yo era niño y venía Franco a San Sebastián, ya me hice antifranquista." Iñaki esboza entre sus recuerdos militantes de la infancia la nefanda huella que dejó en él la silueta del *Azor*, el yate de la dictadura:

"Tengo grabada la imagen del *Azor* en la bahía de mi ciudad. En aquellos años, cuando eso sucedía, en casa sabíamos que vendría la policía y se llevaría a mi padre detenido. Cuando Franco asomaba la cabeza por allí, *limpiaban* la calle donde vivíamos de todos los que tuvieran algún antecedente, porque en esa calle estaba la Diputación. Cuando veía el *Azor*, yo me acojonaba si era verano, porque era cuando más trabajo había en la carnicería. Mi madre lloraba y yo le llevaba a mi padre a comisaría mantas y cigarros. Y Franco estaba cenando en la Diputación. No, no tuve que hacerme antifranquista intelectualmente. No hizo falta. Pero también recuerdo que, cuando ya pasado el tiempo, veíamos a Franco que llegaba a San Sebastián y pasaba por la calle hacia la Diputación, mi padre siempre decía: 'Nunca hay que odiar... Nunca hay que odiar'".

El día en que Franco fallece, en la madrugada del 20 de noviembre de 1975, esa noticia —*la noticia*— sólo la dará la radio oficial. Y lo hará tarde. La radio privada seguirá, como de costumbre, el dictado de RNE, mientras los periódicos podrán moverse con cierto margen de maniobra. Hay un medio escrito especialmente emblemático para la izquierda, la revista *Triunfo*, que se pierde el acontecimiento informativo porque padece esos días un nuevo cierre por orden gubernativa y ha de ver pasar por delante el cadáver del general sin poder decir ni mu. A él le pasó exactamente igual.

"Cuando murió Franco, siendo yo director de Radio Sevilla, vinieron a verme unos redactores de RNE para grabarme unas primeras declaraciones con destino a un programa de reacciones de gentes de distintos campos de la sociedad andaluza. Y recuerdo como si fuera ahora que tuve ese instinto que siempre me ha ido bien de no decir lo primero que me viene a la cabeza, sino de pensarme las cosas dos veces para no dejar dicho algo que te traicione. Me dije, yo soy director de Radio Sevilla y esto es RNE y acaba de morir Franco y si digo lo que pienso y cómo lo pienso, me funden, pero no voy yo a dejar grabado nada de lo que mañana pueda arrepentirme. A Franco yo lo tenía clarito desde los trece años. Pero en aquel momento, con el luto que se montó y todo el mundo proclamando se ha muerto un gran hombre, medí doblemente lo que iba a decir. Y dije una cosa que no entendieron, pero encerraba todo lo que quería decir: "Acaba de terminar el siglo XIX en España". Eso fue lo que dije. Para mí vivíamos en la antigüedad histórica y en ese momento nos incorporábamos al siglo XX.

"Pero recuerdo muy especialmente de aquellos momentos los instantes de la víspera de esa gran noticia. En la radio fue un tiempo de *sin novedad en el frente*. Todavía, hasta que pasen dos años, la radio no va a tener libertad de información. Como ciudadanos, más que como radiofonistas, vivíamos aquella expectación en medio de una gran confusión general. Recuerdo a todo el mundo histérico en los días finales de Franco. Estábamos de guardia permanente. Yo me pegaba las noches enteras allí, esperando, esperando, porque no sabíamos en qué momento se iba a producir la muerte, ni cuándo sería la consiguiente conexión con RNE, ni lo que posteriormente se pudiera desencadenar allí."

Ni si iba a ejecutarse, finalmente, la famosa hipótesis. "Aún no sabíamos que la hipótesis también había muerto ese día."

CAPÍTULO VI

La transición apalabrada

María Esperanza Sánchez, locutora de Radio Sevilla, cuenta que el día que la dirección general de la SER decidió cambiar de destino a Iñaki Gabilondo, éste aguardó en su despacho a que llegara el relevo, y después salió a toda prisa de la emisora, para subirse al coche que le esperaba, sin mirar hacia atrás.

Había resistido los embates de sus opositores en las duras postrimerías del franquismo, pero una vez muerto Franco, aquéllos lograron que él no siguiera allí.

"¡Hombre!, yo salí de Sevilla echado y rescatado por la cadena SER, porque siempre tuve grandísimos problemas con los poderes fácticos desde el primer día y no cejaron de perseguirme. Al principio de mi marcha yo me sentí un poco dolido, porque me alejaban de Sevilla. Lo único real era que en ese preciso instante yo atravesaba una crisis personal muy seria, de tipo afectivo, de relación de pareja, en que ya se me iban cruzando otras vidas, y con mi mujer muy enferma, a la que hasta el último momento estuve unido por vínculos maravillosos. La SER ya no podía aguantar nuevas tensiones y decide que, como la situación era de tipo personal, casi mejor se ponía fin en ese momento a mi ciclo en Sevilla."

Y envía a sustituirle al director de Radio Valencia, Andrés Moret, casado con una hija de Pilar Franco, que desmanteló en cinco minutos toda la radio de Iñaki. La súbita marcha de éste provocó protestas en la ciudad, especialmente en los sectores progresistas del Club Gorka, refugio cultural de antifranquistas de la época. El escritor y publicista Antonio Cascales promovió una campaña de rechazo al cese, que consistió en la distribución de miles de pegatinas con la consigna: "Queremos una voz, no un eco. ¡Que vuelva Iñaki Gabilondo!". En Radio Madrid se recibió una avalancha de telegramas en el mismo sentido. Un sector de la ciudadanía, el más comprometido, hacía público su descontento, pero en Sevilla, incluso en Radio Sevilla, había miedo detrás de algunos sonoros silencios.

En la emisora recuerdan haber visto llegar a un Iñaki alegre, divertido, brillante y amable, que logró mantener la calma ante los golpes que le daba la vida. "No perdía los nervios y sufría con una dignidad que llamaba la atención", dice María Esperanza, la persona que mejor conoció su paso tumultuoso por la ciudad, sorprendida de que con el tiempo Iñaki haya confesado más de una vez que "el carácter se me agrió y a veces soy un cascarrabias". "¡Es que debe de ser muy difícil ser Iñaki Gabilondo!", afirma la devota discípula, bien informada de las cargas de responsabilidad que comporta liderar las audiencias. Cuenta que Iñaki se enamoró de Sevilla con toros y con todo y que Sevilla le guarda desde entonces un afecto especial. Cuando vuelve y pasea por sus calles, la gente no le deja dar un paso sin estrecharle la mano y envolverlo en muestras de cariño. Iñaki suele definirse como "un vasco de Sevilla" y afirma que vivir en Madrid es perfecto, porque está a mitad de camino de su bella Easo y la vida hispalense.

La SER se lo llevó de allí y lo nombró subdirector de Radio Barcelona, que es la segunda emisora de la red. "Nada más llegar, me inserto en el equipo de Manolo Terán, el director, y empiezo a participar en las primeras reuniones con Joaquín María Puyal, Constantino Romero..., en la misma línea leñera, de combate, dispuesto a comerme todo aquello. Pero alguna zancadilla importante me debió de poner algún poder fáctico de nuevo (la SER siempre me dijo que no), porque mi entrada fue vista y no vista."

La *Operación Barcelona* no tuvo ningún futuro, acaso porque el tándem que formaban Iñaki y Terán asustaba a alguien, al tratarse de dos personajes demasiado progresistas juntos en un momento en que el posfranquismo trataba de controlar, como fuera, la prórroga de su propia existencia. Y, al mes de aquello, se lo llevan definitivamente a Madrid. De Radio Madrid guardaba un recuerdo irrisorio de la censura, de cuando él era un joven deslumbrado por la radio que hacía la tesina de periodismo.

"Mientras realizaba el trabajo sobre la historia de la SER, me acuerdo perfectamente que se llamaba a la censura. Yo mismo lo hice más de una vez: —Hola, buenos días, ¿Ministerio de Información y Turismo, me pone con censura? Censura, buenos días... Hola, le llamo de Radio Madrid, porque le voy a leer el noticiario de las dos y veinte (que eran sucesos): Un atracador... No. Una señora ha dado a luz en la Gran Vía un par de gemelos... Sí. En el cine tal se estrena... No."

'Hora 25', la gran contraseña

Ahora, en la primavera de 1976 —aún no era la primavera de la radio—, en Radio Madrid le estaba esperando Antonio Calderón, aquel genio que trece años atrás dirigía el célebre cuadro de actores de la cadena SER cuando un Iñaki veinteañero arribó al estudio grande de la novena planta y puso cara de ver a Dios. ¡Había transcurrido tanto tiempo! ¡Trece años!... San Sebastián, Sevilla, Barcelona y, última estación, Madrid.

"Desde el primer momento que lo conocí encajamos. Algo debió de ver en mí que le gustó y desde entonces nos profesamos una formidable amistad, que por mi parte estaba precedida de una gran admiración hacia él. Yo fui ya para siempre su más ferviente discípulo y él fue para mí el más exigente y cariñoso de los maestros. ¡Mi padre en la radio! Creo que con nadie de los jóvenes ha debido él hablar con más esperanza de que su mensaje se conservara y transmitiera. Me sentí un poco el depositario de la memoria de Calderón y desde ese día hasta hoy, en que ya él está jubilado, pues Calderón y yo no sé los millones de horas que habremos hablado sobre teoría de la radio y de la comunicación. Por esa intimidad tan grande es que yo me siento como un hermano de Javier González Ferrari, su hijo. Y el día que la SER le encomendó, o a él se le ocurrió, que es lo más probable, conformar toda una programación que contuviera aquella pieza fenomenal de *Hora 25* y todas las demás piezas necesarias para hacer una auténtica estructura informativa, pues me dijo: 'Iñaki, vamos a ponernos a hacer esto'".

Al llegar a este puerto —Radio Madrid—, le ponen en sus manos el buque insignia: *Hora 25*. Desde mediados de los setenta, RNE emitía *Última edición*, que emulaba hasta donde podía los atrevimientos de *Hora 25*. En esos años en que se va resquebrajando el sistema, lo que salva la imagen de la radio pública es la aparición de profesionales con solvencia, como es el caso de Lalo Azcona, que fue un fenómeno radiofónico y televisivo hasta que decidió borrarse voluntariamente del mapa de la comunicación por cuenta ajena. Azcona se inserta en la nueva generación de periodistas radiofónicos de la transición, junto con Eduardo Sotillos, Luis del Olmo... e Iñaki Gabilondo.

"Estamos todavía en esa *Hora 25* bandera para la historia, esa gran referencia de contraseña, esa especie de Radio España Independiente, ese juego de programa informativo de cuestiones actuales, donde están apareciendo todos los guiños democráticos del momento. En aquel instante —año 1976— van a empezar a romperse todos los silencios. Pero aún no hay libertad informativa. Conectábamos todavía con *El Parte* a las 2.30 de la tarde y a las diez de la noche.

Como no había relojes digitales, se esperaba la conexión obligatoria con los llamados discos de recurso: Mantovani y su orquesta... Siempre estaban en el control para que cuando faltaba un minuto se pusiera de fondo un tema de aquéllos: 'Mientras conectamos con RNE escuchen ustedes unos compases de la música de Mantovani', decía el locutor, a la espera de que llegara el momento exacto y sonaran los pitos de las señales horarias. Entonces, entraba: 'Diario hablado de Radio Nacional de España, índice informativo: su excelencia el Jefe del Estado...' Hubo un tiempo de transición muy corto, previo a la total apertura informativa, que en algún momento de la mañana dejaban a la SER dar unas noticias que mandaba RNE y que teníamos que presentar como noticias remitidas por la radio pública, con lo que empezábamos a poder ya leer información con la voz de un locutor nuestro. Los papeles tenían color amarillo. Era un tiempo en que la norma unas veces se relajaba, pero otras parecía acordarse de que estaba en vigor y era represiva. La casa tiene una colección muy interesante de multas de aquella época. Y no olvido las reuniones con Fontán siempre enfadado, siempre nervioso, siempre con algún disgusto."

La radio no parecía sentirse agraviada respecto al periodismo escrito, que gozaba de cierto aperturismo derivado de la llamada ley Fraga, porque, en opinión de Iñaki, "la radio nunca se comparó con la prensa". Como en los mejores años del franquismo —en que las mujeres de los generales alertaban a sus maridos de los despropósitos de la radio—, las esposas de los ministros seguían dando la tabarra por cualquier irreverencia que escucharan en este mismo medio.

"El Gobierno tenía una tradición de relación de autoridad sobre la radio que no tenía sobre la prensa. La radio se había acostumbrado a que el poder político ejercía una autoridad absoluta. El tipo de disgustos era que la mujer de un ministro estuviera enfadada porque no sé qué habían dicho en la radio sobre la Virgen de los Desamparados que a ella le había dolido mucho. La radio tenía una tradición reverencial con el poder.

"Alguien que me escuche hacer este comentario es posible que diga, ¿qué le pasa a éste?, porque hoy todo se ve de otra manera, pero sepan los más jóvenes que yo me he criado en la cultura de una radio informativamente cero. Y cuando ahora veo que ya incluso nos equiparan a la prensa en el manejo de la información, en la autoría de la noticia, en la anticipación de un *bombazo* informativo por parte de la radio, pues me digo: ¡Cuánto llevo vivido ya! Y me siento orgulloso de esa transformación en las jerarquías periodísticas vigentes. Sí, todavía me asoma esa emoción por este tipo de situaciones. Pero me ocurre en otros órdenes de la vida. Me ocurre con el hecho de que ahora ya se hable de España respecto a otros países del entorno, y se diga: 'Pues eso no pasa en Alemania...'. La gente ya utiliza comparaciones de España al mismo nivel que el resto de Europa, porque somos parte de la UE. Y simplemente el que ese tipo de comentarios se haya incorporado con naturalidad a nuestra conversación cotidiana tiene un inmenso significado histórico en un país como éste que estaba atrasadísimo hasta el otro día. Me hace mucha gracia cuando noto a la gente muy cabreada porque un indicador nuestro esté por debajo de Inglaterra, y que lo hagamos con la mayor naturalidad. A mí eso me produce un íntimo orgullo, y con la radio y la prensa me pasa igual."

Masacre de Atocha: "No durmáis en casa"

Aquella prensa inconformista influyó en su generación. Así, la odisea de la revista *Triunfo*, que hablaba de la dictadura de Chile para hacer paralelismos, bordeando la censura, con la España de Franco, hasta que llegó *Cambio 16*, "que traía no sólo la audacia de los contenidos, sino que significó para nosotros la modernidad, hasta en la publicidad que insertaba en sus páginas". Y, finalmente, *El País*, que consagró ya el nuevo tiempo largamente aguardado.

"La radio no tenía que ver con aquello. *Cambio 16* habla por primera vez de la calidad de vida a la europea. Ahí se visualizaba ese otro modelo de sociedad hacia el que teníamos necesariamente que ir. *El País* educó a los ciudadanos en un gran cambio social marcado por los valores democráticos. Nosotros, en la radio, estábamos todavía metidos en la lógica anterior, sacando la cabeza con esa *Hora 25* que, repito, va abriendo caminos como una antorcha olímpica que anuncia el nuevo tiempo. El mérito de la empresa es, además, haber puesto en antena un producto que era especialmente caro, sin publicidad. Porque los anunciantes aún no podían entender que por la noche tuviera sentido aparecer en un programa de esas características. Durante mucho tiempo no hubo publicidad. Corría la especie de que "la SER no ha querido meter publicidad en *Hora 25*". La SER no ha querido nada, lo que pasaba es que no había un duro de publicidad, y aquello costaba un ojo de la cara, con corresponsales en muchas emisoras de España. Pero, insisto en que no hay que interpretarlo sólo en clave ideológica, de apuesta democrática frente al franquismo, sino de instinto de adaptación a una modernidad.

"Cuando yo me hago cargo de la dirección de *Hora 25* concebimos este programa ya como un producto de los servicios informativos que estamos empezando a construir. Y yo vivo, y todos vivimos, la emoción que producía oír por primera vez las grandes voces del exilio y de la clandestinidad, hablar con esos personajes, con Carrillo, Carlos Hugo de Parma..., escuchar sonidos por los cuales nos daba la impresión de que en cualquier momento nos iban a llevar a la cárcel."

Enero de 1977. El día que unos ultraderechistas perpetraron la matanza del despacho laboralista de Atocha, la primera vez que se dijo "la masacre de Atocha" lo dijo Iñaki en *Hora 25*, "y nos llamó Tierno Galván para decirnos: 'No durmáis esta noche en casa'. Recuerdo mucho esa emoción del riesgo y la sensación de estar avanzando cada día en un campo de minas". La otra sensación paralela de Iñaki, desde el punto de vista profesional, era que aquel equipo de redactores estaba tratando de ahormar y de armar una nueva radio apoyada en los servicios informativos.

"En aquel año y pico, casi dos años, que dirigí y presenté *Hora 25*, yo no era el tío que acababa un programa y se iba a casa, sino el que se quedaba allí con Antonio Calderón poniendo los pilares de la Redacción de Informativos, que era una cosa muy novedosa en la radio de aquel momento. Y luego, cuando dejo *Hora 25*, es para dedicarme de lleno a esto otro: timonear los Servicios Informativos de la cadena SER, que era nuestra gran apuesta para afrontar el nuevo tiempo de la radio en España. (Me sucedieron en el programa Fermín Bocos, que creo que fue el primero en hablar con Carrillo en la SER, Basilio Rogado, Luis Rodríguez Olivares...) Y para esto había entrado yo en la radio, para hacer periodismo, para hacer aquello que yo oía desde casa en las emisoras del otro lado, para hacer en España aquella radio informativa francesa en la que yo había crecido con un entusiasmo de oyente enganchado. Entonces, estaba pasando lo que yo esperaba que pasara cuando se reían de mí por querer estudiar periodismo para trabajar en este medio. Mi primer sueño era vivir en la radio y ése ya lo había conseguido, pero es que mi segundo gran sueño, el de hacer periodismo en una radio plenamente informativa, ése también estaba a punto de hacerse realidad. Por eso yo he sido tan feliz en la radio. He conseguido hacer todo lo que había soñado hacer."

La escuela de Calderón

Iñaki, que era uno de los jóvenes cachorros del nuevo periodismo radiofónico que haría la transición, y que había hecho gala en San Sebastián y Sevilla de un antifranquismo irreductible, formó aquel binomio inseparable de la nueva etapa de Radio Madrid con Calderón, precisamente un venerable conservador, al que no se cansa de reivindicar.

"Ahí está la grandeza de Calderón, a quien yo nunca oí abrir la boca para hacer un reproche ideológico en la actividad profesional. A él, muchos que no conocen esta vicisitud radiofónica (yo sí la conozco bien), lo miran diciendo que cuando gana la guerra Franco es el que coloca el franquismo en la SER un poco como de comisario. Ésa es una circunstancia que carecía y carece de toda relevancia radiofónica, porque sería observar el ángulo más insignificante de la figura de Antonio Calderón. Es como si nos planteáramos que Orson Welles entró en los estudios tal porque era cuñado de... La figura técnica de Calderón es tan importante que me da igual, porque ese elemento, además, era prácticamente invisible frente a la enorme importancia que tenía su estatura radiofónica de creador de todo lo que se moviera en el medio. Yo he estado horas y horas con él. He estado con Calderón más tiempo que su mujer, le he oído hasta pensar, y nunca le oí poner reparos de corte ideológico. Cosa que muchos no me creen. Como digo que jamás Jesús de Polanco me ha llamado para darme una instrucción. Como afirmo que ni una sola vez Juan Luis Cebrián me ha transmitido una consigna. Ni Delkáder ni Gavela me han impuesto nada ni una sola vez."

Él, como nadie, según Iñaki, sabía que la radio, que era su única preocupación, estaba en aquel momento llamada a ser ya otra cosa, y que esa cosa tenía unas necesidades que cubrir. Calderón estaba queriendo diseñar la nueva etapa informativa del nuevo tiempo político como había hecho anteriormente con el cuadro de actores de Radio Madrid —en el *Teatro del aire*, entre 1942 y 1973—, con el lenguaje y con tantas vertientes del medio en las que dio muestras de una fabulosa fecundidad radiofónica.

Habla de este hombre injustamente olvidado hoy como si enarbolara una bandera. Replica, como un heredero molesto, que Calderón era un sabio de la radio, y a quienes se entretienen en ponerle peros de tipo ideológico, les aporta pruebas de su talento que la memoria evanescente de la radio corre el riesgo de ignorar con dejadez. Así, desempolva algunos de los célebres hitos de este creador, que era un clásico y un vanguardista al mismo tiempo, alguien que podía pasar perfectamente por un purista, mientras estaba haciendo experimentos revolucionarios en el medio. Y al postularlo con tanta pasión nos descubre que él mismo, el Iñaki Gabilondo que desde hace años reina en la audiencia y es un exquisito cuidador del lenguaje y un soñador ortodoxo de guardar las formas, responde a eso que podríamos llamar la radio *calderoniana*.

"No estamos hablando de nadie corriente, sino de alguien extraordinario. Alguien que, para que podamos entendernos, había estudiado, experimentado e innovado todo lo posible y hasta lo imposible. Era un verdadero investigador de la radio como medio de expresión hasta algunos extremos desbordantes. Fue el que hizo con el cuadro de actores de Radio Madrid *El Quijote* en la BBC, con un cartel impresionante. Y cuando se puso a buscarle todos los pies al lenguaje radiofónico, pues creó una figura que pasó a la historia, *Pasos*, que era todo un desafío para él, porque era nada menos que un personaje mudo. En otra ocasión, hizo una obra que consistía en una partida que jugaba un condenado a muerte antes de ser ejecutado, y el programa se desarrollaba en tiempo real: si duraba cincuenta minutos, el reloj iba marcando el tiempo exacto hasta la ejecución y la acción avanzaba simultáneamente. Era muy aficionado a la música —toca el violín, un hombre con una gran cultura musical— y un día cogió una partitura de Richard Strauss y le adaptó un texto paralelo de su propia cosecha. Calderón es el hombre más preocupado que yo conozco por la radio como medio de expresión. Él siempre insistía en que éste no es sólo un medio de comunicación o un medio de información, sino también, y sobre todo, un medio de expresión. Y he de decir con pesar que hoy se da la circunstancia de que lo informativo se ha apoderado de tal forma del medio, que la radio carece de la riqueza expresiva de sus mejores tiempos."

El propio Antonio Calderón, hoy ya completamente alejado de la radio por una mal resuelta transición generacional, comparte ese mismo criterio con Iñaki: "Todo es lenguaje, y nunca hubo tanta pobreza expresiva en la radio, y tanta pobreza informativa, como ahora. En mi época había algo que nos incentivaba: la censura. Nos obligó a encender la imaginación. Era un tiempo que no tenía noticias, y nosotros encontrábamos el modo de informar, porque siempre hay noticias, pero siempre no hay talento para saber contarlas. Ahora veo y escucho cómo leen periódicos en antena, tanto en la televisión como en la radio. El lenguaje se ha ido empobreciendo. Yo sólo soy un oyente en la actualidad, y esta radio a la que asisto no tiene nada que ver con aquella que yo viví; la de ahora es más antigua. Ésta es una radio muy primaria, casi tan mala como la televisión". Conoció a Iñaki en San Sebastián. "No era ningún imberbe. Me interesó. Pude haberlo conocido antes, porque yo di clases en Navarra, pero entonces él estaba cumpliendo el servicio militar. Sabía quién era de oídas, hasta que un día, durante una visita a Radio San Sebastián, nos vimos por primera vez. Al poco tiempo, surgió la oportunidad de nombrarlo director de Radio Sevilla. La dirección de la SER consideraba que era una buena adquisición para esta emisora aquel hombre del norte, y yo dije que muy bien. Fue ahí donde tuvimos una relación más estrecha, porque le ayudé a abrir algunas puertas y a establecer determinados contactos." Calderón se resta méritos de paternidad, y describe al discípulo con estas palabras: "Al margen del afecto personal, hay una cosa, por encima de todas, que caracteriza a Iñaki Gabilondo: su enorme personalidad. Iñaki tiene una poderosa personalidad propia, y eso es lo que siempre le distinguió y le sigue distinguiendo. Además de ser muy bueno ante el micrófono, es distinto. Ese factor de la personalidad es el que yo más valoro en la radio. El hombre de radio debe poner algo de sí mismo que lo tipifique, y que lo haga perdonar cuando tenga que contar algunas vulgaridades. La personalidad es lo que salva al locutor, es lo que le libera. Eso lo tiene él. Con esa herramienta salta por encima de una cierta tendencia radiofónica al lugar común". Instalado en el éxodo de un radioescucha emérito, guarda silencio porque no pretende aleccionar a nadie. Afirma que sigue a Iñaki "porque me interesa como oyente", y subraya otro rasgo de su estilo: "Siempre creí que es importante poner, por encima de todo, convicción. Ya sabemos que la verdad no existe, pero seamos honestos al menos. Iñaki es de esta clase de comunicadores. Siempre aporta algo, siempre cree en lo que dice. Cuando habla, es su inconfundible opinión, no es portavoz de nadie. Esto es lo que yo pienso que debe ser la radio y él también, aunque no necesitemos decírnoslo para saber que los dos pensamos lo mismo".

Este hombre, con ese mundo y con esa cabeza donde cabe gran parte de la historia de la radio en España, es el que pidió a Iñaki que enfrentara a su lado la tarea de montar juntos los servicios informativos en la misma línea en que él había contribuido al proceso de construcción del medio. "Si Calderón hubiera tenido siempre cincuenta años no hubiera parado de inventar nunca."

LA ALTERNATIVA

En la fotografía de la radio española de este periodo sobresale el cuerpo de la SER, con más estatura que ninguna otra cadena, con las grandes figuras del medio —aquellos míticos *showman* que quedaban del largo ciclo de oro que había vivido la radio—, con el relieve histórico del cuadro de actores, "que era la releche", y con un nuevo naciente que iba a empaparlo todo, los servicios informativos, cuya coordinación primero y dirección después —1980— fue encomendada a Gabilondo. Al lado, estaba la radio pública, RNE, políticamente investida del rango de única voz autorizada, que había contado igualmente con sobresalientes actores; y estaba la COPE, multiplicada en tantas diócesis como acentos políticos tenía regados por todo el país, sin llegar a formar una red, y estaban aquellas emisoras del Movimiento y las de la cadena Azul, con su menor entidad, pero con destacadas voces en antena. En medio de este mapa de situación —la radio, propiedad del Estado, repartida en concesiones—, dirige *Hora 25* y participa en la puesta en escena de los primeros servicios informativos radiofónicos de la transición.

"Vivíamos con la idea de que teníamos que plantear una clara alternativa. Y en distintos medios de comunicación del momento saltaban señales de complicidad en esa misma dirección. Así estaban con desigual sintonía al respecto, la agencia Efe, por un lado, y por otro, Europa Press, por poner dos ejemplos. Yo nunca compartí los reproches dirigidos a Antonio Herrero en virtud de que si su padre había sido franquista, pues durante la transición había franquistas del búnker y de los otros, y entre los otros estaba el padre de Antonio Herrero, que era el director de Europa Press, cuyo presidente era José Mari Armero, nada menos que el muñidor de todo el proceso de cambio democrático. Entonces, para nosotros en la radio la cosa estaba clara: la agencia Efe era lo que era y Europa Press sabíamos que era del Opus, pero iba empujando. Y a mí me gusta que al repasar los hechos de aquella etapa no seamos injustos."

En todos los sectores de la sociedad se fueron dando aquellas disociaciones: estaba la Asociación de la Prensa y, con otro espíritu renovador, la Unión de Periodistas, de la que fueron presidentes Eduardo Sotillos e Iñaki. Y en esa misma línea, estaba RNE con su aparato de información y, como respuesta, la SER decidió sacar adelante sus propios servicios informativos. De la mano de este proceso llegó Iñaki hasta el micrófono por primera vez de verdad, es decir asumiendo por entero la labor de presentar un programa después de que en todo su periplo anterior realizara esporádicas irrupciones en antena. (En Radio Sevilla hizo programas sin regularidad, como aquellos reportajes navideños con los emigrantes andaluces en Alemania, y los domingos leía unos comentarios de fútbol con el nombre de *La Lupa*, y entre semana, editorializaba de vez en cuando sobre la vida municipal.)

Esta nueva función de conductor de programas —en 1978 recibió ya un premio Ondas por su labor en *Hora 25*— pasaría a ser, pocos años después, su actividad definitiva en la radio. Antes de que se consolidara como locutor le aguardaban otras guerras.

"Cuando yo llego a Madrid y me incorporo con Calderón a la puesta en marcha de una estructura informativa, a mí no se me considera aún un hombre de micrófono. A mí no se me llama para presentar *Hora 25*. Yo soy en ese momento un hombre de empresa, un directivo. Yo llego y me encuentro la SER, pues eso, olfateando el nuevo tiempo. Ya tenemos *Matinal*, que es un programa llamado a ser informativo (porque qué otra cosa se puede hacer a horas tempranas de la mañana), y tenemos *Hora 25*. Primero me hago cargo de la coordinación de informativos y después, un día, no sé cómo, me proponen dirigir y presentar el gran programa de la cadena, *Hora 25*."

El runrún que había, desde hacía meses, en la SER era la gran presión por parte del Gobierno sobre la radio. El constante rumor que gravita sobre toda la empresa, y que le envía de un modo muy directo la Administración, es que la radio es propiedad del Estado, un sistema que opera por concesiones, y que igual que se dan las emisoras se quitan, y que para que se puedan renovar... De esa presión se deriva el pánico cerval que domina a Fontán. Y la cesión, en ese contexto, del 25% de la empresa al Estado "es hija de un chantaje indecente", enfatiza Iñaki. "Yo recuerdo como si fuera ahora el acojono a ese respecto que reinaba en la SER. Aquel tiempo era muy complicado y todo el día llegaban recados como los que soporta ahora Tele 5, pero al más puro estilo franquista. Había problemas por cada cosa que se decía por el micrófono y sentaba mal a alguien del Gobierno o a su señora esposa. Hay cuarenta mil incidentes de ministros que llaman a la SER directamente por teléfono: Díganle a ése que vamos a cerrar la radio."

El franquismo se hacía pedazos. Había huelgas y manifestaciones en la calle. España estaba al rojo vivo. Ése es el panorama que Iñaki se encuentra cuando aterriza en Madrid. El 76 ya es un año abocado a la libertad, el año que sale el periódico *El País* y después *Diario 16*... España se abre como un melón. Los setenta comienzan a ser tiempos acelerados, donde se atropellan situaciones extremas, desde el golpe de Estado en Chile al final de Mao o la paz en Vietnam, desde aquella veloz revolución de los claveles que cantó José Afonso *(Grandola Villa Morena)* hasta la caída de un presidente en Estados Unidos, cuando el periodismo desató todo su poder y sembró el género de derribar gobiernos bajo el síndrome del caso Watergate.

Primer informativo en libertad

Al hacer recuento de los días que precedieron a la total libertad informativa en la radio, en 1977, se deleita contando los detalles del momento, de los que ya conocimos un avance...

"Cuando estaba a punto de legalizarse la información en la radio, a falta de muy pocos días, recuerdo que hicimos una reunión en la que nos preguntamos en voz alta 'pero con qué lo vamos a hacer'. Y se plantea la opción más directa, pues habrá que fichar a los Sotillos que están en boga, a los que salen en la tele y suenan y tal... Aquella reunión, a mi juicio, fue importante porque dijimos, no, hay que hacerlo con gente nueva, tenemos que adueñarnos de ese territorio con un oferta completamente nueva y vamos a salir como sea, y vamos a pasar la bisoñez, y haremos el primo y todo eso..., pero esto tiene que sonar a nuevo. Y, efectivamente, pasamos las bisoñeces reglamentarias, cogimos a chicos jóvenes, a Antoñito Jiménez y todos los demás. Así empezó aquello y tuvo un impacto rápido, ayudados del fenomenal regalo que, como ya vimos, nos había hecho RNE cediéndonos generosa e ingenuamente su histórica hora de las 2.30. Nos dio el sitio y no lo pensamos dos veces. En veinte días teníamos un huevo de oyentes. Primero, la curiosidad que despertaba aquello y, encima, la suerte de disponer de aquel palco privilegiado de las dos y media, que era la hora en que todo el mundo se ponía a oír, casi de modo instintitivo, las noticias. Fue la simpleza más grande que ha hecho en toda su historia RNE. Vamos, un regalo glorioso."

El decreto real que instauraba la libertad informativa en la radio, publicado el 3 de octubre de 1977, cortaba las ataduras que unían a la fuerza a las emisoras privadas con *El Parte* de RNE, que gozó de un monopolio informativo humillante más allá de la muerte de Franco. Iñaki asistió al bautizo de la radio en libertad, y presentó junto con José Joaquín Iriarte el primer informativo independiente. "Los dos dijimos unas palabras para la ocasión... 'Hoy es un día histórico para la SER y para la radio en nuestro país..., plan, plan, plan...' y arrancamos como pudimos". Eran las 2.30 de la tarde, naturalmente. El primer informativo que se emancipaba de la oligarquía de *El Parte*, de RNE, fue como una tercera pata en la SER, que hasta entonces contaba con *Matinal SER* —desde 1965— y *Hora 25* —desde 1972— y en ese momento incorporaba, a mitad de camino, un nuevo producto: el informativo de las 2.30. Aún no tenía boletines horarios, ni daba noticias los fines de semana, pero con tres citas fijas de lunes a viernes, la información ya era la SER. Iñaki repite que en ese momento la SER "ganó la posición".

"Las otras radios no se desplazaron de un modo tan rápido como nosotros. Ese día, que fue el primer día que se pudo, informó la SER, las demás no. Ninguna tenía la potencia, la audiencia ni la costumbre de operar en cadena que sí teníamos nosotros. La noticia en España de la radio informativa en libertad fue la aparición de la SER con sus servicios informativos. Fue determinante, y a continuación, todos los políticos de la esperanza democrática corrieron a intervenir en la SER. Yo recuerdo, en primer lugar, las presencias; las presencias de todos aquellos personajes. Pero no se me podrá olvidar que fuimos ocupados inmediatamente por los conflictos laborales. De pronto, todo era una pura protesta cuando estábamos en camino de la libertad sindical, y se desató una catarsis reivindicativa. Todo el mundo tenía necesidad de venir a la radio a contar su conflicto: desde las limpiadoras al sector del metal. La propia empresa, que entendía que estaba haciendo lo que tenía que hacer, se asustaba del color que adquiría su antena, y vivía con nosotros una tensión muy fuerte. Sabía que si abres la puerta no queda más remedio que pase la gente que está fuera, pero nos exigía unos controles que la verdad es que no estaban en nuestro ánimo. Vivíamos con un entusiasmo delirante aquel festín de que cada cual dijera lo que le diera la gana. ¡Bueno!, las llamadas de los ministros debían de ser de un acojono celestial. Unas broncas increíbles y una ingenuidad..."

En ese clima social de transparencia informativa recién estrenada, recuerda que el asedio de la extrema derecha obligaba a los periodistas de la emisora a salir a la calle escoltados por la policía. Esos días, los ultras quemaban librerías, y un medio de comunicación, el semanario satírico *El Papus*, sufrió un atentado en Barcelona, en el que murió el conserje de la revista y hubo dos heridos. La bomba que ocasionó los daños fue reivindicada por la Triple A (Alianza

Apostólica Anticomunista), de ultraderecha. El suceso desencadenó una ola de protestas contra la crispación provocada por los más reaccionarios. Iñaki recuerda que entonces la asamblea de los servicios informativos de la SER decidió ir a la huelga ese día, y la empresa se opuso.

"Me costó la mayor tensión de mi vida con Eugenio Fontán. Dijimos: 'Será un campanazo que *Hora 25* no emita esta noche'. Fontán me convocó espantado, lo estaba llamando el Gobierno, lo llamaba todo el mundo para que el programa se hiciera. Y yo le dije que no se hacía. Entonces, él me dijo: 'Has acabado para mí, ésta es la mayor traición que puedes hacerme...'. Luego, hubo una reunión con todos los compañeros, llegó Fontán, empezó a echar una arenga y, como la gente comenzaba a decaer, yo me levanté y dije: 'No se hace el programa'. Recordé que era un acuerdo adoptado en asamblea. Y no se hizo. Y no pasó nada. Y Fontán, transcurrido aquel día, lo entendió, porque ninguno de sus temores se hizo realidad. Ése era el tipo de violencia dialéctica del momento. Allí estaban Luis Rodríguez Olivares, un tío genial; Javier Roig, Ángel de la Vega, Rafael Luis Díaz..., todo aquel formidable equipo de *Hora 25*."

El programa se convirtió en el mascarón de proa de la nueva etapa de descorche informativo y la SER se vio invadida por la gran ola de transparencia que lo inundaba todo en el mítico 1977, ese año que entró en vigor el decreto que regulaba la libertad de expresión. En Semana Santa, se hizo célebre la última hora informativa que ofreció sin resuello en RNE Alejo García, tras correr hacia el micrófono con la noticia de su vida metida en la boca: la legalización del PCE. Y luego fueron legalizados los sindicatos, y regresó de Moscú La Pasionaria, y desapareció la Secretaría General del Movimiento, con lo que, prácticamente, en nada se visualizaba el franquismo, y Manuel Fraga, erigido en líder de AP, comenzaba a domesticar a los fachas más recalcitrantes para la causa de la democracia y, finalmente, se celebrarían las primeras elecciones generales en cuarenta años, que ganó UCD. Suárez, entonces, lideró la transición democrática bajo el espíritu de los Pactos de la Moncloa. Fue el año del vuelco definitivo, el año que empezó en enero con lo que Iñaki Gabilondo tituló "la masacre de Atocha" y que culminó en diciembre con la supresión de la fiesta del 18 de julio. Un día de octubre llegó a Barcelona un anciano dirigente, se asomó al balcón y proclamó: *ya sóc aquí.*

"Se quitó el tapón y empezaron a aparecer del exilio todos los Tarradellas que estaban ausentes. En la radio fuimos invadidos por el progresismo, por la democracia. La SER era el lugar donde se estaba, el lugar al que iban los sindicalistas, los comunistas, los socialistas y los conservadores. Estábamos todo el santo día así, apasionados por aquellas desmesuras, rompiendo el silencio. Todo aquello en antena era la bomba. Nos decían, sois muy rojos, pero no era cierto. Lo que pasaba era que el otro sonido, el conservador, el de siempre era muy conocido, y este nuevo no. Había políticos que procedían del franquismo que hicieron bien el viaje hacia la democracia, como Rodolfo Martín Villa, y a él lo habíamos oído mil veces. Ahora bien, la presencia de gentes como Suárez, Martín Villa..., y yo incluyo también a mi profesor de latín, Antonio Fontán, catedrático que fue presidente del Senado, y que eran personas aperturistas, fue fundamental para que hubiera democracia en España, porque enfrente estaba el búnker."

Pero nada de aquella fenomenal transformación que vivió la SER, puede ser considerado, subraya este directo testigo, como un exitoso "producto de laboratorio". Nada en la radio se cuece en fogones preestablecidos, según sostiene. Hay un dejarse llevar y un poner sentimiento y un tener olfato y un no querer imponerle al medio nada a la fuerza. La radio se hace siempre a sí misma. Por eso, al cabo de los años, Iñaki insiste en desmentir, desde su experiencia en *Hoy por hoy*, a quienes, de cuando en cuando, celebran tener una idea para el programa o un título o una ocurrencia presuntamente genial, cual un producto elaborado. Prefiere, como ya nos dijo, que la radio se renueve cada día al modo natural de siempre, incorporando los hallazgos que aparecen casi sin aviso por su propio pie y llamándolos por el nombre que luego adquieren sin interferencias de ningún tipo. La radio se adapta a la realidad como un guante, indica explicando aquellos y estos días.

"No, no se diseña en un laboratorio, la radio se hace con las ventanas abiertas y, entonces, la realidad social le va poniendo los sonidos. Cuando me dicen, cómo será la radio dentro de cincuenta años, contesto, dime cómo va a ser la sociedad y dame diez minutos. En aquellos momentos, la radio eran muchas más emisoras que las de la SER, pero era la SER la que más claramente llevaba la voz cantante. Y en el juego de hacer justicia a sus directivos, ni tienen razón los que dicen, nosotros impulsados por un aliento democrático avanzamos contra las estructuras vigentes, ni tampoco la tienen los que, negándole el pan y la sal, han dicho, aquéllos eran unos franquistas arrollados. Hubo un estupor, una intuición y un miedo y una audacia y un es necesario y un qué susto..., todo junto."

Y estalló la guerra mediática

La SER ya se había ganado la jerarquía en el podio de la audiencia antes de esta explosión informativa, porque había sido la radio de toda la vida, la del espectáculo por excelencia y la de los espacios dramáticos de más calidad. Y cuando llega la información, agarra el mejor sitio y no lo suelta, y cuando más tarde sobrevino el 23-F, la SER se llevó el gato al agua. Nunca le faltó oxígeno. La SER, y la radio en general, ha desempeñado un papel determinante en la transición política de la dictadura a la democracia. Ha sido un lugar para la convivencia.

Iñaki Gabilondo, con veintidós meses, en el paseo de La Concha
(San Sebastián).

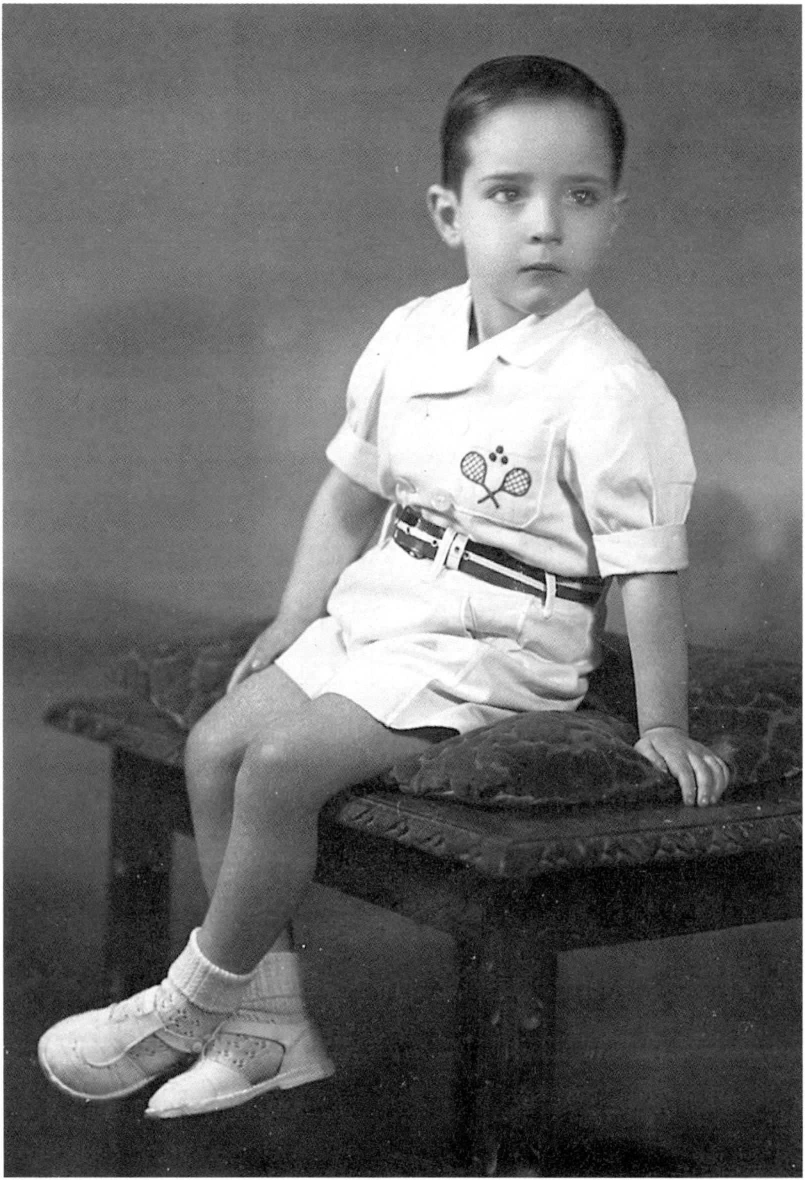

Con cuatro años.

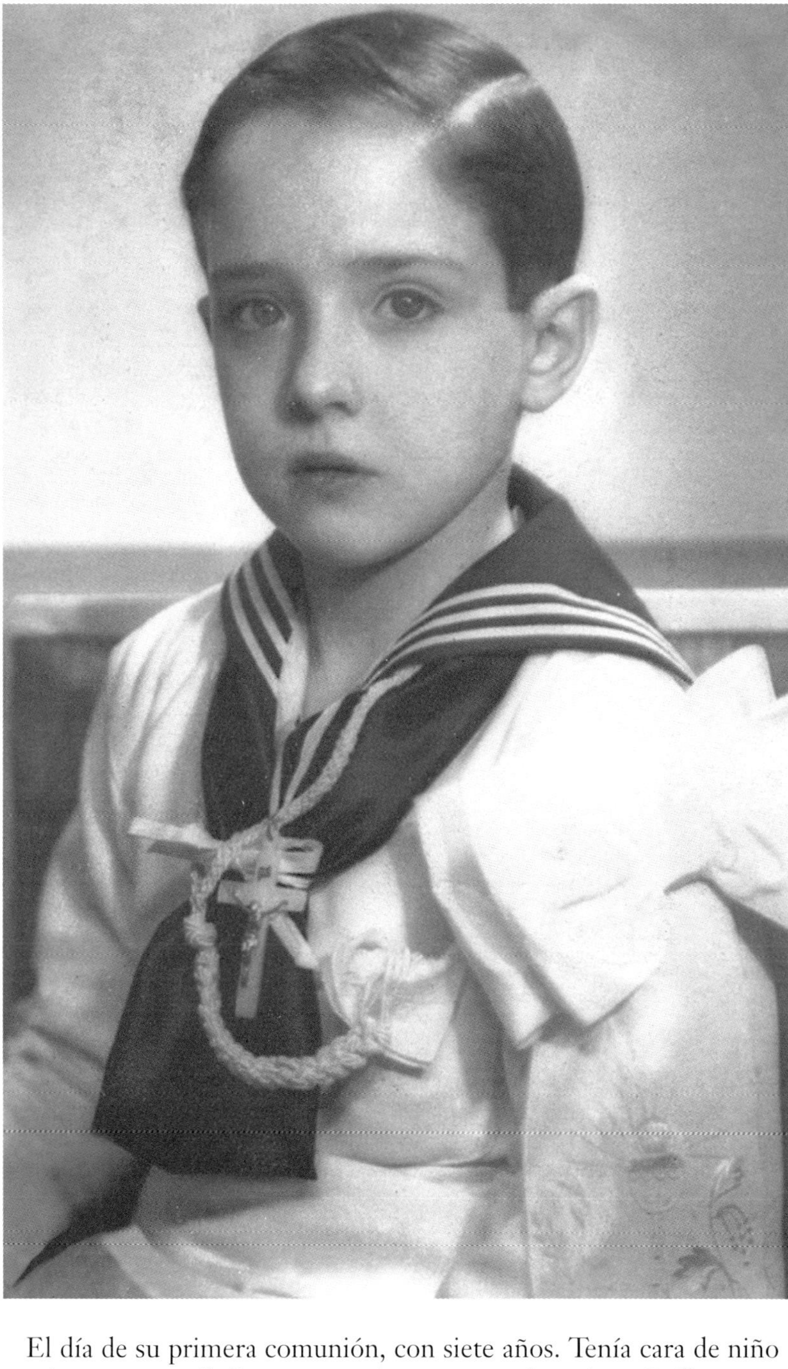

El día de su primera comunión, con siete años. Tenía cara de niño bueno, pero él dice que quería ser como el travieso Guillermo Brown, el personaje de Crompton.

Con dieciséis años.

La familia Gabilondo, al completo. De izquierda a derecha, de pie: Ramón, Pedro, Iñaki, Javier y Ángel. Sentados: Luis; el padre, José Ignacio; Arantxa; la madre, María Luisa; Jesús, y Lourdes.

Iñaki ha salido muchas veces en la prensa, pero ésta fue la primera. En 1954, el periódico *Unidad*, de San Sebastián, ilustró con esta foto una información cuyo título era: "No todo van a ser hipotenusas". En el grupo de niños que jugaba a las chapas, el primero por la izquierda, ligeramente agachado, es él.

La primera vez que Iñaki se puso delante de un micrófono tenía diecinueve años. Fue en Radio Requeté, en Navarra, donde con varios estudiantes de Periodismo realizaba un programa, en el periodo de prácticas, con el nombre *Cámara de comptos*. En la foto, comparte micrófono con Marisa Pérez Bodegas.

Con el *ochote* Iruñako Zortziak. Iñaki, el segundo por la derecha, era uno de los dos bajos de la agrupación coral de Pamplona.

Iñaki (el tercero por la izquierda, de pie), durante el servicio militar en Zaragoza. Lo destinaron a Aviación. En unos ejercicios, en los que participó queriendo salir del paso, lo declararon, por casualidad, tirador de élite, hasta que logró que no se lo tuvieran en cuenta.

Eugenio Fontán (el primero por la izquierda); a su lado, Maite Egaña, primera esposa de Iñaki Gabilondo, y Margarita de Vicedo, mientras Iñaki pronuncia unas palabras a través de Radio Sevilla.

En medio del boicoteo oficial hacia Radio Sevilla, su director, Iñaki Gabilondo, estrecha la mano del único cargo institucional que asistió a un acto de entrega de premios de la emisora: Gabriel Bascones, delegado ministerial.

Sus últimos días como director de Radio Sevilla, en medio de una gran tensión con los sectores *ultras* del franquismo local. Iñaki le encomendó a María Esperanza Sánchez que cerrara el acto de entrega de los premios Sevillanos del Año (momento que recoge la foto) recitando el poema de Antonio Machado, *El mañana efímero*: "La España de charanga y pandereta...". Marisa Carrillo y Pepe Sollo, locutores de la emisora, de pie junto a María Esperanza, fueron los presentadores del acto.

Durante un reportaje en las calles de Zaragoza, en octubre de 1988, con motivo del día del Pilar.

Iñaki, a bordo de un helicóptero de la SER.

Los Reyes en Radio Madrid. Iñaki saluda a la reina doña Sofía. Detrás, Antonio Garrigues y Eugenio Galdón junto al rey don Juan Carlos. Ese día, el 21 de noviembre 1989, los reyes inauguraron las nuevas instalaciones de Radio Madrid. Los primeros estudios de esta emisora habían sido inaugurados, en la misma sede, el 17 de junio de 1925 por el rey Alfonso XIII.

El director general de la SER, Augusto Delkáder, en el centro, con Iñaki y un histórico realizador de *Hoy por Hoy*, Mariano de la Banda.

Después de comparecer ante el juez por la emisión de las cintas de Txiki Benegas, Iñaki hace declaraciones a la prensa, junto al entonces jefe de los Servicios Informativos de la SER, Luis Fernández (de perfil, a la izquierda) y, entre ambos, el responsable de la sección de Nacional, Ernesto Estévez.

Con sus padres, el día en que en 1988 el Ayuntamiento de San Sebastián le entregó el Tambor de Oro: el máximo honor de la institución.

En la entrega de los premios Ortega y Gasset de Periodismo 1996, de *El País*. De izquierda a derecha: Jesús Ceberio (director), Joaquín Estefanía (director de Opinión), Juan Luis Cebrián (consejero delegado), José Ortega Spottorno (presidente de honor), Jesús de Polanco (presidente) e Iñaki Gabilondo.

El director de la SER, Daniel Gavela, en primer plano, junto a Iñaki y Ramón Gabilondo, José Ramón de la Morena, miembros del equipo de *Hoy por Hoy* (el subdirector, Isaías Lafuente; la productora, Paloma Quintanilla; Elvira Cordero, Silvia Salgado, Elena Gómez Carrascal y Astrid Romero) y Carlos Bustillo, de *El Larguero*. El grupo muestra dos premios Ondas en las manos.

El presidente del Congreso, Federico Trillo, le entrega el premio al mejor periodista de 1997.

Junto a Eduardo Sotillos y Manuel Ostos, en la entrega de los premios anuales de la Asociación de la Prensa de Madrid.

Iñaki Gabilondo, que presentó con Gemma Nierga la gala
de los Ondas de 1997, aplaude a Gonzalo, el hijo de Pilar Miró,
al recoger el premio póstumo concedido a su madre.

"El papel de la radio en la transición política ha sido capital, pero hay que distinguir distintas transiciones. Yo creo que la radio jugó en la transición propiamente dicha, la que va de la muerte de Franco al tiempo constitucional, un trabajo fenomenalísimo. Y cuando llega el golpe de Estado del 23-F de 1981, realiza un trabajo extraordinario. Desde mucho antes de que tuviera libertad informativa, ya la radio jugaba un papel bastante notable. Y para ser justos y precisos, yo diría que hay varios programas que se convierten en faros de la situación desde la radio y luego hay un sinnúmero de pequeños espacios que entre todos hacen también una radio de empuje correspondiente a ese momento. El gran faro es *Hora 25*. Juega un papel fundamental. Lo reconoce toda la sociedad progresista del país. En aquel momento se convirtió en la referencia, inicialmente en una limitada referencia de contraseña. Fue el punto de cita de toda la esperanza en el futuro. Un programa decisivo, trascendental. Y luego estuvieron las emisoras, cada una en su provincia, participando de la novedad del nuevo tiempo que se avecinaba. Yo he contado mi experiencia en San Sebastián y Sevilla, como seguro que había experiencias por el estilo en otras partes del país. Como organización, RNE difícilmente podía hacer más, pues no tenía los instrumentos en sus manos. Con los subinstrumentos, yo creo que se movió bastante. Pero la SER fue, en todo momento, punta de lanza del movimiento de la libertad."

Sin embargo, el estado actual de la evolución de la radio y el periodismo en general, tras veinte años de Constitución, con el país en su periodo democrático más largo de todo el siglo, y la prensa gozando de todas las herramientas del oficio, dista mucho del espíritu de convivencia que se había fundado con la conquista de las libertades. Esto es lo que lleva a Iñaki a un desencanto, que no es reciente en él.

"La radio siempre fue un lugar de encuentro, donde, cada medio con su acento, todos eran siempre bienvenidos. Y a mí me apena enormemente, y más de una vez me ha llevado a plantearme mi propia continuidad ante el micrófono, la quiebra que se ha producido a este respecto en la radio española de hoy. Creo que está en riesgo algo tan fundamental como la credibilidad. Y es un fenómeno que salpica tanto a la radio como a la prensa y a la televisión. Es el problema número uno del actual periodismo español. Gran parte de los medios ha cambiado su identidad, para convertirse en un lugar para el mitin antes que en un lugar para la información. Y ya se sabe, que cuando un militante político va a un mitin de su partido no está esperando de los oradores que le den datos relevantes de la actualidad, no le importa la verdad lo más mínimo; le importa la emoción del encuentro; le importa la confirmación de su fe en unos particulares credos. Y hace algún tiempo que yo observo en determinados medios de comunicación escritos y hablados, y en concreto en determinadas emisoras rivales de la cadena SER, que para complejísimas situaciones que pasaban en el país encontraban siempre una misma explicación: el polanquismo-felipismo. Ya no hay que fatigarse buscando explicaciones complejas para la compleja realidad, ya sabemos cuál es la explicación válida para todos los casos y nos reunimos aquí, cada día, para celebrar nuestro caluroso mitin, sin el menor pudor. Y nos daremos ánimos los unos a los otros, y viviremos la comunión de los convencidos de esa explicación universal. Hace tiempo que me quité la venda de los ojos, por eso digo que veo claro que estamos viviendo ese riesgo tan doloroso para quien ame de verdad este oficio."

La guerra mediática, que es mucho más virulenta hoy que la que se desató en los mismos orígenes de la radio entre empresas con intereses comerciales enfrentados, y que desangra a los periodistas españoles desde hace casi diez años, ha ido matando poco a poco en Iñaki Gabilondo las esperanzas de futuro en su profesión. "Unos días pienso que esto se va al garete y otros levanto el ánimo y me digo que no." Desde que empezó el fuego cruzado en las ondas y en los papeles, diríase que Iñaki ha hecho radio con chaleco antibalas y ha puesto en práctica toda clase de malabarismos para no embarrarse en tales lodos. "Yo no entro, nunca he entrado en esa guerra sucia de polémicas, y no pienso hacerlo", aseguraba de modo tajante a comienzos de junio durante la elaboración de este libro.

Cuando en uno de nuestros encuentros volvió a salir el tema, se mostraba entusiasmado con la lectura de la obra de Ignacio Ramonet *La tiranía de la comunicación*, donde el autor aborda una de las cuestiones que más preocupan a Iñaki: el lenguaje frente a la compleja realidad. El mensaje se comprime.

"Existe esa tendencia natural, posiblemente cíclica, en España, que yo creo que procede de la ignorancia, a incurrir en la simplificación. O sea, tratas de explicar una realidad que es un poquito compleja, pero la gente se fatiga y te dice, ¡ah, ya! pero, ¿quién tiene la culpa, a quién hay que echar? Y a uno le apetece decirle a la gente en esos casos, no corran tanto, tengan más paciencia. Y esto lo analiza muy bien Ramonet, cuyo libro yo suscribo de pe a pa: cómo la dificultad mayor de nuestro trabajo es que la realidad es cada vez más compleja y nuestro lenguaje periodístico está condenado a ser cada vez más simple, más agudo, más titular. La violencia de la compleja realidad con la violencia del eslogan. Y cómo quien se quiere informar tiene que esforzarse, porque es mentira esta sociedad del todo es cómodo, del aprenda inglés en un santiamén. No, señor, mire, el inglés se aprende sufriéndolo, pasándolo un poco mal. Nos dicen, los niños irán al colegio y casi sin darse cuenta aprenderán geografía. No, mire, los niños han de acostumbrarse a que tienen que esforzarse para aprender. Y de la misma manera ha de ser transmitida la compleja realidad a los oyentes, a los lectores y a los telespectadores. Si quiere usted enterarse de lo que pasa de verdad va a tener que poner un poquito de su parte, no le valdrá solamente el titular."

A Urko Gabilondo le gusta definir a su padre como "un cazador de matices". Y da en el clavo. Iñaki recomienda unas cuantas herramientas para desenvolverse sin riesgos en este oficio; entre ellas, una es, desde luego, la duda —la fecunda duda—, a la que abraza no sólo para trabajar, sino para vivir, y otra es el matiz, imprescindible en una sociedad profusamente maniquea. "La verdad está en los matices. Hay pocas cosas que sean blancas o negras. La mayor parte de ellas tiene una graduación que hay que buscar y saber encontrar. Yo creo que los comunicadores tenemos una obligación, y máxime aquellos que como en mi caso conducimos programas de una amplia cobertura social, y consiste en, hasta donde sea posible, manejar la paleta de los matices. Y hacer uso de los grises, dando toques aquí y allí..."

En el teatro de operaciones mediático, la radio es un territorio invadido por la prensa, el periodismo escrito. La llegada de columnistas y nuevos predicadores sin raíces en el medio alteró, al menos de un modo formal —el lenguaje saltó por los aires—, las reglas de juego existentes hasta entonces en la radio. Dicho fenómeno, al que se volverá en estas páginas más adelante, se caracteriza, a juicio de Iñaki, por una declaración de guerra unilateral frente a quienes no desean entrar en peleas.

"Aquí no vale abstenerse: se es enemigo aunque no se quiera. Se ha dado la circunstancia de que yo no he querido entrar en este juego sucio, en contra de muchos compañeros que me han reprochado mi pasividad frente a los ataques que recibía. Pero me di cuenta, además, de que no era suficiente mi voluntad de estar al margen. Alguien sin contemplaciones traza una raya y te dice desde su emisora: 'Yo estoy aquí y tú estás enfrente'. Y tú, que no tienes vocación de combate, resulta que automáticamente estás enfrente. No has abierto todavía la boca y ya te han buscado enemigo. Eso fue lo que a mí me pasó con Antonio Herrero, que ya no está entre nosotros y del que yo lamenté siempre que dadas sus dotes de comunicador entrara en aquel juego sistemáticamente. Bastaba que unos trazaran una raya y colocaran la alambrada y el foso, y ya estaba claramente establecido el campo de batalla. Y a freír espárragos los lenguajes tolerantes, respetuosos y comprensivos, que son perfectamente compatibles con puntos de vista antagónicos. Porque esos lenguajes son lugares de acogida a los criterios propios y a los no propios. No, lo que priman en esos frentes que se han abierto son los lugares abruptos, en los que se insulta, donde las cosas son blancas o negras, donde sólo se juega a montescos y capuletos. Y entonces se acaban agrupando los montescos y expulsando a los capuletos.

"Y yo me niego a ello, porque mi modo de ponerme todos los días delante del micrófono es respetar siempre al que discrepa, no traicionar los puntos de vista que yo pueda tener sobre las cosas, pero escuchar sin desprecio los otros puntos de vista, para que el lugar sea abierto. La radio ha sido el lugar adonde ha venido siempre la gente. Han venido los ricos, los pobres, los más cultos, los más incultos, los de una Iglesia y los de otra... Si encima de que se están fabricando estos dos mundos, el fenómeno nos pilla en un momento de rabiosa evolución de los multimedia, con una simplificación aplastante de las técnicas expresivas para dar en pocos segundos el gran mensaje de la globalidad, y que penetre y surta efecto y provoque el éxito deseado, la audiencia, los ingresos publicitarios y no sé qué más..., pues nos han robado los matices, el lenguaje, la comunicación..., y nos echan de este oficio, si no lo remediamos a tiempo. ¿El periodismo ha muerto? Yo, cuando estoy eufórico, digo que hay que salvarlo."

CAPÍTULO VII

En estado de epopeya

Murió una radio, nació otra. En el cambio, entraron los periodistas, que hablaban estéticamente mal. El sonido era *amateur*, pero se refrescaron las ondas con el ventarrón informativo. El guión pasó a mejor vida y no había forma de conseguir un acabado bien hecho. No había fundidos, no había montajes... Era una radio nueva que estaba en pañales, que aprendía a hablar.

"Construir era el verbo. ¿A quién fichamos?, como dijimos, fue la primera discusión. Y la segunda, el estupor irritadísimo de los jefes ante la inexperiencia de las nuevas voces y la falta de calidad del micrófono que, de inmediato, se evidenció. Tergal sólo es tergal si tiene la gran etiqueta numerada. Y todas las figuras de la radio de siempre hablaban cojonudamente bien. De repente, llegaron los periodistas, y los periodistas hablaban como hablaban los periodistas: se equivocaban, articulaban mal. Pasamos de decir muy bien nada a tener que decir muy bien la realidad, nada menos. La radio había vivido en contacto con la irrealidad del concurso, el premio y la fantasía, el lenguaje radiofónico y la narrativa. Porque la realidad estaba prohibida. Cuando la realidad se legalizó, irrumpió en antena con toda su fuerza, y sin el pulcro acabado que tenía aquella otra primorosa radio. Y lo preocupante es que ese desaliño ha durado hasta hoy. Yo digo que ojalá llegue el día en que la radio siga comprometida con la realidad, pero recupere su lenguaje, su modo de expresión y su capacidad de evocar, su capacidad de fantasía, su capacidad de construir mundos, su capacidad de sugerencia..., que era todo lo bueno que tenía antes. La estética ya fue horrible al principio de este nuevo periodo, y todavía me sigue poniendo nervioso. La radio antes se elaboraba con guiones y se grababa en estudios. El estudio era el centro de la radio. A las 6.15 se grababa el programa de Miguel de los Santos *Viaje por Latinoamérica*... A las 9.10, el programa tal... Pero, entonces, de pronto, nos asaltó la realidad y los estudios pasaron a ser puro directo. ¿Quién controlaba aquello? ¿Quién sabía lo que se iba a decir? Todo fue un fantástico lío. Pero no es que estuviéramos en la SER volviéndonos locos de efervescencia, mientras España fuera un dulce balneario. Es que toda España era un volcán."

En su opinión, el periodismo se volvió vanidoso y desde ese instante se acostumbró a vivir en un estado de epopeya, de trascendencia, de protagonismo, exponiéndose más tarde a morir de éxito. La tormenta informativa que se desata en el país cuando los medios recobran su plena libertad va a originar vicios que Iñaki señala con dedo acusador al repasar el estado actual del periodismo en España. En nombre de la libertad de expresión se cometen abusos que amenazan la integridad ética y la supervivencia profesional del periodista en un mundo empresarial de la comunicación cada vez más poderoso. Un uso perverso del llamado periodismo de investigación descalifica, salvo contadas excepciones, el culto desenfrenado de casos *watergates*... Éstas son algunas de las consideraciones sobre su trabajo que Iñaki formula o denuncia cuando habla con euforia de salvar el periodismo. La radio, la prensa en general contribuyó a que fructificara la transición política en España. Ahora les toca a los periodistas acometer su propia transición para seguir teniendo sentido en la sociedad mediática que nos aguarda dentro de unos días, en el siguiente milenio. Mañana mismo...

Hace un cuarto de siglo, cuando un tiempo nuevo de libertad informativa despuntaba en el horizonte, el periodismo español dio muestras de responsabilidad y asumió el compromiso. Ahora, el nuevo tiempo por venir ya está aquí, de la mano de Internet, y los periodistas, a su juicio, "se están tomando a cachondeo su nuevo papel en este fenomenal cambio". De ahí la necesidad de abrir una urgente reflexión. Para hacer esta propuesta, no ha tenido que esperar a tener cincuenta y cinco años de edad y treinta de periodista, sino detenerse a observar el panorama, chequear el estado de abandono de la profesión y temer seriamente por la salud del viejo gremio. En estas páginas admitirá reiteradamente que actitudes como la suya son recibidas en el universo periodístico como intentos de sofocar la libertad de expresión ante cada nuevo frente de fuego, y se esfuerza en definir claramente su posición, en advertir de los riesgos que entraña una libertad informativa infranqueable..., en airear, en suma, sus dudas como periodista y como ciudadano. Este libro abarca esa reflexión, que a veces se torna un alegato desesperado y otras equivale a un desahogo personal necesario. Hasta la última página, aquí caben todas esas dudas sobre el porvenir del mejor oficio del mundo, que Iñaki va desgranando como cuentas de tales preocupaciones. A veces da la impresión, escuchándole, de que busca periodistas que se parezcan a su camada, como quien pide refuerzos, entre los jóvenes que aún no han salido de la facultad.

Geniales el dos de mayo

En uno de nuestros encuentros, algunos medios habían informado del presunto secuestro por ETA de Bartolomé Rubia, *Bartolín*, concejal del PP en La Carolina, Jaén; incluso, dirigentes de este partido se apresuraron a condenar la acción terrorista cuando la noticia aún estaba caliente. La noche anterior, Iñaki Gabilondo, el director y el subdirector de los servicios informativos, Antonio García Ferreras y Daniel Anido, y la dirección de la SER acordaron no secundar la noticia del suceso ante la falta de confirmación del mismo, y en el curso de la jornada la tesis del secuestro fue perdiendo fuerza, mientras empezaba a cobrar cuerpo la sospecha de que el edil —investido de héroe por un sector de su partido, que creyó que se había escapado valientemente de sus captores— mentía. Bartolín venía al caso como ilustración.

"Los periodistas españoles hemos tenido dificultades que no han tenido otros en el resto de Europa. Mientras un periodista de mi edad, holandés, estaba trabajando entre sus veinticinco y sus treinta años en Amsterdam, yo estaba luchando contra la dictadura en San Sebastián. Y él seguía haciendo su oficio tranquilamente, gozando de la lógica libertad informativa, propia de este oficio. Sin embargo, nosotros estábamos trayendo la democracia en medio de contraseñas, emociones y una enorme carga de tensión. Éramos héroes, así nos lo hizo sentir la sociedad. Y el tío de Amsterdam seguía haciendo simplemente periodismo con toda normalidad. Sólo cuando pasa el tiempo empezamos también nosotros a hacer eso que hace toda la gente que se dedica al periodismo en el mundo democrático. Pero nos ocurre algo muy sintomático de nuestra anormal llegada a la normalidad. Resulta que de pronto damos muestras de aburrimiento, y decimos, ¿qué hay de nuestra misión?, ¿y qué fue de aquella trascendencia?, ¿y de la redención de Occidente? Ahí radica gran parte de los problemas que se están viviendo en nuestro país de ultraprotagonismo periodístico, de dificultad que muchos periodistas parecen tener para entender la verdadera naturaleza de su actividad, esa supuesta misión trascendental, ese querer dar lecciones a todos de cómo tienen que ser y ese querer gobernar, legislar y juzgar y fusilar y enterrar y perdonar la vida.

"Todo esto forma parte de una equivocación pedagógica: demasiados periodistas han asociado su oficio con un cantar de gesta, y no lo han relacionado con lo que lo tiene relacionado un periodista alemán, que a lo largo de un año asiste a varios cantares de gesta, pero su trabajo tiene que hacerlo bien. Y mientras tanto, nosotros no hemos aprendido los rudimentos del oficio. Que los matices son muy importantes, que las noticias hay que confirmarlas... Todos los instrumentos de garantía previstos en esta profesión no nos hemos habituado a incorporarlos a nuestro quehacer. Episodios como éste de Bartolín demuestran hasta qué punto nuestro oficio no ha incorporado a su rutina el hábito de los mecanismos de garantía, de las confirmaciones y los contrastes, que en el mundo entero se manejan con una gran naturalidad. Nosotros aquí lo que manejamos con una naturalidad del diez es la épica. Nosotros para el dos de mayo somos geniales. Pero el tres de mayo, el cuatro y el cinco de mayo nos aburrimos como ostras. ¡Ahora!, la epopeya nos sale de cine."

La radio sufrió dolores de crecimiento cuando empezó a desarrollarse como un medio informativo en España. Emanciparse de la tutela del poder, que la había tenido a raya todo el tiempo, no fue fácil. Las cosas tenían una distinta repercusión, una gravedad diferente cuando eran oídas por la radio. El poder no es amigo del poder de la palabra, de la transparencia informativa. Y manipular o maquillar la información es un fenómeno cada vez más corriente en las democracias, cuyos dirigentes se esfuerzan por controlar los medios como sea.

Al principio, cuando se estrenaban las libertades y todo era nuevo y estaba sin contaminar, a las empresas radiofónicas no les quedaba más remedio que entrar en roces constantes con la Administración. Ayer como hoy, una práctica muy común al poder, sea cual sea su color político, es llamar a la radio para que "eso no salga".

"*Hora 25* comenzó a familiarizar a la empresa con el disgusto político, con la bronca política. En ese sentido, José María García jugó un evidente papel, porque los disgustos de García, aunque no fueran con la política, empezaron a aclimatar a la empresa para una coexistencia con problemas derivados de lo que salía por la antena, cada vez que aquellos señores del poder se sintieran agraviados a causa de ello, como les había ocurrido conmigo en Sevilla. Y ése es un capítulo clave: la radio no estaba acostumbrada a esos disgustos. Yo recuerdo señales de una presión gubernamental muy fuerte incluso en los años subsiguientes, 79 y 80. Presiones muy intensas. Como yo las iba a vivir como director de Informativos de TVE: cuando fui allí vi lo que era la guerra mundial."

La trampa del referéndum

Antes de entrar en el paréntesis televisivo de Iñaki, que él mismo anuncia como un periodo plagado de emociones fuertes, habría que desenterrar el episodio de su etapa de director de los Servicios Informativos de la SER referido a la convocatoria del referéndum del estatuto de autonomía andaluz, que se celebró el 28 de febrero de 1980.

"Esta anécdota prácticamente no se ha contado, y a mí me parece que resultó decisiva y que pudo haber sido, en otro sentido, también decisiva para la historia de la SER. Cuando se organiza el referéndum de Andalucía, el Gobierno de UCD hace una cosa muy rara: lo convoca y luego propugna la abstención. En aquel momento me llama Eugenio Fontán y me comunica que el Gobierno le ha pedido a la SER, se lo ha pedido concretamente Abril Martorell, que apueste por la abstención, y que la SER se ha comprometido a ello. Y entonces yo le digo que no, que de ninguna manera, que Andalucía era muy grande y podía votar lo que quisiera, pero a nosotros no nos iba a perdonar en la vida que hiciéramos esa apuesta. Aquélla fue la tumba de UCD, fue la tumba de mucha gente que hizo esa clase de decantación. Le dije a Fontán, que era de Sevilla, te vas a meter en un follón, no vas a poder volver a Andalucía como juguemos sucio con esto. Y me escuchó. Yo me alegro mucho de que recapacitara. Convinimos que era un riesgo inconcebible depositar nuestro futuro, el de la SER, en manos de UCD. ¿O sea que cuando UCD deje de ser poder nosotros dejamos de ser radio? Pues cuidado con los compromisos. Nosotros no podemos hacer la apuesta de una UCD que está jugando a la ruleta rusa y se va a pegar un tiro en la cabeza. Pues que se lo pegue la UCD. Y así fue, la SER no cayó en aquella tentación.

"Había un presentador muy popular de televisión, Lauren Postigo, que tenía un programa que se llamaba *Cantares*, y que hizo la campaña institucional por la abstención: 'Andaluz, éste no es tu referéndum'. Pues, luego, en Despeñaperros, pusieron un letrero en el que le decían: 'No pises 'Andalucía'. Las presiones en aquella época eran más abusivas con la radio; los periódicos se habían ido liberando antes de ese tipo de dependencias. La radio era muy tierna en esas novedades informativas. No se acostumbraban ni la una ni el otro a decirse de una vez por todas: hasta aquí hemos llegado y cada uno por su lado."

En dicho referéndum ganó el sí, con el apoyo de la izquierda, al estatuto elaborado de acuerdo con el artículo 151 de la Constitución (conocida como la vía rápida, que se aplicaba a las autonomías históricas frente al artículo 143, que era el de la vía lenta). El sí se impuso manifiestamente en toda Andalucía, salvo Almería y, pese a que la ley exigía unanimidad en todo el territorio, se dio por válido el voto ostensiblemente afirmativo.

La abstención centrista ha sido considerada después un error de bulto, pues el peso del voto de castigo andaluz ahondó la previsible derrota de UCD en las siguientes elecciones, en octubre de 1982, cuando el PSOE conquistó diez millones de votos.

MATÍAS PRATS Y BOBBY DEGLANÉ

Fue un tardío hombre de micrófono. Había cubierto todas las etapas de su trayectoria como directivo destacado de la cadena SER, siendo alguien sin duda incómodo para la dictadura. Cuando, como vimos, murió Franco y todo apuntaba a un cambio en la radio hacia la libertad informativa, llegó la hora que él había esperado siempre, porque estaba claro que ésa sí era la hora de los periodistas. Y fue entonces cuando al Iñaki licenciado en Periodismo le tocó, al fin, coger el micrófono y empezar una nueva vida de locutor en *Hora 25*, aquella tribuna heterodoxa que marcaba el paso cada noche a quienes soñaban con el nuevo país que se estaba levantando. "Hasta entonces, yo sólo había tenido esporádicas apariciones en la radio con mi voz. Hice algunas cosas en *Matinal*, amén de las pequeñas intervenciones en las emisoras que había dirigido. Nunca había tenido un programa sólo para mí. El primero fue ése: *Hora 25*. Mi primer día ante el micrófono en *Hora 25* no tuve la sensación especial de debutar, porque estaba mucho más responsabilizado como alguien que participa en la puesta en marcha de todo un entramado informativo que como comunicador o estrella de la radio. Esa sensación de ponerme a hacer un programa con todo el vértigo del mundo y toda la entrega y toda la fe de que yo era capaz la tuve cuando me echan de la tele y, al cabo de un largo silencio profesional, agarro las riendas de la mañana en la cadena SER."

Cuando llegó al micrófono, ya había hecho toda aquella agobiante y larga *mili* de radio entre bastidores. "Mi particular manera de enfrentarme al micrófono es, en cierta forma, hija de toda una larga experiencia directiva anterior, que me había estado teniendo permanentemente responsabilizado de micrófonos que yo no manejaba. Yo he tenido que hacer mil reuniones explicándoles a los locutores cómo se habla y cómo no se habla, este programa sí, este programa no, antes, mucho antes de haberlo hecho yo personalmente. Me pasé muchos años diciendo cómo se hacía algo que no había hecho nunca." Había aprendido a oír la radio, a entenderla, sabía cómo era y tenía una gran experiencia crítica:

"Me gustaban los grandes locutores. Mis dos ídolos eran: Matías Prats y Bobby Deglané. Cuando yo oía los partidos de fútbol que retransmitía Matías Prats, me enamoraba de la radio. Igual que los dramáticos me hacían soñar y cuando luego conocí a Calderón, que era el que fabricaba aquellos mundos fantásticos, me pareció estar tocando el cielo. Aquel lenguaje, los efectos especiales, la música, todo aquello me sublevaba. Y desde pequeño escuchaba a Bobby Deglané..., y en San Sebastián estaba Segundo Ángel Iglesias, que era una voz muy importante. Desde luego, yo había chupado radio por un tubo, pero cuando llegué a la radio, ella me llevó por caminos directivos, de despachos, de reuniones, de pensar y decidir. Suerte que la dirección no era tan gestora como ahora, era mucho más creativa. Me pasaba las horas pensando qué músicas, qué lenguajes, qué contenidos..., ése era mi trabajo y a eso me dedicaba en cuerpo y alma. Del micrófono ni me acordaba; es que tampoco lo echaba de menos. ¡Si casi ni nos conocíamos el micrófono y yo!"

Irrumpió en el estudio una noche y alguien en San Sebastián dijo en familia al comentar el debut del paisano: "Iñaki, esto es lo tuyo". Charo Arteaga, su amiga de la juventud, aquella que dio su nombre el día que pidieron candidatos para dirigir la emisora de la COPE, recuerda la noche que escuchó por primera vez a Iñaki ante un micrófono en *Hora 25*, y lo celebró con aquellas palabras. Iñaki se nos definió al principio como un perfeccionista. Ama la radio que le atrapó en la infancia, la radio limpia, que suena bien. El sonido ya dijimos que le obsesiona; los juegos combinatorios de la palabra y la música han de ser armoniosos y afinados.

El estudio es un altar

En otro caso hubiera querido ser director de orquesta, y se toma su trabajo al frente de *Hoy por hoy* como un Celebidache de la radio. Es un purista del sonido, aunque luego sea anárquico e informal y tenga buena boca para todos los gustos que depara la vida. Algunas cosas son sagradas: "El estudio es un altar".

"Antes el estudio era el centro físico de la radio, el altar de la iglesia. Ahora es un departamento más: están los despachos, la publicidad, pan, pan... y el estudio. Pero antes, en aquella radio en la que yo soñaba vivir, había una liturgia en los pasillos de letreros anunciando la proximidad del estudio con la palabra *silencio*. Y tú ibas acercándote, cinco metros, cuatro, tres... y allí estaba, al fin, Calderón. Yo lo tengo grabado en mi mente. Y es un sueño que no paro de revivir treinta años después. Todo se explicaba en función del estudio. Era el escenario de una gran actuación. Como cuando Sting canta y hay no sé cuántos camiones de luz, una legión de equipos de sonido, y un mundo de *marketing* alrededor, pero todo eso confluye ahí, en ese sitio sublime: el escenario. Hoy, el estudio se ha ido choteando. La organización de la radio ha evolucionado muy deprisa en un mundo práctico, materialista y desconsiderado, y de vez en cuando alguien tiene que devolver la mirada a la radio de siempre, aquella que se hacía como en una catedral. El estudio, para mí, sigue siendo un lugar solemne e inviolable, el salón de honor. El altar. Yo soy, como dije, de una generación que oía la radio de rodillas, con un respeto y un amor que ya a estas alturas no vendo por nada. No es que yo esté haciendo un ejercicio de añoranza, estoy devolviendo la mirada verdadera a las cosas. Y lo repito continuamente: el centro de gravedad está allí. No es una dependencia más, es la dependencia. A veces digo, cuando me cabreo con los jefes, que podemos poner un disco rayado durante cuarenta y cinco minutos sin que aparezca un directivo por el estudio a ver qué pasa. Cuando en mi concepción de la radio todo el protagonismo debería ser para la antena... Y en el control del estudio, ya sabe mi gente, que yo no permito tertulias ni cachondeos, porque nuestro trabajo no es hablarnos y pasarlo bien entre nosotros mismos, sino hablarle y hacérselo pasar bien a mucha gente que nos está escuchando por todas partes. Somos esa segunda voz."

El estudio y el oyente, los dos cabos de esa cuerda que es la radio. La radio es la palabra, la comunicación en estado puro. Hay determinados conceptos que desatan en él una posición enérgica, innegociable y hasta indignada. Cuando reivindica los pilares clásicos de la radio, y entroniza todo en el estudio; cuando sale en defensa del buen sonido como un ecologista en contra de la contaminación acústica, o cuando se enfrenta a quienes le apodan Teresa de Calcuta por ser melifluo en medio de la batalla mediática... Iñaki, entonces, sale al paso como un general en plena tregua enarbolando una bandera blanca, pero advierte que no es un acto de rendición, sino una posición, que él no claudica, que ser ecuánime es una actitud ante la vida. Insiste una vez más: "Es una posición, y una posición es el resultado de un proceso de reflexión". En tiempos de guerra otra voz posible es paz.

USTED ES COJO

Se dirige al oyente...

"Mi vocación no es ser el aguafiestas de la mañana. Yo no me levanto a las cuatro para joderle a usted bien, sino para animarle, para acompañarle ese día y ver si es posible seguir adelante juntos. Y aportarle algo que le sea útil y entender un poco mejor la vida entre los dos. Yo quiero serle leal, pero no estoy aquí para decirle a diario que usted es cojo. 'Buenos días, usted es cojo, supongo que hoy no se le habrá olvidado que usted es cojo. ¿Le he dicho ya que usted es cojo? Ya sé que se lo he dicho ayer, pero hoy también se lo repito. Y, además, a usted le ha dejado su mujer y está usted en paro. ¿Sabe usted que está en paro? ¿Está usted suficientemente desesperado porque está parado? Bueno, cuando se relaje no olvide que es cojo. Recuerde que...' 'Oye, no. Yo sé que soy cojo, ¡pero ya está bien!'

"Esta especie de nueva misión de comunicadores que está tan de moda hoy, 'aquí venimos con la verdad por delante'... Eso es jugar con trampa. Una cosa es que la verdad no se debe ocultar y otra cosa es que 'yo soy el que vende verdades'. Yo no soy el que vende verdades, yo soy el que acompaña a la gente en la vida, que es una cosa muy complicada. Y, además, ya me gustaría a mí saber qué es eso de contar verdades. Entonces, por qué no tratamos de entender mejor todo este lío en el que nos hemos metido, que va a una velocidad que no hay quien lo siga. Vamos a procurar aportar los elementos de juicio posibles para vivir con lucidez. La lucidez, a veces, es también muy amarga. No nos hipnoticemos. Hay quienes por sistema se presentan soltando, 'oiga, es que yo soy muy sincero'. Yo a esa gente la detendría. Porque lo que vienen a decir es que como usted está limitado por la buena educación, por la cordialidad y quizá también por la compasión, pues resulta que yo estoy liberado de la buena educación, de la cordialidad y de la compasión, y, como ya le he anunciado que soy muy sincero, pues le digo que usted es cojo y que además... Oiga, no, menos cachondeo. Muy sinceros somos todos. Y tenemos que decir las cosas que tenemos que decir con toda la sinceridad del mundo. Pero no hay un oficio del sincero en esta actividad profesional. No, no. Los límites de la buena educación, de la cordialidad, de la compasión, y del respeto, y del derecho de la gente a su vida y a su intimidad, eso, mire, eso está también en vigor para los que como usted son muy sinceros."

Esa misma mañana, Camilo José Cela apareció en todos los medios de comunicación por razones ajenas a su obra literaria. Fue para censurar el apoyo *gay* al centenario de Lorca, y dijo: "Yo no tomo por culo". En *Hoy por hoy* fue muy criticado el repelús homófobo del Premio Nobel... "Lo hemos puesto a parir, pero encantados de la vida, porque él también es muy sincero y muy soberbio y acaso además muy celoso y es más que probable que envidie la gloria de Lorca." Cela se dio gusto esa vez poniendo en solfa el homenaje al poeta granadino como si él se atreviera a decir algo que los demás callaban por falta de valor. Iñaki lo usó para desmontar la falsa cofradía de periodistas e intelectuales que alardean de ir con la verdad por delante. Antonio Machado lo resume así: "¿Tu verdad? No, la Verdad, / y ven conmigo a buscarla. / La tuya, guárdatela."

"Cuando estoy en una reunión y alguien dice, 'yo soy muy sincero', ya sabes que detrás viene caminando un maleducado. Y esa interpretación de la sinceridad llevada a la profesión, el sincero profesional, cuya actividad consiste en decir que es sincero todo el tiempo, aún no he conseguido digerirlo. Porque la sinceridad se puede ejercer desde un punto de vista ético. Se puede ser sinceramente solidario, sinceramente piadoso, sinceramente simpático y divertido esta mañana, aunque también sea verdad que hay dos millones de parados y... de cojos. Pero esa versión del sincero aguafiestas ha hecho fortuna, porque unos cuantos periodistas decidieron una buena mañana que 'yo soy muy sincero, ¿sabe usted, don Matías?, y le digo que usted es cojo, le ha dejado su mujer y está parado'. Y en ese instante, decidieron que todos los demás éramos unos hipócritas y unos mentirosos. Y ellos, unos sinceros. Con esa visión tan pequeñita de la vida... La vida es otra cosa. La vida es una cosa muy distinta, muy difícil, y muy rica y muy enredada... ¡Qué compleja es la vida!"

El periodismo, la vida

Por mucho que el EGM se haya adueñado de la radio, y el mundo de la comunicación se haya convertido en el mundo de la competición, a Iñaki le puede la vida. Y si su mejor hábitat es la radio, es porque por ella pasa la vida a raudales. No es un vitalista casual, que eche mano del guión de la calle para llenar seis horas y media de programa. Es vitalista antes que nada, lúdico, tiene un toque de hedonismo, es utópico y, por el mismo precio, racionalista. De la vida le cabe todo. "Más importante que el periodismo es la vida", comenta. Y antes de que den las siete sale a la terraza a ver salir el sol.

"Sucede a las 6.50, es un sol así de gordo y ves en los tejados los vencejos paseando... Les digo a mis compañeros, tenemos una terraza que es un lujazo y sale por ahí detrás un sol que es todo un espectáculo, pero ellos tienen veinticinco, veintiseis, veintisiete años y ningún día los veo conmigo presenciando cómo nace una mañana. A las 6.50 yo me voy a ver amanecer, porque me encanta. Y a las siete, cuando vuelvo al micrófono, pues lo digo: 'Buenos días, ha salido un sol precioso'. ¡Es que es una noticia muy importante! Los contornos de un programa de radio, y de cualquier cosa que hagas en periodismo, te los da el contacto con el mundo exterior. Yo quiero que mi programa sea muy de verdad, y verdad es que se parezca a la vida. Yo sólo pretendo vivir. Las frases que más me desconciertan en un periodista son ésas cuando dice, termino de trabajar y empiezo a vivir. No, yo no estoy dispuesto a no vivir mientras trabajo, y mi gran suerte es que trabajo en lo que me gusta, y mi trabajo consiste en contar cómo pasa la vida. Cuando sale el EGM yo quiero ganar, pero no es lo más importante de mi vida. Alguna vez que he dicho esto noto que me miran como si fuera un bicho raro, como si no perteneciera a este mundo ultrarrivalizado de la radio. ¡Pero es que es verdad! Y no es que yo no sea competitivo. He demostrado que no regateo una décima de esfuerzo ni un minuto de mi vida por tratar de hacerlo bien. Que nadie se cabree cuando digo que lo más importante no es el EGM. Yo tengo relativizado mi trabajo, aunque le he entregado mi vida. Pero me parece más importante la vida que el periodismo, más importante mi condición de ciudadano que mi condición de periodista. ¡Es que a mí no me parece que sea para tanto! Lo sumo a lo que ya hablamos sobre el protagonismo de esta profesión. Es posible que yo esté ayudado por circunstancias de tipo personal y que las peripecias de mi vida me hayan ido dando esas claves esenciales para obtener una escala de valores. Lo que digo es que no es lo más importante de mi vida que gane el PSOE o el PP las elecciones, y no será porque no me parezca importante, ni porque no tenga preferencias, pero tampoco me parece lo principal ser el primero en el EGM, que me parece muy bien... Ninguna de esas cosas es lo primero de la vida de un hombre, diría que ni lo décimo. En la vida cada día tenemos un día menos de vida y lo más importante es sacarle todo el zumo a cada día, hasta la última gota de vida. Estoy muy contento con ser periodista, pero mi objetivo en la vida no es triunfar como periodista, sino triunfar como hombre. En lo que yo pienso cuando estoy solo conmigo, conduciendo un coche o en el váter no es en cómo triunfar como periodista. Me pregunto las cosas que supongo se pregunta la gente: te estás haciendo mayor, los hijos, la muerte, el amor, la soledad, la vida. Y lo mismo en mis músicas, y en mis libros, y en mis paseos, y en mis amores, y en mi familia, y en todas mis maneras de sentir que estoy vivo, que me corre la sangre por las venas, que un día me voy a morir."

Al hablar en estos términos, añade que cuando se han afrontado experiencias de vida muy agudas, parece una exageración que haya gente que se olvide de vivir.

UN LIBRO SOBRE EL ARMARIO

Casi siempre le ha tocado vivir o presenciar cambios sociales a su alrededor, cambios políticos profundos en su país y cambios de empresa en la SER. En ese largo recorrido profesional en que ha estado saltando vallas, siempre había alguien que estaba al otro lado. El oyente. Y para él ha trabajado todo este tiempo, como un humilde oráculo de fin de siglo, y en esa lealtad establece el tamaño real del éxito que ha alcanzado en todos estos años. En tal sentido, tiene Iñaki Gabilondo un modo muy particular de medir la soberanía que sabe que ejerce en las mañanas de la radio, y no basa el éxito, exclusivamente, como se desprende de lo que ya apuntó, en la clasificación de audiencia. Cuando llegan las oleadas del Estudio General de Medios (EGM), que es el modo más científico de cuantificar el número de oyentes, alonga la cabeza y mira, porque madruga para ser el primero, pero a cualquier encuestador de la opinión pública le asombraría saber qué piensa este comunicador de su liderazgo en las ondas. Cada oyente no es solamente un voto en su manera de sumar...

"He procurado estar siempre en contacto con el tiempo que me ha tocado vivir. Y he vivido los días llenos de preguntas, llenos de enigmas, llenos de dudas..., pero siempre sabía que la gente estaba oyendo. El éxito, por ejemplo, es algo misterioso. ¿Cómo se alcanza el éxito en la radio? Es como cuando uno canta y emociona y otro canta muy bien, pero no produce emoción. No sé cuál es la clave, pero sí digo que a lo largo de mi vida profesional he visto a millones de personas pasar delante de los micrófonos y particularmente a centenares de compañeros que no se acordaban de que había alguien que no estaba allí pero, sin embargo, les estaba escuchando. No digo que no lo sabían, digo que no se acordaban. Hablaban para mí y para los que estaban al lado y para el técnico que les estaba mirando. Algunos hablaban para el jefe, cuando sabían que les iba a escuchar. Y yo he insistido siempre en que hay que hablar pensando en los oyentes. Yo no hablo pensando en que me escucha el crítico de tal o cual medio, el presidente del Gobierno o los amigos de mi cuadrilla. Pienso en todo momento en que me escucha un oyente al que no veo jamás y que yo me lo dibujo cada día y lo voy cambiando: señora de Écija, cuarenta y tres años, se va a despertar, se va a levantar de la cama, irá a lavarse la cara... Para ti va, pum, y le cuento mi vida, nuestra vida. Y después se me borra, y entra otro: taxista de Logroño, está oyéndome en su coche y no está haciéndome caso porque está hablando con el señor de atrás, pero yo estoy ahí de fondo.... Chico de no sé donde... Señora tal...

"La interpretación del éxito en clave de razón es otro debate. Eso de que si tienes mucha audiencia es éxito, y si no la tienes es fracaso, nunca me convenció. Seguiré creyendo que es importante ganar, preferiré ganar, mi vanidad me lo demanda, yo también busco el éxito, mi empresa me lo exige y mi lealtad con la empresa me obliga. Pero yo no voy a poder ya creerme, aunque viva mil millones de años, que tener muchos oyentes es tener razón y tener menos oyentes es no tener razón. Entre otras cosas, porque yo hablo para un oyente. Yo no tengo tres hijos, tengo uno, y luego uno, y luego uno. Dicen, hay dos millones de oyentes. No, hay uno, y luego uno, y luego uno, y luego uno... Ésta es otra de las enfermedades del tiempo presente. *Pronto* tiene más lectores que *El País*, y eso no quiere decir que tenga la razón de su parte. Los EGM, todos los audímetros se inventaron como referencia para la publicidad. No olvidemos eso. Siempre he procurado que no se me olvide en qué consiste mi trabajo. Y entonces, quiero creer que si a uno lo reconoce la empresa, incluso distintas empresas dentro de la misma casa como me ha ocurrido a mí, ha sido porque los oyentes te han reconocido y te han dado su apoyo y su amistad. ¿Por qué me han reconocido? No sabría decirlo, pero, desde luego, sí digo que a mí no se me ha olvidado que yo trabajo para que me entienda la gente que me está oyendo, y siempre he querido serle de utilidad. O sea, que una persona que me oiga diez años seguidos en mi programa, pueda decirme, usted me ha servido de algo. De algo; no digo que aquí andan los cojos y ven los ciegos y los parados consiguen trabajo, no, no: de algo. No pretendo redimir a la humanidad, ni transformar la sociedad, solamente servir de algo."

Hace pocos meses, una oyente le dijo lo que él califica como la metáfora más bella que ha escuchado jamás en relación con su trabajo. "Fue cuando hicimos el programa en Valencia. Al acabar, había mucha gente como siempre y, de repente, una señora se me acerca y me dice, le meto esta carta en el bolsillo y no la lea hasta llegar a Madrid." Cuando la abrió, dentro estaban estas palabras: "He venido a verles, estoy escribiendo esta carta desde este mismo lugar, aquí, en el Palau, no la he traído escrita desde mi casa. Estoy viéndoles a ustedes en este instante durante el programa. Les escucho desde hace muchos años. ¿Han probado ustedes a dejar un día grabadas para nosotros sus voces, las voces de todo el equipo: Luis y los otros, y la excursión del viernes, y la música clásica, y la escuela de padres, y las discusiones, que a veces compartimos y otras no...? Ustedes son para mí un grupo de amigos imprescindibles. Y usted, Iñaki, es el hombre que todos los días me alcanza un libro que necesito, que está encima del armario y que yo sola no puedo coger".

CAPÍTULO VIII

La guerra mundial en televisión

Uno de los periodos más convulsos de la joven democracia española lo sorprendió en el lugar más visible, bajo los focos. Entre 1980 y 1981 el país vivía dominado por el síndrome de un cataclismo tras otro. Era todavía una democracia frágil y abatible, con tan sólo tres años de edad, que despertaba aquellos días sobresaltada por continuas amenazas desestabilizadoras. Un día mataba ETA y otro lo hacía el Batallón Vasco Español. Un día, el presidente Adolfo Suárez superaba una moción de censura y otro dimitía asediado por las tensiones de su propio partido y las intrigas de la ultraderecha. Unas veces la noticia era el escándalo ante el Rey en la Casa de Juntas de Gernika y otras, un atentado contra alguien de la central nuclear de Lemóniz. Pero una de aquellas tardes, el país sacó a pasear todos sus fantasmas, y la imagen de tricornio y pistola en mano de un guardia civil vociferando "¡Todos al suelo!" dio la vuelta al mundo. Aquel día quedó matriculado para la historia con una escueta sigla, 23-F, y hasta los niños supieron enseguida que aquello significaba golpe de Estado.

El Rey salvó la democracia, y de paso lavó la cara de la Monarquía de los rescoldos históricos de leyenda negra que la empañaban. España, una vez repuesta del síncope, cambió de presidente. Hoy ya sabemos, según opina Iñaki Gabilondo, que el paso por la Moncloa de Leopoldo Calvo-Sotelo fue menos gris y desangelado de lo que nos pareció entonces, porque la suya fue una segunda transición inesperada tras el grave susto de Tejero, hasta que desembocamos con normalidad en la España socialista de Felipe González. En aquel dubitativo inicio de los ochenta, los españoles tuvieron que hacer, por tanto, un rápido viaje hacia la madurez política, pero hubo un periodo en que las nubilidades democráticas de los nuevos gobernantes y la desesperada resistencia de los nostálgicos de la dictadura hacían insufrible la vida en la dirección de uno de los departamentos de la empresa pública más politizada del país: los Servicios Informativos de TVE. Al frente de este departamento estaba Iñaki Gabilondo, que ya nunca podrá olvidarse de cómo fue aquel abrupto acontecimiento que marcó la historia de la transición:

"Yo estaba en el país más tenso de Europa, en la ciudad más tensa del país, en la empresa más tensa de la ciudad, y en el departamento más tenso de la empresa yo era el jefe. ¡Es que fue tremendo!"

A finales de 1980, recibió una oferta profesional irrechazable, que le llegaba en un momento personal muy crítico y cuando en la dirección de los Servicios Informativos de la cadena SER se había consolidado con evidente prestigio. Acababa de ser aprobado el Estatuto de RTVE, y el nombramiento de Fernando Castedo como director general del ente público nacía con el propósito de formar un equipo directivo políticamente independiente del Gobierno, que lograra reflotar la credibilidad maltrecha de la única empresa televisiva existente y de la radio pública.

"La tele era la única tele en el año 1980. Me tentó menos la televisión que las consecuencias personales de decir no, porque yo vivía en una situación extraña y extrema. Como director de los Servicios Informativos de la SER tenía muchísimo trabajo; durante los fines de semana, me iba a un hospital de Pamplona y me metía en la UVI con mi mujer. Gozaba del amparo de una casa que me quería, que comprendía que estaba jodido y que entendía que algún día no pudiera venir a trabajar. Yo tenía treinta y ocho años.

Y cuando me hacen la oferta de TVE, me enfrento a un debate personal. Si yo no puedo decir que sí a esto porque me abruma, porque me da miedo no tener fuerzas, en este momento estoy diciendo que me he jubilado. Entonces, por eso mismo tengo que poder decir que sí. Era más un test a mi capacidad de respuesta, habida cuenta del problema que arrastraba y que no sabía por cuántos años tenía que arrastrar y que tenía que vivir como si no tuviera que arrastrarlo. Era una decisión que me pareció que afectaba a la totalidad de mi vida. Y después estaba el aliciente profesional indudable que significaba que pensaran en mí para dirigir los Servicios Informativos de una nueva TVE, que surgía del Estatuto, con un nuevo equipo capitaneado por Fernando Castedo, fruto del consenso de las fuerzas políticas. Aquello era una especie de sueño de primavera, de hagamos por una vez la televisión independiente del poder político. Y me llamaban a mí para aquella misión, a sabiendas de que yo, que no militaba en ningún partido, no podía ser la apuesta particular de nadie, sino de todos. En un equipo en el que Castedo, que era de UCD, contaba con Eduardo Sotillos, del PSOE, como director de RNE, que iba a lanzar una formidable apuesta de radio total; con José Luis Balbín, que era más bien un hombre del PCE, como director de programas especiales; con gente así... Saqué fuerzas de flaquezas y dije que sí."

Recuerda que la noticia produjo lágrimas en la SER, pero todo el mundo entendió la dimensión del encargo de dirigir los servicios informativos de la *perestroika* televisiva que Suárez impulsó antes de naufragar a orillas del golpismo.

"Cuando digo que me voy a la tele, Fontán llora. Me quería mucho, en una relación pendular de amor-odio que le hacía pasarse del afecto al desafecto e, incluso, la ira. Y yo le profesaba una amistad muy cariñosa y comprensiva con sus vaivenes de carácter. Él vivió muy solidario conmigo todo el problema de mi mujer. Había gente que pensaba que para Fontán yo era su delfín y, de repente, no me hablaba en ocho días. Pero sé que tenía depositadas en mí muchas esperanzas, que me valoraba mucho. Lo entendió, le dio pena; me dijo, 'Esta es tu casa', nos dimos un abrazo y me fui a Televisión."

Se fue a ganar 300.000 pesetas al mes, tan sólo 10.000 más que en la SER, y a recibir ataques de corte político de los que hacían daño profesional. De él dijeron peyorativamente que era vasco, y fabricaron rasgos —todos ellos falsos— de una personalidad inadecuada para el cargo: militante del PNV, dos hermanos en Herri Batasuna, ex fundador de las Juventudes Socialistas y, por haber sido estudiante de la Universidad de Navarra, miembro del Opus. Tuvo que desmentir aquel perfil que trataba de desacreditarlo. Y entró, con todas las consecuencias, a trabajar quince horas diarias en la fronda burocrática de Prado del Rey. "Una aventura histórica", le dijo entonces a un periodista, y añadió una gota de escepticismo: "Yo tengo ilusión, pero no me hago ilusiones".

"Allí viví la guerra mundial", nos había anunciado antes. El cometido del equipo de Castedo era transformar la imagen de RTVE, con el fin de recobrar credibilidad y acallar las críticas de la prensa contra el mal funcionamiento de la única televisión que había en el país. Iñaki señala a Castedo como "un héroe" de aquella situación, que pese a militar en UCD hizo frente sin medias tintas a las constantes presiones que le llovían del poder por parte de ministros que insistían en controlar el medio de comunicación más influyente en medio de una gran inestabilidad política. Fernando Castedo, que hoy ejerce en su destino del Tribunal Supremo como abogado del Estado, recuerda aquella experiencia como "una aventura heroica de todos los que participamos en ella, como hubo otras experiencias igualmente heroicas a lo largo de aquel modelo de transición que ya fue heroico en sí mismo", y cita algunos avatares particularmente tensos que le tocó vivir desde otras responsabilidades políticas, como la de subsecretario de Cultura, entre 1977 y 1979, donde tuvo que absorber el colectivo de funcionarios de la Secretaría General del Movimiento. "Fuimos a democratizar RTVE en virtud de un pacto entre UCD y el PSOE y sufrimos una gran incomprensión: fue precioso y complicado."

"En ese momento, España está al rojo vivo", afirma Iñaki Gabilondo. "El tiempo que yo soy director de los Informativos de TVE, si nos ponemos a repasar, son los meses más volcánicos de la historia de la transición. Yo doy las imágenes del episodio del Rey presidiendo la Casa de Juntas de Gernika, cuando boicotean el acto miembros de Herri Batasuna, que son expulsados, se arma la de Dios, el Rey habla y es aplaudido. Esas imágenes provocaron un disgusto político monumental. Pero la gente decía que la tele estaba cambiando una barbaridad, y de forma acelerada. Y era una buena señal para nuestra teoría de cómo había que hacer aquella renovación. A mí me toca emitir atentados sin cesar, dentro y fuera de España, entre ellos los de Reagan y el papa Juan Pablo II, casi seguidos, en 1981, y el secuestro de Quini y, por supuesto, toda la crisis de Suárez hasta su desenlace en traumática sesión de Cortes. Resulta que llego a TVE soñando que es una primavera y al poco tiempo dimite Suárez, que era como el valedor de toda aquella operación de transparencia televisiva. El día que él renuncia, yo voy a la Moncloa a las 3.30 de la tarde y después me llevo a mi casa el vídeo del discurso de despedida que lee el presidente en su despacho y que TVE emitirá esa noche. Y, por si todo aquello fuera poco, va y nos cae encima, como una loza colosal, el 23-F. ¡No, si fue de aúpa!"

El presidente dijo adiós

La despedida de Adolfo Suárez como presidente del Gobierno y de UCD fue ofrecida a las 19.40 del 29 de enero de 1981. TVE interrumpió la programación con el rótulo, "Declaración del presidente del Gobierno". Suárez, vestido con chaqueta oscura, camisa celeste y corbata azul a rayas blancas, se dirigió a los ciudadanos sentado tras la mesa de su despacho, con un micrófono aparatoso a un lado que apuntaba directamente a sus labios. Habló mirando a la cámara, como si leyera sus palabras en un *autocue*, y dijo adiós durante doce minutos: "Hay momentos en la vida de todo hombre en los que se asume un especial sentido de la responsabilidad... He llegado al convencimiento de que hoy, y en las actuales circunstancias, mi marcha es más beneficiosa para España que mi permanencia en la Presidencia... He sufrido un importante desgaste durante mis casi cinco años de presidente. Ninguna otra persona, a lo largo de los últimos ciento cincuenta años, ha permanecido tanto tiempo gobernando democráticamente en España." Una tira de Peridis resumió el instante en cuatro viñetas: Suárez, bajándose del pedestal y diciendo, "entre todos... me echáis... Dios quiera que no tengáis que echarme... de menos".

La televisión se había desprestigiado tanto que Suárez, aun siendo presidente, entendió que ya no servía a nadie, ni siquiera le servía a él mismo como instrumento de poder. Era tal su desgaste que los ciudadanos no se creían lo que veían por televisión. El periódico *El País* acababa de publicar datos escandalosos sobre la mala gestión del ente público. En ese marco nace en 1980 el Estatuto de RTVE, y el equipo que timonea Castedo, que tomó posesión en enero de 1981, tiene por único objetivo dotar al medio de una urgente credibilidad.

"Nosotros tomamos la decisión de jugar fuerte para que el cambio fuera visible pronto. No podíamos esperar a que sólo al cabo de unos años fuera posible sacar esa conclusión. Y quisimos dar señales un poco llamativas, incluso estrepitosas. Lo recuerdo como una época de una tensión terrible. Con la UCD descuajaringándose, matándose entre sí las distintas familias, a leche limpia entre los democristianos, los liberales, los socialdemócratas... Se daban más leña que la que podía estarse dando el Gobierno y la oposición. Y el

PSOE, a todas luces, subía. Y AP y el PCE tomaban posiciones. Pero la bronca en UCD era monumental, y yo me río ahora cuando oigo hablar a algunos excelsos compañeros del periodismo de investigación, que es una cosa muy seria y que yo valoro más que nadie, pero a sabiendas de que se presta a veces a desviaciones innobles. Yo aprendí ahí que el periodismo de investigación, en momentos de confusión política, es estar ubicado en un lugar suficientemente espectacular y que sepan que puedes manejar la información siempre a beneficio de un donante interesado. Es tener la puerta abierta y ser el medio adecuado para ese fin. Yo recibía dossieres, informes y chivatazos cada dos por tres y el informante solía ser un ministro que hablaba mal de otro ministro. Los ministros conspiraban unos contra otros..."

La llamada de un ministro ("Iñaki, a la gente de Rosón se le ha ido la mano y se han cargado a un tío, entérate") lo puso sobre la pista de la muerte, por malos tratos en la cárcel, del etarra Arregui.

"A los diez segundos, tenía la noticia confirmada. La fuente era buena, era de un miembro del propio Gobierno, y no me costó ningún trabajo acreditarla en los círculos correspondientes. Entonces, llamé al ministro del Interior, Juan José Rosón, con quien guardaba una muy buena relación personal: ¿Qué os ha pasado? ¿Cómo? Arregui, que ha muerto. Y él me dice: No, no, esa noticia no se puede confirmar. Yo sí la tengo confirmada, te llamo para si quieres hacer una declaración diciendo lo que desees, porque yo esa noticia la voy a dar. Y me insiste: ¡Joder, cómo puedes darla! Te repito que te mando una cámara ahora mismo, pero no te estoy llamando para preguntarte si es o no es, porque ya yo la he confirmado y la doy con ministro o sin ministro. Y, claro, su primera reacción fue decirme: ¡Estás loco! Yo estaré loco, pero esta noche abro con esto y estaría encantado de que tú hablaras. Me dijo que no. Y cuando ya por la tarde se dio cuenta de que la cosa iba en serio, me llamó para decirme que quería intervenir. Y a las nueve de la noche empezamos el telediario diciendo: Arregui ha muerto en la cárcel..., y pusimos las primeras declaraciones del ministro: Se ha abierto una investigación para esclarecer los hechos... Se produjo una conmoción política de mucho cuidado. ¿Pero qué estáis haciendo? Eran tiempos de cambio, no valían historias. En aquellos momentos, la televisión era lo que era, y allí me tiré hasta que me duró. Ésa era la ilusión de contar la verdad con la que fue alumbrando aquel equipo y que nos colocaba a todos también en la ingenuidad de un tiempo nuevo en el que los profesionales hacíamos lo que nos daba la gana. Gloria llamo yo a lo de Fernando Castedo, que aguantó todo lo que pudo."

La noticia de la turbia muerte del etarra José Arregui Izaguirre, tras nueve días de detención policial, ocurrida el 13 de febrero de 1981 en el hospital penitenciario de la cárcel de Carabanchel, en Madrid, no es que también la diera la tele, es que la dio la tele, fue el primer medio en darla a la luz.

"Vetamos a dos ministros"

Si Iñaki guardaba una buena relación con Rosón, no oculta que en el Gobierno había ministros que incordiaban a los directivos de RTVE, hasta extremos que se hicieron insoportables.

"Hay una cosa que nunca se ha dicho y es que Fernando Castedo y yo vetamos a dos ministros en concreto. No se lo dijimos nunca a nadie, ni a ellos, pero ellos notaban que no salían. Fue una decisión que tenía lógica en aquel contexto exacerbadamente tirante con nosotros por parte de determinados sectores de UCD en el Gobierno, que llegó a ser insostenible para el director general y para mí. Castedo era un hombre de UCD, pero él se sentía más comprometido con el Estatuto de RTVE que con su partido, y en circunstancias que ya digo que eran de gran ingenuidad de todos (España entera era la geografía perfecta de la ingenuidad), hubo momentos en que nos sentimos exageradamente acosados, y en defensa de posiciones muy razonables pues dijimos, ¡también nosotros tenemos cañones! Y así fue. Pero no diré los nombres, porque soy muy autocrítico con aquella etapa. Yo no estoy haciendo la evocación de la cara grata de la cosa, de qué maravillosa era aquella ingenuidad pero qué ingenua era aquella maravilla. Yo ahora diría qué maravillosa era aquella ingenuidad y cuánto tenía de insensatez respecto a la realidad del país. Sólo con el tiempo lo he ido entendiendo. Claro, tú vives en Francia en mayo del 68 y dices qué año más maravilloso y sólo descubres su verdadera trascendencia veinte años después. En aquel momento nosotros estábamos viviendo una gran calentura profesional, muy apasionante, y creímos que la tele necesitaba aquella especie de *salida cancerbera.* Sigo creyendo que la necesitaba, pero nos faltaron los contrapesos. El matiz y la cabeza fría que aquello hubiera agradecido para ser más aportador no se lo pusimos. Faltó que hubiéramos ganado más tiempo, que lo hubiéramos podido hacer más razonablemente despacio, para que aquello no fuera un hipo que nos durara un rato. De todo lo que hicimos hubo elementos muy aportadores, y otros muy inmaduros."

Golpe de Estado en directo

El día que Tejero dio el golpe de Estado era lunes y la noche iba a ser fría. El 23 de febrero de 1981, el teniente coronel Antonio Tejero invade con unos 200 guardias civiles el Congreso de los Diputados e interrumpe, *manu militari*, la votación de investidura de Leopoldo Calvo-Sotelo, virtual sucesor de Adolfo Suárez. De nuevo, el fantasma del golpismo militar, uno de los miedos familiares que han acompañado a los españoles en los dos últimos siglos, le amargaba la tarde a todo el país. A la hora en que se produce el asalto, las 18.20, el director de Informativos de TVE está hablando con Miguel Ángel Toledano, director de la primera cadena: "¿Estás viendo lo que yo? Enciende rápidamente el monitor". Los directivos disponían de monitores de conexión con las grabaciones y en ese momento eran los únicos fuera del hemiciclo que tenían acceso al desarrollo en directo del golpe de Estado. Aquellas imágenes no estaban saliendo al aire, circulaban por la red interior a la espera de ser editadas y emitidas posteriormente.

"Yo lo vi todo en directo, hasta que aquella cámara dejó de emitir. Pero mientras estaba emitiendo, se estaba recibiendo todo en Prado del Rey. Cuando ahora me doy cuenta de que fui uno de los pocos españoles que vio aquella acción del golpe de Estado fuera del Congreso, se me ponen los pelos de punta. Nosotros estábamos grabando una sesión que teóricamente era la de la votación que iba a proclamar a Leopoldo Calvo-Sotelo como nuevo presidente del Gobierno, y era un material que íbamos a emitir en el telediario de la noche. Yo estaba trabajando aquella tarde, mientras veo los monitores y, en un momento de la segunda votación para la investidura del presidente —en la primera, celebrada tres días antes, no alcanzó la mayoría absoluta— me quedo con los ojos como platos asistiendo a aquel ataque. Ese acto que después todos hemos visto en la tele mil veces, yo lo estaba viendo aquel día en directo. Cuando ahora vemos eso, ya se sabe cómo acaba, pero cuando yo lo vi en directo aquella tarde desde mi despacho no sabía cómo iba a acabar. Oía disparos y no sabía si habían matado a alguien. La gente se desplomaba y no sabía si eran diputados escondiéndose o gente que estaba cayendo abatida. La escena con Suárez, con Gutiérrez Mellado..., todo eso lo vi con un nudo en la garganta. Y lo seguíamos grabando todo, hasta el momento exacto en que aquella cámara acabó de romperse. Y ese material lo guardamos en sitio seguro.

”Después de eso, de ver cómo habían tratado a Gutiérrez Mellado y a Suárez, veo los tanques que entran en Prado del Rey, que vienen hacia nosotros... Entonces me despedí de mi secretaria y ninguno se puso a reír cuando vimos los tanques que se acercaban. Inmediatamente después, fuimos corriendo al despacho de Fernando Castedo, y cuando entramos éste nos dice: ¡Todo bajo mi responsabilidad, todo bajo mi responsabilidad! Nosotros no sabíamos si nos iban a matar si, como en Chile, nos iban a meter en un campo de fútbol... No sabíamos cómo se estaban desarrollando los acontecimientos en el Congreso. Tuve la sensación de que podía ocurrir cualquier cosa: me matan o voy a la cárcel o a un campo de concentración o..., cuando en eso llegan los soldados a Prado del Rey. Durante las dos horas y media que estamos ocupados por los militares, el vídeo con las imágenes del Congreso permanece aún escondido.

”Llegaron los soldados con uniforme de campaña y tomaron la Televisión. Eran las 19.48 cuando dos unidades acorazadas del Ejército, con nueve *jeeps*, dos blindados y 35 hombres, se apoderan de Prado del Rey. ‘Si no obedece, disparamos’, les oigo decir. Creo que dejaron que algunos se fueran. Pero yo me quedé. No quería irme. Estaba con Castedo. Habíamos vivido una unión profunda. Y las órdenes que traían eran ésas: música militar en la radio pública, nada de información en televisión, y si no obedece, disparamos. Así que me encerraron en mi despacho todo ese tiempo. Tiempo en que se piensa de todo y nada es bueno.”

Cuando los militares se marchan de TVE, pasadas las nueve de la noche, Iñaki recuerda que salió volando hacia el despacho de Castedo. Iba con alguien y deduce que debía de ser Eduardo Sotillos, pero éste juraría que no le dio tiempo de hacer esa visita, pues inmediatamente lo absorbió su responsabilidad en RNE. “Nos habíamos visto a lo largo de la tarde, pero en cuanto pude creo recordar que me fui al micrófono como un tiro”, señala Sotillos.

Castedo e Iñaki, ya sin la presión de las bayonetas, hablan en medio de la confusión. "¿Se han ido?" "Sí." "Pero, ¿qué han dicho?" "No sabemos." "¿Se han ido para volver?" "Pues no sabemos." "¿Entonces, qué ha pasado?" "Es que no sabemos." Pero, ¿se ha levantado la prohibición de informar?" "No sabemos nada." No podían saber que, según cuenta Pilar Urbano en su libro *Con la venia... yo indagué el 23-F*, el marqués de Mondéjar, Nicolás Cotoner, general de Caballería, había logrado convencer al coronel Valencia Remón para que retirara de RTVE sus escuadrones pertenecientes al Regimiento de Caballería Ligera Acorazada Villaviciosa 14, con sede en Retamares.

Un relampaguito de luz: ¿vuelven?

"No sabíamos qué hacer. Pero tomamos una decisión enseguida, y pasamos a informar. Hicimos una nota a todo correr. Comunicamos que poco antes de las ocho de la noche, unas fuerzas militares habían tomado Televisión Española y habían prohibido informar, por lo que hasta ese momento no habíamos podido hacerlo. Terminamos la nota y, de repente, nos preguntamos, bueno, un momento, y si de esta manera estamos desafiando la orden anterior y nos estamos jugando la cabeza, ¿qué hacemos? No podíamos pasarle aquella nota a ningún locutor. Era una cosa muy seria, pues no sabíamos si aquello se había acabado o si se habían ido para volver dentro de cinco minutos con refuerzos. No teníamos ni idea de lo que estaba ocurriendo. Entonces, decidimos dar la información nosotros mismos, con todas las consecuencias."

Salió de aquel despacho con la nota en su poder y entró en la Redacción, donde estaba todo el mundo "con una efervescencia impresionante"; se subió encima de una mesa e informó que "se había decidido acabar con los ositos y documentales que se estaban emitiendo y que pasábamos a informar". El primer paso consistía en leer aquel comunicado y seguir informando con todas las consecuencias. "¿Ya se puede? No sabemos si se puede. Sabemos que lo vamos a hacer y hemos acordado que para no traspasar esta responsabilidad a nadie, desconocemos qué riesgo comporta, pues voy a bajar al estudio y esta nota la voy a leer yo."

Según bajaba, recuerda que alguien pidió a los de rotulación que prepararan sobre la marcha un pie de imagen que pusiera: "Iñaki Gabilondo, director de Informativos", pues la gente, que estaba más pendiente que nunca de la televisión, iba a ver aparecer en pantalla la cara de alguien que hasta ese instante no habían visto nunca. "Mucha gente creyó que yo era un militar", ha declarado después medio en broma. Sin embargo, entre nervios y prisas, faltó el rótulo al final, e Iñaki salió sin maquillar, en un plató que se iluminó de pronto a lo loco, "para hacer lo primero que he hecho en mi vida en televisión, que es salir a leer aquel papel".

Recuerda minuciosamente la escena:

"Era una mesa larga de un plató que no se había habilitado, sino que lo elegimos al azar. Un plató enorme... Bajó mucha gente de la Redacción a asistir al momento de aquella lectura, no sabiendo qué peligros conllevaba, pues seguíamos sin saber qué pasaba en realidad... Entonces, yo llego, me coloco en esa mesa. ¿Aquí está bien? Sí, sí, venga, vamos a empezar. Cuidado, salimos a antena dentro de dos minutos. Preparados... Se estaba organizando mi entrada en antena y, claro, una vez que se enciende la luz no ves nada. Yo sólo veía, cuando se abría la puerta del fondo, un relampaguito de luz, y cada vez que esa puerta se abrió en aquellos eternos minutos pensé lo mismo siempre: ¡Joder, esto es que entran, que vienen, que vuelven...! Ésa era mi sensación. Y entonces ocurrió una cosa muy bonita. Cuando faltaba un minuto para que yo comenzara a leer aquello, se empezó a sentar gente a mi lado. En el plano sólo me iban a coger a mí, pero empezaron a colocarse y a estar cerca como diciendo: 'Si hay algún problema, aquí estamos contigo'. Y eran mujeres: Victoria Prego, Rosa María Mateo..."

CAPÍTULO IX

La bomba que no explotó

La noche del 23-F, el Rey pidió intervenir por televisión para abortar el golpe de Estado, mientras en el Congreso seguían aguardando la llegada del *elefante blanco*. Los telespectadores permanecían informados con una rara inmediatez, que era más radiofónica que televisiva, basada en teletipos e informaciones sin imágenes de apoyo, hasta que fueron llegando, con la lentitud entonces propia del medio y las dificultades del caso, escenas del Congreso y la calle que transmitía la unidad móvil desplazada por TVE. Cuando Iñaki quiso cumplimentar la aparición del Rey, se llevó una sorpresa.

"Me llamó mucho la atención, al saber que el Rey pide intervenir esa noche, que no lo podíamos hacer de un modo instantáneo. El único Rey que hay, la única televisión que hay, y resulta que no hay ningún enlace entre Prado del Rey y La Zarzuela, sino que tengo que mandar allí a un equipo con una cámara y un magnetófono. No estaba previsto el enlace. ¡Increíble! Me llevo las manos a la cabeza. Nosotros en la radio teníamos una línea con la Moncloa y con el Bernabéu, pero cómo era posible que Televisión Española no tuviera un enlace permanente con la Jefatura del Estado... Yo no salía de mi estupor. Y entonces, fueron para allá Pedro Erquicia y Jesús Picatoste. Toda aquella célebre anécdota... Como no sabemos si el golpe iba en serio, si era gordo, si era pequeño, si estaba bien organizado, si no..., pues tememos que no los dejen llegar, que los detengan y que si alcanzaran La Zarzuela no los dejan volver a Prado del Rey. Pasamos una larga espera en medio de una gran tensión. La desinformación era monumental. Cuando, por fin, llegan con el material, entro en antena y digo: Señoras, señores, les habla el Rey. Eso es histórico para mí."

La grabación de La Zarzuela se realizó a medianoche. Don Juan Carlos grabó dos mensajes como medida de precaución, por si se estropeaba una de las copias. El director del Gabinete Técnico de RTVE, Jesús Picatoste, salió volando hacia Prado del Rey llevando consigo como oro en paño la caja de hojalata que contenía los rollos con las dos grabaciones. El subdirector de Informativos, Pedro Erquicia, cubrió el mismo trayecto en otro coche. Ninguno de los dos viajó en el furgón de la unidad móvil de TVE. Todos temían que el mensaje del Rey pudiera ser interceptado en el camino. Pero llegó sin novedad a manos de Iñaki, que pocos minutos después de la una de la madrugada, lo emitió para todo el país.

"Al dirigirme a todos los españoles, con brevedad y concisión", empezó diciendo don Juan Carlos, "en las circunstancias extraordinarias que en estos momentos estamos viviendo, pido a todos la mayor serenidad y confianza y les hago saber que he cursado a los capitanes generales de las regiones militares, zonas marítimas y regiones aéreas la orden siguiente: Ante la situación creada por los sucesos desarrollados en el Palacio del Congreso y para evitar cualquier posible confusión, confirmo que he ordenado a las autoridades civiles y a la Junta de Jefes de Estado Mayor que tomen todas las medidas necesarias para mantener el orden constitucional dentro de la legalidad vigente. Cualquier medida de carácter militar que en su caso hubiera de tomarse, deberá contar con la aprobación de la Junta de Jefes de Estado Mayor. La Corona, símbolo de la permanencia y unidad de la patria, no puede tolerar en forma alguna acciones o actitudes de personas que pretendan interrumpir por la fuerza el proceso democrático que la Constitución votada por el pueblo español determinó en su día a través de referéndum."

Pocas horas después de ser televisado el mensaje del Rey, el teniente general Jaime Milans del Bosch, que había decretado por su cuenta el estado de excepción en la Región Militar de Valencia y sacado los tanques a la calle, admitía el fracaso del golpe de Estado, y terminó acatando las órdenes de don Juan Carlos. El siguiente paso, ya de día, fue la cuenta atrás de la rendición de Tejero y el final del asalto al Congreso. Aun durante las horas de desconcierto, antes de que se produjera el feliz desenlace, salió a la calle el periódico *El País* llevando en sus páginas un editorial de fe en la democracia, titulado "Con la Constitución" que decía: "Ocurra lo que ocurra en las próximas horas o en los próximos días, suceda lo que suceda a quienes nos mantenemos fieles a la Constitución..., los golpistas están condenados por la historia".

Iñaki conserva un vídeo donde las distintas televisiones del mundo se ocupan del 23-F, y uno de los episodios de su trayectoria en los que admite recrearse con el paso del tiempo es, precisamente, ése: cuando él aparece dando paso al Rey en el epílogo del golpe.

"Todas las cadenas extranjeras nos pidieron las imágenes, y muchas las dieron íntegras. Es emocionante ver la televisión alemana: 'En España todo ha acabado bien. Anoche fue ocupada militarmente TVE y a última hora habló el Rey'. Ves la televisión rusa y, de pronto, me sacan a mí cediendo la palabra a don Juan Carlos... Cuando ahora hago recuento de los años que uno lleva en este fenomenal lío, pues reparo en que me ha tocado estar en lugares claves y en momentos muy señalados. En cada sitio donde estuve hay un hecho que lo marca, lo cual te llena de emoción en unos casos y en otros te da la medida exacta del tiempo que has vivido y de la intensidad con que lo has vivido. El día del Consejo de guerra de Burgos yo estaba en San Sebastián. Muere Franco y estoy en Sevilla. Ocurre el 23-F y me coge de lleno en TVE, y hasta me hace debutar ante las cámaras."

ENSEÑANZAS DEL 23-F

El 23-F le enseñó muchas cosas al periodista, amén de las lecciones que reportó al ciudadano de un país que entonces era todavía tan angelicalmente democrático. Cuenta que aquellas horas son de las que hacen envejecer profesionalmente.

"Aprendí mucho. Aprendí, por ejemplo, que cuando sólo hay una televisión, los medios de comunicación no son la prensa, la radio y la televisión; son la prensa y la radio. La televisión no era un medio de comunicación. Aquel día yo aprendí que la televisión era más una institución del Estado, con las obligaciones, responsabilidades y compromisos de una potentísima institución del Estado. La Comisión de Secretarios de Estado y Subsecretarios que estaba reunida bajo la presidencia del director general de la Seguridad del Estado, Francisco Laína —que era el último reducto del poder civil en aquellos momentos críticos—, y TVE constituían las dos esperanzas institucionales del asunto."

"Y luego me llevo otra lección profesional. Cuando los militares se marchan, nosotros nos preguntamos qué hacemos con aquel material, que contenía todas las imágenes grabadas del asalto al Congreso, el mejor material informativo que en toda mi vida yo he tenido en mis manos, y el mejor que nunca tendré. Y es cuando el director general piensa en voz alta y dice: '¡Y si esto lo emitimos y los matan a todos en el Congreso!'. Entonces, se reúne el Consejo de Administración a toda leche, y en aquella reunión se decide que el vídeo no se dé hasta que salgan todos vivos y aquello acabe bien, porque no sabemos qué repercusión puede tener su eventual emisión. Y yo, que soy el que tiene ese material de oro, que soy el director de los Informativos, entiendo que no se emita y que se guarde hasta que todo haya acabado."

Esas imágenes —la *bomba* informativa que Iñaki no pudo *explotar*— fueron emitidas al mediodía del 24 de febrero, una vez desalojado el Palacio de la Carrera de San Jerónimo.

Dice que ese día aprendió que "más importante que la información es la vida":

"En esas circunstancias, yo no podía actuar como un periodista en un medio de comunicación, que tiene una bomba informativa y no me censura ni mi padre. No. Yo entendí que teníamos una responsabilidad superior y que en nombre de ella no podíamos emitir el vídeo. Y no lo emitimos. Estaba en juego la vida de los diputados y, aunque alguien pudiera pensar que la emisión de las imágenes habría paralizado el golpe, como nadie lo habría podido garantizar, la sola incertidumbre sobre el uso de esa información privilegiada llevó a todo el Consejo a dicha conclusión, y a nosotros los profesionales, también. Eso fue lo que aprendí, que no es poco y que me acompaña toda mi vida. Que la información es una cosa muy importante, pero que hay un montón de cosas que son muy importantes también. Yo puedo decir que ya sé lo que es no poder dar la noticia más gorda de tu vida. Se me matizaron ese día muchas de las cosas que pensaba sobre periodismo. Y me di cuenta, también, de lo imprescindible que es hacer que las cosas se recuerden siempre. Lo importante del pasado es poder recordarlo alguna vez."

El 23-F, aquel golpe de viento que levantó las faldas del país, dejó a la televisión pública con sus vergüenzas al aire. El único medio informativo audiovisual que había no tenía la agilidad instrumental de hoy para cubrir con prontitud un acontecimiento de aquella envergadura. "Tejero tenía que habernos avisado con cuarenta y ocho horas de antelación", bromea reconstruyendo aquella flema desesperante de Televisión Española cuando quiso informar tras el secuestro militar. "Todavía se estaba haciendo cine y revelado y empezábamos a tener vídeo; no teníamos enlaces de directo y tuvimos que montarlos, tardamos mucho, hasta que conseguimos ver salir a los asaltantes por las ventanas cuando ya empezaban a retirarse. Éramos un paquidermo colosal; aquella noche TVE no está en condiciones técnicas de dar la cobertura que la radio sí pudo dar. Y ésa fue la gran revelación." La radio fue redescubierta el 23-F.

Pese a que ya en plena década de los ochenta había dejado de ser la radio ramplona que había quedado huérfana de algunas de sus mejores estrellas veinte años atrás y se esmeraba, aún sin norte, por hacerse un sitio entre los demás medios de comunicación, para amplias capas del progresismo intelectual y de la izquierda política seguía siendo todavía una gran desconocida. Los oyentes acólitos de *Hora 25* en la SER y de su homólogo en RNE, *Última edición*, parecían prestar una fidelidad exclusiva a ambos espacios informativos, pero fuera de estos islotes de la programación radiofónica de entonces, despreciaban el medio en beneficio del auge que iban adquiriendo periódicos y revistas especializadas en la información política. Opinaban que la radio estaba concebida para un público de escaso nivel cultural. Un subterráneo machismo intelectual del momento, que empezaba excepcionalmente a hacerle justicia a Luis del Olmo, adjudicaba la radio a un caldo de cultivo mañanero compuesto por chachas y marujonas. Al producirse el asalto del Congreso, la radio escribe su página de oro en la historia de la transición: un periodista de la cadena SER, Rafael Luis Díaz (que relató en directo cómo irrumpía Tejero pistola en mano y encañonaba al presidente de la Cámara, Landelino Lavilla) y dos técnicos de la casa, Emilio Olavarrieta y Mariano Revilla, mantienen abierto el micrófono, para que la sociedad grabe en su memoria aquellos hechos. José María García, subido a una unidad móvil de Radio Madrid, narra la ocupación desde el exterior del Congreso. Al ver salir a Sáenz de Santamaría, le pregunta: "¿Qué piden los sublevados?". Y el general, en aquellas circunstancias, tiene reflejos para responder: "Que dimita Porta".

El sonido *clandestino* de la SER, las imágenes que un cámara de TVE grabó con el piloto apagado desoyendo las amenazas y las que sacaron a escondidas del Congreso Pérez Barriopedro y Manuel Bernárdez, fotógrafos de la agencia

Efe, nos ahorraron para siempre el trabajo de tener que imaginar los detalles de una historia que si no se ve y no se oye, no se cree.

Aquel colapso que sufrió la democracia durante diecisiete horas y media tenía reflejos de Pinochet: el mismo intento de silenciar las emisoras de radio y televisión del Estado... Pero desde que se fueron los militares de Prado del Rey, Eduardo Sotillos se sumó, cogió el micrófono en RNE y hubo un rápido despertar radiofónico que desveló a todo el país hasta la mañana siguiente, con la incorporación de Radio Intercontinental, Radio Popular, Radio España... Pocos días después del 23-F, Sotillos creó en RNE un programa que invitaba a los oyentes a participar: *Directo, directo.*

NOCHE DE TRANSISTORES

Vemos hoy de perfil ese icono extravagante —tricornio, bigotes y una mano que se suelta hacia arriba para mandar callar—, con esa pistola cargada que no mató a nadie de milagro, subido al estrado del hemiciclo y nos viene de golpe todo el golpe junto, todas las escenas que llenaron aquellas horas sin resuello: cuando secuestraron al Gobierno y los diputados y cuando después se llevaron a Suárez aparte y a González, Guerra, Rodríguez Sahagún, Gutiérrez Mellado y Carrillo a la sala de los relojes... No sólo Iñaki, todos pensábamos en Chile esa vez. La radio salvó a los rehenes del infarto del miedo y la mentira gracias a la verdad que transmitía en directo: eran falsas las ilusiones de Tejero de que el golpe prosperaba, pues la SER acababa de decir que los militares se retiraban de RTVE y estaban reunidas la junta de secretarios y subsecretarios y la de Jefes de Estado Mayor, y todos los pronunciamientos eran de adhesión al orden constitucional. Quienes llevaban encima un transistor dieron gracias a Dios: entre ellos, el ex vicepresidente económico del Gobierno, Fernando Abril Martorell, que enseguida supo, y corrió la voz, que Tejero les engañaba.

La radio consiguió ser seguida por el 89% de los ciudadanos. La gran mayoría sintonizaba la SER.

La gente asistió a una emisión rigurosamente veraz que parecía una ficción de Orson Welles: la retransmisión de un golpe de Estado en directo durante todas las horas que duró en la realidad. Aquella vigilia radiofónica pasó a la historia como la *noche de los transistores.* La radio estaba haciendo una considerable aportación a la democracia. "La información simultánea que ofrecían los micrófonos abiertos en el Palacio del Congreso, tomado por los rebeldes", escribió Juan Luis Cebrián, "y la narración de los sucesos difundida por todo el país a través de los transistores contribuyeron decisivamente a la desactivación psicológica de los posibles seguidores de los golpistas y a la eventual movilización popular contra ellos. Numerosos observadores coinciden en señalar que el golpe fracasó precisamente por la actitud enérgica del Rey y por la radio. Fue una nueva victoria del transistor." Entonces, la élite social del país giró la cabeza y creyó descubrir en ese momento la radio, que llevaba ya más de medio siglo de vida entre nosotros.

"El error parte de que aún había sectores de una sociedad culta y universitaria, influyente y leída, que seguía teniendo la idea trasnochada de que el público del receptor era una señora gorda, con una pensión, un vestido de lunares y un gato negro, oyendo de forma compulsiva los concursos. Esa crema intelectual, de pronto, el 23-F, asiste a la revelación de la radio, y anuncia, con un fanatismo imberbe, que la radio ha llegado. Pero la radio nueva había nacido antes del 23-F, mucho antes. El 23-F constituye un zambombazo, que recluta para la radio a mucha gente, que al verse, de repente, en un sitio donde no habían estado antes, dice: '¡anda, acaba de nacer la radio!'. Es un fenómeno muy interesante. Ese día la radio vive una explosión que la hace penetrar definitivamente en toda la sociedad. Hasta ese momento no había calado plenamente, aunque es cierto que había ido aglutinando a grandes capas de la más plural audiencia. Pero aquel día y aquella noche fue una fiesta de grandes descubrimientos que se produjeron a la vez. Fue como si toda España descubriera también al Rey."

El Rey

Al cabo de los años, la imagen del rey don Juan Carlos en televisión aquella noche cobra una dimensión histórica que se agranda por momentos. "La Corona... no puede tolerar... que pretendan interrumpir... el proceso democrático..." La oportunidad de sus palabras, emitidas mientras los rebeldes controlaban el Congreso y en Valencia los tanques tomaban la calle, le confiere una influencia determinante en el feliz desenlace del golpe. Rara vez la historia permite que se dé una circunstancia tan providencial cuando están en juego las libertades. Mijaíl Gorbachov no dispuso de esa suerte cuando fue secuestrado en su residencia de Forós en Crimea, por los golpistas rusos en 1991: grabó un testimonio en un vídeo doméstico que no pudo emitir hasta que recobró el poder y tuvo que conformarse con ofrecer una conferencia de prensa una vez que ya todo había acabado. Iñaki valora el papel del Rey, al que acompañó en innumerables viajes por el mundo antes del 23-F, formando parte de un reducido grupo de periodistas, en el que estaban Pilar Cernuda, José Oneto, Jaime Peñafiel, Juan José Benítez y Alberto Schommer, entre otros.

"A mí don Juan Carlos me transmite cosas muy positivas. Me parece un hombre de un talante estupendo. Todas las leyendas que se cuentan sobre la *bonhomía* del Rey, su jovialidad y su simpatía son rigurosamente ciertas. Y yo creo que tiene tres ideas muy claras. Una, que un Rey triunfa si se queda y un Rey fracasa si sale por Cartagena como su abuelo. Otra, que cuando un Rey se mete más de lo debido donde no lo llaman en cuestiones políticas le pasa lo que le sucedió a su cuñado Constantino. Y la tercera, la apuesta que él ha hecho por la democracia y la Constitución, que es incuestionable. Este hombre apostó por la democracia antes de que la democracia ni siquiera empezara a vislumbrarse. Sabe, y se le nota que está orgullosísimo, de que va a pasar a la historia como el Rey que hizo posible la democracia y que la salvó aquella noche en que estuvo en peligro. Yo eso lo tengo más claro que el agua y sé que por ahí fallos no va a tener.

"Estuve presente en múltiples expediciones con el Rey de visita oficial a países que en muchos casos no eran democráticos, como la Argentina de Videla. Todos sabíamos que aquel viaje, en parte auspiciado por Estados Unidos, implicaba un mensaje: el sí a la democracia. España era el espejo, y era un gustazo sentirse mirado como un ejemplo a seguir. Videla quería que el Rey fuera de uniforme, que le diera un abrazo en la escalerilla... Ni hablar. Todo fue muy medido diplomáticamente para no equivocar el mensaje. Y el Rey estuvo perfecto: habló de la democracia y la Constitución. Era un embajador de la libertad. Y en todas partes iba manejando ese mismo discurso, sintiéndose el centro de una gran atención, siempre rodeado de una nube de cámaras, de periodistas, de un gran respeto y una gran admiración hacia él.

"Una vez fuimos a China, y la experiencia era de otro tipo, porque se había producido la depuración de la banda de los cuatro, y China aprovechó la primera visita de un mandatario extranjero para anunciar al mundo su nuevo tiempo. Fue un viaje de una gran importancia histórica, en el que China presentó al exterior su política de las cuatro modernizaciones y el punto final a toda su etapa anterior. Y otros viajes..., hicimos muchísimos por el mundo entero. Yo soy un amante de viajar y aquélla fue para mí una experiencia itinerante que me dejaba siempre muy lleno, muy enriquecido, muy feliz. Cada viaje era un hito. España estaba reconstruyendo íntegramente su tablero diplomático, y recuerdo que Marcelino Oreja, que era en ese periodo un ministro incansable de Asuntos Exteriores, me regaló un *book* que conservo con la radiografía de cada país respecto al nuestro. Un día surgía un conflicto con un Estado africano y yo abría el *book* y sabía cuántos votos tenía ese país en la OUA y cómo podía influir en el tema de Canarias, etcétera.

"Los Reyes..., nos producían una sensación de orgullo verles en todos los sitios quedando tan bien, tan elegantes, con tanta personalidad, en contraste con la imagen casposa que nos confirió el franquismo. El Rey y la Reina eran modernos y los recibían como adalides de un nuevo tiempo. Había que verlos entre republicanos del exilio, que se acercaban a ellos de demócratas a demócratas. Yo veía cómo se estaban disolviendo las barreras entre República y Monarquía. Porque teníamos unos Reyes —he hablado sobre todo del Rey, pero añado la gran consideración que la Reina me merece— formidablemente demócratas. Y eran unos encuentros emocionantísimos."

Los periodistas extranjeros envidiaban la proximidad de los Reyes con la prensa española, que era un fenómeno que para nada se daba en sus países con los jefes de Estado. Ese trato, en ocasiones, se volvía hasta familiar, cuando el Rey rompía el protocolo para charlar con los enviados especiales. Un día, en Costa de Marfil, don Juan Carlos, tras pasar revista a las tropas, se dirigió a Iñaki: "¿Cómo está tu mujer? Un abrazo y ánimo".

"El Rey es una persona muy cariñosa y muy maja. Y como hombre de Estado no lo voy a descubrir ahora. A todas luces, es ante el mundo eso que le hemos llamado tantas veces: un campeón de la democracia. Sus defectos tendrá y no seré yo el que los enumere. En todos los hombres y mujeres, los defectos y virtudes son casi siempre los mismos; en función de una dosis pasan a ser defectos y en la dosis inmediatamente inferior pasan a ser virtudes. Todo esto que cuento lo viví antes del 23-F.

De manera que cuando por aquellas fechas empecé a escuchar determinados chismes que parecían querer matizar el grado de respaldo democrático por parte del Rey, yo, como no tengo la más mínima duda de su compromiso con la democracia española, me acordé enseguida de aquel Jefe de Estado campechano e informal y me dije si no habría en su entorno alguien que malinterpretara algunas observaciones que pudiera haber hecho por aquellas fechas de tanta confusión en España. Porque yo no creo que a nadie en este país se le pueda pasar por la cabeza en conciencia que este Rey se mete a montar una operación anticonstitucional. Me juego la mano derecha. Yo tengo la sensación de que en aquellos días, al margen de otros movimientos de mayor complejidad que se hayan podido dar, en que en todos los cenáculos de Madrid se hablaba de que aquí tiene que hacerse algo, porque esto no puede seguir así, es posible que el Rey también hiciera algún comentario, lejos de todo viso anticonstitucional. Acaso, si de algo tuviera que arrepentirse el Rey en este asunto tuviera que ver, no lo descarto, con alguna inocencia suya, hija de una campechanía verbal que le hace ser, por otra parte, un Rey muy querido y muy atípico. Pero que en el fondo de su corazón de hombre y de hombre de Estado siempre hizo una apuesta para con la democracia y la Constitución, lo tengo tan absolutamente claro que afirmo que es imposible que estuviera jugueteando con ese asunto en el cual él tiene depositada la esperanza de encontrar un lugar en la historia. Esperanza que puede dar por asegurada."

De los viajes con los Reyes, hay una escena inolvidable para Iñaki Gabilondo. Sucedió en Austria, en el campo de concentración de Mauthausen:

"Ésta es una de esas cosas que le marcan a uno. Llegamos a Mauthausen y ya sólo entrar en aquel campo pone nervioso, porque están todos aquellos barracones aún allí... Era una mañana nevada y habían despejado un pasillo central que conducía a un monumento muy modesto. El campo estaba lleno de monumentos formidables que habían ido erigiendo los distintos gobiernos, menos el de España. El Gobierno de Franco no había levantado ninguno, y en su lugar lo habían hecho los propios supervivientes. Entonces, allí estaba, al final del pasillo, el monumento más pobre, que era el español. El guarda del campo de Mauthausen era, curiosamente, también español, uno de los que estuvo encerrado allí cortando piedras para los nazis, que al finalizar todo se quedó como guía. No nos debemos olvidar de que el día que se liberó Mauthausen había un letrero en la puerta que decía: 'Bienvenidos'. El último grupo de prisioneros fue el de los españoles. Y aquella mañana de nuestra visita, un grupo del ejército austriaco estaba formado delante del modesto monumento español. Una mañana fría y muy blanca. El marqués de Mondéjar y un militar de la Casa del Rey colocaron allí una corona de flores que ponía, 'Sus Majestades los Reyes, a los republicanos muertos en Mauthausen'. En aquel monumento, en el que se leían los nombres de los muertos, tocaron el toque de silencio, izaron la bandera de España, y el guarda del campo, emocionado, nos dijo entonces: 'Yo ya me puedo morir'".

Adolfo Suárez

En aquella ofensiva exterior de la democracia española, que rompió todas las cáscaras del franquismo para asomarse al mundo y pasear un modelo singular de transición, junto a la figura del Rey estaba la de Adolfo Suárez, a quien Iñaki elogia de un modo especial por su mezcla de arrojo, firmeza y sagacidad.

"Suárez fue, a mi juicio y a juicio de todo el mundo, una figura extraordinariamente decisiva. Era un hombre mucho más adecuado y capacitado para sacar un barco de una bahía llena de minas que para después emprender una navegación con rumbo. Para aquella labor hacía falta imaginación, audacia, valor, ingenio, coraje..., y todo eso nadie lo tenía mejor qué él. De manera que sacó el barco de la bahía. Pero cuando salió a mar abierto, se dijo: ¿Y ahora, rumbo hacia dónde? Seguramente, si Adolfo se llega a marchar cuando se aprueba la Constitución lo hubiéramos canonizado en el acto. El hecho de que intentara continuar, no siendo hombre de rumbo, fue machacando su imagen, hasta quedar descuartizado. Y cuando pasó un poquito de tiempo, se reconoció la formidable tarea que él había hecho. Además, fue un hombre que se hizo querer. Yo lo conocí en pleno mandato y me pareció que demostró ese llamado talante UCD. ¡Con qué capacidad encajaba! ¡Hasta qué punto todos nos estábamos sintiendo representados en él como debutantes en el proceso democrático! Muchas de sus famosas anécdotas con los militares, con Giscard d'Estaing..., eran incidentes propios no de un tío orgulloso y nada más, sino del hombre que sabía que la segunda magistratura del país tenía que ser respetada. Suárez fue un personaje fenomenal. Nadie, que no hubiera sido como él, un hombre en buena parte desideologizado y con mucho aguante, habría sido capaz de hacer el milagro de ese viaje tan sinuoso que fue la transición. Eran necesarias ciertas elasticidades mentales y cierta falta de rigor político para hacer los maniobreos, las trapisondas y las jugadas maestras que él hizo."

Al cabo de treinta años de Iñaki Gabilondo en el mundo de la comunicación, la opinión que Adolfo Suárez tiene sobre él no se reduce, naturalmente, al episodio televisivo que aquí se narra. Cuando quisimos conocer cómo valoraba el presidente que hizo la transición a este periodista que tanto se implicó en ella, Suárez se mostró atraído toda la trayectoria de Gabilondo en su conjunto:

"No se trata de treinta años de profesión, sino de treinta años de *profesionalidad*, porque en eso ha convertido Iñaki su trabajo y tarea diaria: en un alto magisterio de su condición de comunicador. No sé cuándo transcurrieron sus años de aprendizaje. Supongo que como todo *maestro* todavía no han acabado. Sé que sus años de *maestría* comenzaron también hace treinta años. Treinta años de historia española, cuyos hechos más notorios y más entrañables han sido comunicados a los ciudadanos por la voz, la pasión informativa y el tono humano y cordial de Iñaki. Las inflexiones de su voz han ido matizando, puntuando la noticia de cada hecho."

"Siempre he admirado en él", continuó señalando el ex presidente del Gobierno, "su categoría personal y profesional, su objetividad informativa y ese aliento de cordialidad con que él sabe arropar hasta las más duras noticias y las más difíciles entrevistas. Iñaki sabe siempre interrogar sin herir y poner un aliento de esperanza ante cualquier situación por dramática que ésta sea. Y eso desde una exhaustiva investigación de los hechos, desde una absoluta profundización de la noticia, desde una esforzada búsqueda de la verdad. Ha hecho un arte de la comunicación, en cualquiera de los medios en que ha prestado sus servicios."

Adolfo Suárez quiso poner especial énfasis en una vertiente de la personalidad de Iñaki Gabilondo: "Donde, en mi opinión, brillan con mayor fuerza sus valores humanos y profesionales es, precisamente, en la comunicación de las noticias que afectan a los más débiles, a los marginados de todo el mundo. Ante esto, Iñaki no sólo informa, sino que toma partido. A su corazón vasco abierto al mundo afectan profundamente los desequilibrios de la sociedad que, en ocasiones, parecen asentarse sobre la injusticia y la marginación. Contra esto, Iñaki hace causa. Presta su voz a los más débiles y vuelca su humanidad en la defensa de los desamparados. He podido comprobarlo personalmente desde la Fundación CEAR (Consejo de Apoyo a los Refugiados), de la que él es patrono y yo presidente. Lo he comprobado siempre en todas sus actuaciones en favor de los que carecen hasta de lo indispensable y he valorado en todas ellas la generosidad con que se entrega. Recuerdo con especial afecto la presentación que hace poco hizo Iñaki del libro *Trabajar no es un juego*, de la Fundación CEAR, el producto de cuya venta se destina a paliar el sufrimiento de los más necesitados de todo el mundo que se ven obligados a trabajar duramente cuando sólo debían recibir la instrucción necesaria para superar las dificultades de sus familias. Sus palabras reflejan no sólo su generosidad personal, sino sus convicciones más firmes. Por eso pienso que estos treinta años transcurridos en la vida profesional de Iñaki, son también treinta años de entrega a los demás, de solidaridad desde el alto magisterio profesional que él sabe ejercer con todos los que sufren. Porque Iñaki sabe que esos sufrimientos nos afectan a todos. Por eso él los asume como propios".

EL ERROR A CORREGIR

Los cinco meses que pasó Iñaki Gabilondo en TVE dejaron en él una huella. Una huella profunda, pues ya vimos cómo cambiaron muchos de sus esquemas periodísticos, pero también aquel periodo le enfrentó a contrastes muy agudos de tipo personal, como el hecho de pasar del éxito profesional al paro. Cuando la votación se reanudó en el Congreso de los Diputados, el 25 de febrero, y Calvo-Sotelo salió, al fin, elegido presidente, se abrió una nueva etapa en la transición y el equipo directivo de RTVE pasó a ser lo que Iñaki llama "un error a corregir". Durante las últimas semanas de su ciclo televisivo, presentó, de lunes a viernes, el telediario de las nueve de la noche, con audiencias muy altas. Los casi veinte millones de telespectadores diarios que tenía TVE dispusieron desde el 20 de abril de aquel año de una oferta informativa de una hora, guiada por alguien que en aquellos días no tenía empacho en advertir: "Me la juego totalmente". La primavera televisiva de la era Castedo tenía ya los días contados y el telediario de Iñaki duró un pestañeo, que aún se recuerda.

"Después del 23-F, entra una especie de ola de precaución general. Cuidado, España se nos va de las manos... Llega Calvo-Sotelo y él legítimamente aspira a un nuevo ciclo político, más matizado, que no tiene nada que ver con la corriente rompedora que nosotros impulsábamos desde RTVE. Aquella televisión era la de Suárez, no era la suya. Entonces, nosotros nos convertimos en el error a corregir. Éramos un grupo un poco despendolado, con una línea muy dura, y resultaba que el 23-F y los hechos posteriores habían, en cierto modo, remansado la política televisiva que quería el Gobierno. Nuestro estilo *preveintitrefecista*, leñero, testimonial, de denuncia... entró en conflicto con la nueva era de conveniencia política. Calvo-Sotelo y Pío Cabanillas comenzaron a soltar una presión muy fuerte sobre Castedo. El presidente envió alguna carta a Fernando pidiéndole mi dimisión y que aquello cambiara, y Fernando aguantó todo lo que pudo. Yo estaba haciendo un telediario de mucho éxito. Duraba una hora, que constaba de treinta minutos de noticias y de una página especial de media hora, con un gran tema a desarrollar cada noche. Y así, pues un día eran cinco militares vestidos de uniforme explicando la situación del País Vasco y otro día era 'el paro no es un dato, es un problema'. El programa de los parados, que dio mucho que hablar, porque se interpretó que fue el detonante de mi salida, constaba de grabaciones en distintas localidades, a las que yo les iba dando paso. Eran opiniones de gente que estaba muy afectada y, claro, el Gobierno salía mal parado. Aquello, evidentemente, fue la gota que colmó el vaso."

Cuando Iñaki aceptó dirigir el telediario de noche, confesó que era "una locura" y que sentía "escalofríos de salir en pantalla". Al periodista de *El País* Pérez Hornia le adelantó algunas pistas: "Sé que me voy a convertir en carne de las revistas del corazón", le dijo, "porque tengo una vida muy complicada". Y envió un aviso para navegantes a la clase dirigente del país: "El acceso a los telediarios se va a poner caro". Invitó a los políticos a no seguir considerando la televisión como un lugar de autobombo y puso en su conocimiento que "la credibilidad en la democracia pasa... por sacrificar las vanidades personales de los políticos que desean ser condecorados con la aparición en las pantallas de los televisores". El telediario de Iñaki fue el espacio de la nueva programación que obtuvo mayor aceptación por parte de la audiencia española, según admitieron fuentes oficiales de RTVE a la luz de los datos recogidos por el servicio de estudios de contenidos del propio Ente Público. Durante su primera semana de emisión, del 20 al 26 de abril, el telediario obtuvo en el panel de interés entre los telespectadores una media de 7,6 puntos; en la semana anterior había alcanzado 6,8 puntos, que era la nota habitual de ese programa desde enero de 1978. El salto de aceptación fue considerado un caso insólito en los informativos de TVE durante la transición. Desde el primer día, Gabilondo consiguió con un telediario de puertas abiertas elevar hasta un índice insospechado el interés de la audiencia por la información del canal público, hasta entonces carente por completo de credibilidad.

Una noche, Iñaki despidió su programa, "Nada más, señores; adiós, buenas noches", y al día siguiente, viernes, 22 de mayo, la primera noticia del mismo espacio era que había sido cesado el director de los Servicios Informativos de TVE. Castedo lo llamó a su casa pasada la una de la madrugada de ese viernes, y le comunicó por teléfono la decisión. Por la mañana, durante una entrevista en el programa de Radio Nacional *España a las ocho*, el director general de RTVE dio a conocer el cese de Gabilondo. Enseguida se desencandenó una ola de solidaridad, y la polémica sobre las razones de la destitución saltó a los periódicos y duró semanas. Luis del Olmo dijo esa mañana en su programa de RNE, que a veces es mejor levantarse para realizar tareas campestres que para dedicarse a la radio. El teléfono de Iñaki estuvo descolgado todo el día, mientras sonaban en la radio canciones cargadas de dobles intenciones: Alberto Cortez cantaba *Cuando un amigo se va*, y Serrat, buen amigo de Iñaki, *Se equivocó la paloma...*; la voz de otro cantante decía: *Sabes mejor que nadie que me engañaste, y, sin embargo, quiero que seas feliz.*

El paro después del cese

Iñaki, que a lo largo de su carrera ha sido citado repetidas veces en las primeras páginas de los periódicos a causa de las manifestaciones de los dirigentes políticos en sus programas de la SER, aquel sábado 23 de mayo de 1981 fue, por un motivo que tenía que ver personalmente con él, una de las noticias principales, y las informaciones sobre el caso abrían con este cintillo: "El cese de Iñaki Gabilondo". La prensa publicó esa mañana tres noticias destacadas asociadas a otros tantos nombres: la destitución de Gabilondo como director de los Servicios Informativos de TVE; el primer Gobierno Mitterrand y la cadena perpetua para Peter William Sutcliffe, culpable de asesinatos —"trece veces, trece muertes", rezaba el veredicto del jurado—, más conocido como "el destripador de Yorkshire".

"Yo hoy lo veo todo de una manera desapasionada. En aquel momento de máxima tensión me llegué a enfadar con Castedo, pero la rabieta no me duró más allá de lo razonable, porque yo no era tan imbécil como para no saber la naturaleza de las presiones que él recibía. Lo que me molestó entonces fue que él, que evidentemente no podía decir que me había cesado porque no podía resistir más la presión, dijo alguna cosa sin mucho sentido sobre mí. Llegó a aducir que el hecho de haber comenzado yo a presentar los telediarios había sido una especie de pequeña concesión a la vanidad y que eso me había impedido coordinar las cosas adecuadamente, cuando la realidad era que si yo accedí a dar la cara en los telediarios fue porque Castedo me había pedido setecientas veces que lo hiciera, porque la propia tensión que vivíamos no hacía fácil trasladar a otros compañeros los juegos de sutilezas en los que nos movíamos. Y a mí me costó mucho aceptarlo, dada mi particular situación personal, con nuevos afectos en mi vida, y el coste inmenso que representaba afrontar, de la noche a la mañana, un golpetazo de popularidad descomunal por salir en la pantalla. Entonces era la única televisión; ser popular ahora es una broma. Por eso me dolió que diera aquella versión, pero enseguida lo entendí y no sólo lo entendí, sino que digo que nunca habrá en RTVE un director general como él, que fue un tío del 10, con una capacidad de resistencia heroica, hasta que fuimos cayendo todos, incluido él mismo. Aquél fue un periodo de ingenuidad que, pasado el tiempo, recuerdo con emoción, y con una angustia que aún me dura. Todavía, cuando paso por delante de Prado del Rey, sudo."

Durante las semanas siguientes al cese, Iñaki, que era el centro de atención del periodismo español, fue invitado a mesas redondas y conferencias para hablar sobre la comunicación y la democracia. "La vida de España es una cosa y la realidad de RTVE, otra", afirmó en Santander, en la Universidad Internacional Menéndez Pelayo. "He creído y he querido a Castedo, pero ahora ya no creo en Castedo ni quiero a Castedo", dijo en un debate en Zaragoza, mientras le duraba la calentura.

Aquellos mismos días comentó de su experiencia televisiva que la aventura había terminado "como un *coito interruptus* y la calificó redondamente como "un fracaso", dada su brevedad. "Pero me ha fortalecido, me demostré que puedo ser valiente, que soy joven, que estoy contento conmigo mismo". Tenía treinta y ocho años.

El espíritu del 20 de abril —la fecha del debut de Iñaki al frente del telediario—, que duró un mes y un día, pasó a ser reivindicado por la oposición política y las centrales sindicales. Los trabajadores de RTVE, reunidos en asamblea urgente en el vestíbulo de la Casa de la Radio rechazaron por votación la salida de Gabilondo del equipo directivo del Ente Público y convocaron una nueva asamblea para el siguiente lunes. Iñaki, que no consideró elegante acudir, envió un escrito en el que dio esta explicación de su etapa en TVE: "Atropellado por el 23 de febrero, hube de elegir entre la acomodación a la nueva atmósfera cuitada, de democracia asustadiza, o la insistencia en la línea inicial. Me decidí por el segundo de los caminos", y pidió a la asamblea que respaldara al director general en defensa del Estatuto de RTVE. Un editorial de *El País*, titulado "Cerco a la libertad", resumía la labor de Gabilondo con estas palabras: "Había sacado los servicios informativos de Televisión Española del hieratismo, la momificación, el oficialismo, la propaganda y la censura".

En los dos últimos telediarios, emitidos el miércoles 21 y jueves 22 de mayo, Iñaki Gabilondo insertó los polémicos suplementos sobre el paro en Extremadura y Andalucía, realizados por el reportero Fernando de Giles. Algunos medios de comunicación, de tendencia oficialista, quisieron dar la impresión de que los programas habían sido manipulados con declaraciones de personas que tenían empleo. Sectores derechistas los calificaron de fraude y algunas voces creyeron ver en ello un "gol" del reportero a Gabilondo. Castedo, que decidió el cese tras visionar a última hora de la noche en su domicilio una copia del vídeo correspondiente al segundo de los espacios monográficos sobre el paro, dijo que no podía permitir que "la televisión contribuya a dramatizar y aumentar las tensiones de la vida cotidiana". Iñaki salió al paso de las críticas: "El programa sobre los parados se diseñó con gran limpieza". Curiosamente, meter las narices en el problema lo condenó al paro.

Castedo, transcurridos ya nada menos que diecisiete años, interpreta, haciendo historia de aquellos hechos, las circunstancias que le rodearon entonces como director general de RTVE:

"Nuestra opinión era que, como el golpe había fracasado, debíamos insistir en nuestra línea informativa, sin reducir las cotas de libertad. Otros, desde el Gobierno, no opinaban lo mismo. Iñaki considera que nos faltó sosiego y continuidad, pero es que nos obligaron a irnos. Yo dimití pocos meses después de la salida de Iñaki. Es cierto que cuando el 23-F había pasado, le pedí, le ordené, que pusiera su cara en el telediario de la noche, que asumiera toda la responsabilidad. Él hizo programas memorables durante aquel periodo, que guardo en la memoria como hitos que ayudaron a transformar la mentalidad del país: una vez se reunió con una serie de militares, cuando el tema era tabú, para que se viera que eran ciudadanos normales y corrientes. Hizo más cosas por el estilo. Había una gran compenetración entre Iñaki y yo. Pero lo que pasó es algo muy humano; yo creo que la simultaneidad de cometidos en momentos tan espinosos le jugó malas pasadas. Los programas del paro llegaron en mal momento en mi valoración, y actué del modo que yo creí más consecuente. Pero entonces, en determinados sectores se fabricó una teoría de la conspiración política para echar a Iñaki como quien suelta lastre, y no es todo lo exacta, desde el momento en que yo sabía que, para empezar, el problema era yo. A mí me llamó, a los tres días de ser investido, el presidente Calvo-Sotelo para decirme con toda franqueza que tenía que irme. Y aguanté hasta donde pude. Pero quiero decir una cosa que todo el mundo que me conoce sabe que es verdad: aquel Iñaki rompedor personificaba, mejor que nadie, el espíritu de nuestra aventura en TVE. Y ése es el mejor homenaje que podemos hacerle quienes vivimos en primera línea todo aquel proceso inolvidable."

Calvo-Sotelo

Eran días de especial tensión en RTVE tras el cambio de Gobierno. Un programa dedicado al eventual ingreso de España en la OTAN sufrió retoques externos, y Castedo se vio obligado a comparecer ante la Comisión de Control Parlamentario de RTVE para negar la existencia de presiones tanto en el cese de Gabilondo como en la elaboración del programa sobre la OTAN. Sin embargo, Iñaki dio pruebas de lo contrario, al afirmar que conocía una carta en la que Castedo contestaba negativamente a los requerimientos del presidente del Gobierno para que destituyera al director de los servicios informativos, con fecha anterior a la emisión de los programas sobre el desempleo.

Hoy no sólo no le guarda rencor a Calvo-Sotelo, sino que en su análisis de la transición política le asigna un papel más relevante del que la historia parece haberle reconocido hasta el momento.

"A Calvo-Sotelo le pasa lo que a casi todo el mundo en la sociedad de las etiquetas: 'Viriato, pastor lusitano'... En un segundo se aspira a decir todo. Leopoldo Calvo-Sotelo: hierático, serio. Pero Leopoldo Calvo-Sotelo tuvo una tarea tremendamente comprometida, que fue suceder a Suárez, el golpe de Estado, un partido hecho fosfatina, con un juego de baronías y contrabaronías que prácticamente se habían dicho de todo, un partido sin ninguna mayoría, necesitado de apoyos constantes y sabiendo, además, que iba a perder las siguientes elecciones. Mantuvo la dignidad de Estado muy bien, e hizo las operaciones de avance en el asunto OTAN. A mí me parece que en esas circunstancias tan adversas poco más podía hacerse. Es que ahora se nos ha olvidado todo de un plumazo, tan felizmente instalados en este tiempo de guerrillas modernistas a la hora del café. Y cuando sc mira hacia el periodo de Calvo-Sotelo, a la gente no se le ocurre sino decir si era antipático o simpático. Mantuvo la dignidad y supo estar. E hizo una cesión de poderes a la siguiente Administración con verdadera categoría democrática, y en la medida que él pudo, avanzó en la dirección de sus convicciones: en la línea europea, pues había sido ministro de Relaciones Europeas, y en el asunto ETA... Enfiló las embarcaciones más importantes en la dirección correcta desde su punto de vista, que luego ha resultado ser también correcta para los demás, aunque entonces no lo manifestaran. Por eso creo que no se le ha hecho justicia.

"Sobre lo que me pasó con él en TVE, no es que él me cesara, las circunstancias me cesaron y él era el presidente del Gobierno. Cuando yo no sea capaz de ver que dos y dos son cuatro, ese día me jubilo. Leopoldo Calvo-Sotelo a mí me parece un señor."

Muchos años después de que fuera apartado de TVE, Iñaki Gabilondo invitó a Calvo-Sotelo a colaborar en su programa de la cadena SER. Quedaron para comer, y fue el propio ex presidente quien sacó el tema... Ambos comentaron entonces aquel episodio desagradable de la transición de un modo desapasionado y cordial, ayudados por la distancia y la perspectiva histórica.

Al requerir su valoración, Calvo-Sotelo prefirió obviar el pasado televisivo y centrarse en la figura de Iñaki Gabilondo y los contactos periodista-político que han mantenido ambos a lo largo de los años:

"Se sabe que la relación entre políticos y periodistas es habitualmente difícil o, por lo menos, tensa. Parte de prejuicios insolubles: cree el político que el periodista no busca ante todo la verdad, sino la noticia; y el periodista cree que el político tampoco busca la verdad sino su propia imagen o el voto de los electores. La experiencia de unos y de otros suele confirmar estos prejuicios: de ahí la actitud defensiva del político y la inquisidora del periodista. Confieso que mi relación con Iñaki Gabilondo no responde a esa pauta. Guardo un excelente recuerdo de las entrevistas que me ha hecho a lo largo de muchos años, y no porque no ejerciera en ellas de inquisidor, a veces implacable: era, ante todo, un hombre inteligente que compartía mi preocupación por la actualidad política, que me ayudaba a entenderla mejor y me obligaba a explicarla claramente: penetrante en la pregunta, cortés en la discrepancia y afectuoso siempre. Es, en suma, un excelente y extraordinario periodista."

CAPÍTULO X

La batalla de la mañana

"Yo dije: me echan de la tele, vuelvo a la SER." Se equivocó. En su antigua casa no lo estaban esperando con los brazos abiertos. La salida de Iñaki de TVE no había sido nada discreta; su cese estuvo rodeado de una gran hostilidad política. Y aquellos meses que pasó en el Ente Público pesaron como una losa en su carrera profesional. "No es un buen momento para reincorporarte. Espera un poco a que se enfríe el ambiente", le propuso Fontán. Y pasó a ser oficialmente un apestado. "Pocas semanas más tarde, el 11 de julio se murió Maite en Navarra, y me quedé con mis tres hijos, sin mujer, sin trabajo, con la puerta de mi casa de toda la vida cerrada, y con una gloria y miles de telegramas de solidaridad." Ese día cogió a sus hijos y les dijo: "Nos vamos a vivir a Madrid".

Quien le ofreció hospedaje fue Juan Tomás de Salas, de *Cambio 16*, que lo fichó con el cometido ensoñador de todas las empresas periodísticas del momento: hacer un estudio de viabilidad para cuando llegara la televisión privada. El encargo llevó a Iñaki hasta Italia a husmear las posibilidades futuras del mercado audiovisual en el sector privado. España se preparaba para la inevitable apertura televisiva. Un día, el viejo monopolio de TVE se iba a derrumbar bajo el Gobierno socialista, que acabaría cediendo en su defensa ideológica de la televisión pública. Permaneció una larga temporada en aquella empresa refugio de radio y televisión del Grupo 16. La primera vez que emitió Radio 16, Iñaki abrió el micrófono y preguntó como Jostein Gaarder, con el mismo pudor que siente cuando entra en una casa ajena: "¿Hay alguien ahí?". Con estas palabras, ya vimos, tituló, mucho tiempo después, el primer día de cada año nuevo, en un apartado de *Hoy por hoy*. Pero en aquel instante inaugural lanzó al aire esa pregunta como un ufólogo y trascurrieron varios segundos en completo silencio; al fin, intervino Paco Lobatón a bordo de la unidad móvil "La Viajera", a los pies de la Giralda.

Pasaba el tiempo y la SER, de la que se había marchado sin usar siquiera el salvavidas de la excedencia, no lo llamaba. "Me fui desilusionando, lo admito. Pensaba, a ver si no voy a volver nunca a la SER. Había gente que me decía, no, ya verás que por ese problema que has tenido con la UCD, la SER no te va a coger más. Y yo, la verdad, no me veía en RNE ni en otra empresa de radio. Pero Fontán no me llamaba." El *asilo* periodístico que le concedió *Cambio 16* se prolongaba a medida que pasaban los meses. "Yo fui acogido en su seno por la caridad de Juan Tomás, a quien le estoy profundamente agradecido."

En 1982, una oferta de Antena 3, que venía al mundo de la radio por esas mismas fechas, despertó la vieja promesa, y la SER, al fin, rescató a Iñaki, como si lo rehabilitara en su seno tras una larga excomunión. "Estoy convencido de que Fontán fue siempre sincero conmigo. Él sabía que, tarde o temprano, yo tendría que volver, y no estaba todos los días dándole vueltas al tema, a ver cuándo yo dejaba de ser un manchado políticamente. Hasta que se enteró de lo de Antena 3, y debió decir: ¿Cómo se va a ir Iñaki a Antena 3? Y entonces me llamó a los dos días. Posiblemente, aquello actuó de agitador, y me parece perfecto." Su esposa, Lola Carretero, confirma el dato: "Fue Juan Tomás de Salas quien le dijo a Eugenio Fontán que Antena 3 quería llevarse a Iñaki".

Al final de aquella travesía, regresó al hogar, la SER, para iniciar una vida nueva en la profesión. El Iñaki que volvía como de una guerra no estaba dispuesto a repetir episodios profesionales que había enterrado para siempre el día que salió por la puerta de TVE, como había hecho en Radio Sevilla: sin mirar hacia atrás.

"Cuando Fontán me recibe, lo que me llama la atención es el cuidado que pone en explicarme que ya no puede ofrecerme un cargo directivo, porque el nuevo responsable de los Servicios Informativos, mi anterior puesto, era en ese momento Fernando Ónega." Fontán no se espera la respuesta de Iñaki: "Es que yo ya no quiero ser nunca más directivo, nunca más en mi vida".

"Yo había sido todo el tiempo directivo. Y mi paso por TVE me hizo ver de una forma muy aguda y muy abrupta la violencia de los cargos directivos, en que dependes de unas estructuras jerárquicas y de fuertes intereses, que juegan a unos juegos olímpicos que no controlas. Vi que por culpa de esas servidumbres había perdido mi trabajo y me había quedado en el paro en pleno éxito profesional."

"Trátame como una estrella"

Para entonces, ya había explorado, con buenos resultados, sus condiciones de comunicador delante del micrófono y de las cámaras. Al final de su anterior etapa en la SER, había conducido de un modo brillante *Hora 25* y, posteriormente, en TVE aceptó desafíos nada calculados: saltó como un espontáneo al ruedo la noche que debutó sin maquillarse para contar el final del secuestro militar de Prado del Rey, y después presentó aquellos telediarios insumisos cuando un Gabilondo apóstata, hoy irreconocible, se enfrascaba en pulsos con el poder para informar abiertamente a la sociedad. La televisión dibujó la raya que separa a los dos Iñakis de esta historia: el directivo y el comunicador.

En muy poco tiempo había cosechado audiencias muy elevadas como conductor accidental de programas de éxito en ambos medios, y decidió emprender un nuevo ciclo profesional bajo el *status* definitivo de comunicador. "Dije, a partir de ahora, yo fracaso con mis errores y triunfo con mis aciertos. A mí no me triunfa ni me fracasa nadie más. A partir de ahora, yo soy un solista de la comunicación."

Y cayó en la cuenta de que había estado todo el tiempo anterior poniendo su destino profesional en manos de terceros. "A los directivos nos fracasaban o triunfaban otros, muchos otros: los locutores, los programadores, los despachos, los caprichos de los políticos..." Por eso le dijo a Fontán algo que no casaba con el Iñaki que él había conocido durante muchos años en la SER: "Es que si me ofreces un cargo directivo, te digo ahora mismo que no. Y, entonces, poniéndome colorado por dentro hasta la saciedad, le dije: trátame como una estrella. Porque yo lo conocía tratando a las estrellas. Le dije, tú me has visto toda la vida como un directivo, yo era un miembro de tu equipo, tú me nombraste director de Radio San Sebastián, director de Radio Sevilla, coordinador de Informativos y director de los Servicios Informativos de esta casa. Ahora que vuelvo, te digo, trátame como una estrella". Fontán le dijo que sí y le dio su primer programa.

"Desde ese momento, pasé de ser un hombre de secretaria y despacho, que era lo que había sido toda la vida, a empezar a romper todas las simbologías de la dirección. Desde entonces, no tengo despacho, no tengo mesa, no tengo silla, no tengo secretaria, en una especie de pueril gestualización de ruptura con aquel tiempo. Yo llevo en la SER treinta años, y a mí mañana me dice mi empresa, coge tus cosas y vete, y no tengo ninguna cosa que coger, ningún cajón que abrir para coger ninguna cosa, ninguna mesa, ningún despacho. Y mi cubículo está donde están mis compañeros de *Hoy por hoy*. Allí se supone que están mis cosas, pero no están, porque no tengo cosas. Como a la hora que entro a trabajar es muy temprana aún, me siento allí donde me da la gana, porque hay muchos sitios libres; cojo los teléfonos donde me apetece. Si alguien pregunta, dónde se sienta Iñaki, le dirán, pues cuando llega a las cinco se suele sentar aquí, pero si viene ahora no se puede sentar...; nadie sabrá decir cuál es mi silla, dirán que es una en la que alguien ya estará sentado. Dirán que Paloma, por ser la productora y de los más antiguos del programa, es la que está más o menos al tanto de mis cartas. Y digo más o menos porque sé que tengo un gran barullo, pero me repeluzna resolverlo por el procedimiento de tener una secretaria, una mesa, una silla, un despacho. Porque yo con aquel tiempo ya rompí."

Cuando ese año 1983, Iñaki Gabilondo *debuta*, con cuarenta años, por segunda vez en la radio, ahora al frente de un programa propio, experimenta la misma sensación que Jorge Valdano tuvo cuando, en un viaje en sentido contrario, pasó de ser futbolista toda la vida a entrenador: "Sentí que esto era lo mío", cuenta Iñaki. "Descubrí, de pronto, que solamente cuando hacía programas estaba haciendo aquello que más me gustaba y por lo que había elegido la radio de mis sueños infantiles; que, aunque había sido inmensamente feliz durante toda la etapa anterior haciendo lo que había hecho, yo ya no iba a poder ser feliz si dejaba de hacer aquello que ahora hacía como si fuera la primera vez." Desde ese momento, el micrófono, al que llegó de modo tardío y rocambolesco como un escritor cuarentón que escribe su primera novela, pasó a convertirse en su mejor arma de defensa. Iñaki sostiene que en su posición actual, el éxito es lo que cotiza su libertad como comunicador.

"Evidentemente, haciendo *Hoy por hoy* puedo ser víctima de una acechanza política o empresarial, pero yo reacciono contra eso con un instrumento profesional, de tal manera que si tengo éxito de oyentes y se producen ingresos en la casa, estoy defendido. Así y todo, me podrían echar, pero mi trabajo me habría dado ya una fuerza, y mi verdadera fuerza es mi cotización profesional. Si ésa vale, valgo, y si no vale, no valgo un pimiento. Pero en televisión yo vi cómo te meten en una picadora de tipo estructural, donde tus posibilidades de defensa son pequeñísimas, porque tu fuerza no es la profesional, sino el resultado de un montón de confluencias, que no sabes muy bien cómo se administra: tensiones políticas y guerras de colocación frente al jefe, más cerca, más lejos, más mando, menos poder, momento bueno, momento malo... De pronto, te ves formando parte de los lotes de las gracias y las desgracias. Y el que ejecuta tu suerte nunca eres tú. Por eso yo elegí otro camino, y descubrí que era lo que había estado soñando siempre, sin saberlo enteramente quizá hasta ese preciso momento, porque aquello otro también me había llenado y nunca sentí deseos de micrófono."

Llama la atención que Iñaki Gabilondo, cuya imagen pública está más asociada a lo que ha hecho en todos estos años en su faceta de comunicador de radio y televisión que antes como directivo de la SER, tardara tanto tiempo en descubrir cuál era su mejor demarcación profesional. Ese juego de azares que le ha llevado en la vida de aquí para allá con una lógica imprevisible, hizo de él primero un casual director de emisoras y, al cabo de mucho tiempo, lo empujó hasta su destino natural, el micrófono, por la vía dolorosa de sufrir el cese de televisión y morder el polvo del paro y el exilio de la SER. "Ahí fue cuando lo vi, ¡pero si éste es mi activo!, ¡tengo un activo profesional! Se espera de mí que haga programas que le gusten a la gente y que tengan rentabilidad, punto. Si soy capaz de hacerlo, de eso viviré."

Y a partir de ahí empezó a vivir de su voz como hacían los locutores clásicos de la edad dorada de la radio que él aprendió a admirar con una vocación parvularia desde San Sebastián: Bobby Deglané, Matías Prats, Raúl Matas. La suya no pasaba inadvertida —"tiene voz de radio", le decían—, pero la voz no lo es todo en un medio cargado de fantasía y creatividad. Iñaki dispone de un severo afán de contenido desde el primer día; de ahí que no tardó en encarnar los ideales propios de la radio *calderoniana* en la que se formó: estéticamente impecable y conceptualmente lo más enriquecida posible. Esa dualidad de la radio bien hecha sigue obsesionándole.

Una radio de amplio aforo, poblada de sugerencias y aportaciones culturales, una radio que no pierda la magia por nada del mundo. Una radio que siempre esté llena y bien envuelta para lucirla delante de la gente.

El jardín de las palabras

La radio es el jardín de las palabras. A la palabra, que es su mejor aliada, la ha mimado con entrega a lo largo de su vida en la radio y en los libros. Hace ocho o diez años que la poesía lo captó como lector, y desde entonces se ha convertido en un embajador de poetas; de unos meses para acá es un agente de versos cada viernes en *Hoy por hoy*, lo que a los oyentes más antiguos les recuerda que aún hay sitio en este medio para la poesía, como lo había años atrás en el *Parnasillo* que alentó Joaquín Soler Serrano en la radio que se hacía en Las Ramblas de Barcelona. Llevado de esa pasión por la palabra poema, un día grabó para Alfaguara-Audio un casete con su voz; con ella paseó por poetas en castellano, desde Rubén Darío a José Hierro —que es, por otra parte, hijo de la radio—: *Los habitantes del silencio*. Borges habría estado encantado de conocer a este hombre que ha sabido cultivar con tanto gusto el jardín de las palabras y descubrir los tropos literarios de la radio. A Iñaki le apasiona buscar la poesía en medio de la "urgente vida", como decía el poeta argentino. Un día comentó en antena una entrevista al escritor José Saramago, publicada en *La Vanguardia*, y se detuvo a leer el pasaje en que el autor de *Ensayo sobre la ceguera* narra que "cuando el abuelo estaba a punto de morir, se dirigió al huerto y se despidió llorando y abrazándose a cada uno de sus árboles". Iñaki citó el párrafo como una entrega de la más tierna poesía, que es justo a lo que se dedicó Saramago antes de decantarse por la prosa y la novela. Versos suyos han sido musicalizados y cantados por el canario Pedro Guerra, que integra la saga de intérpretes favoritos de Iñaki junto con Serrat, Miguel Ríos, Víctor Manuel, Ana Belén... (En vísperas de la concesión del Nobel de Literatura, allá por el 7 de octubre, Iñaki apostó en el aire por Saramago o Delibes, y acompañó su premonición sobre el escritor portugués, que obtuvo el premio al día siguiente, con un fado de la cantante Rosana Arbelo, natural de Lanzarote, la isla donde vive y escribe desde hace cinco años el autor de *El Evangelio según Jesucristo*, que está casado con una fiel oyente de *Hoy por hoy*, la española Pilar del Río, su traductora al castellano.)

Un breve poema del dramaturgo alemán Bertolt Brecht dice: *Cajita, sujétate a mí cuando escapo, / que no se rompan tus tubos, / llevada de casa al barco, del barco al tren, / para que mis enemigos puedan seguir hablándome / cerca de mi lecho, para mi dolor, / lo último por la noche, lo primero por la mañana, / de sus victorias y de mis inquietudes, / prométeme que no callarás de repente.*

No se sabe bien si la música es su primer o segundo amor respecto a la radio, como ya se dijo. La radio le ocupa las mañanas, y la música, momentos en las tardes. Con tales aficiones, no hubiera sido nada difícil adivinar de antemano el oficio que iba a tener, pues palabra y música cocinan juntas, precisamente, eso que llamamos radio. La suya es la sana batalla de la mañana.

Desde que habla, tal como vimos, le toca madrugar. El primer programa que le ofrecieron a su vuelta del éxodo televisivo, en 1983, se llamaba *Aquí la SER*: de seis a nueve de la mañana.

"Era un programa despertador, que tenía elementos informativos y otros de más amplio abanico; una especie de *collage*, con cierta silueta de los programas franceses, en los que no sólo se dan noticias por la mañana. Actualmente, los espacios en la radio española que van a un horario similar —en *Hoy por hoy* abarca de seis a ocho y media—, son íntegramente informativos, forman parte de esa especie de enfermedad de exceso de información y de politización que nos caracteriza todavía a los españoles, y que yo estoy esperando y deseando que empiece a remitir, porque esto no pasa en ninguna otra parte de la Tierra. Francia es un país mucho más culto y más políticamente culto y más preocupado por la información que nosotros, y eso no sucede. Ahí se leen muchos periódicos, la gente busca la información en libros y otras fuentes de consulta, pero los programas radiofónicos de la mañana no tienen esa densidad aplastante de los nuestros. Tienen unos contenidos informativos, pero también muchas más cosas. Lo normal sería que el programa de las seis comenzara dando un resumen de seis minutos de las noticias más importantes, y que luego saliera un animador, que durante diez minutos pusiera canciones, diera el horóscopo, algún premio al primer oyente por no sé qué, y a continuación, el santoral y que luego felicitara a quien corresponda. Después, otro bloque, con un pequeño resumen de titulares; a lo mejor, ahí saldría la página de economía, y una firma de un minuto; seguido de lo cual aparecería otra vez el locutor y volvería a levantar el ánimo y a contar las noticias curiosas del día y a felicitar los cumpleaños.... hasta cubrir un tiempo informativo ameno, donde a las siete el programa adquiere mayor densidad, el informativo dura ya doce minutos en lugar de seis, el animador sigue entrando y saliendo.... Y a las ocho se da ya pura información, pero no durará más de veinte minutos; después saldrá una revista de prensa, sonará una canción, y el animador de la mañana empezará, entonces, un magacín."

Con esa fisonomía diseñó aquel primer programa, en el que se acompañaba de periodistas y locutores, y una animadora daba la hora, Elena Markínez. Todavía le llaman oyentes que le recuerdan que cuando él hacía *Aquí la SER* regalaba relojes. Iñaki suele comentar que nunca ha hecho los programas que más le hubiera ilusionado, pero que ha disfrutado como un niño "haciendo lo que sea. A mí me dicen que haga un programa de música mexicana a las 7.20 y me lo paso pipa". Ahora bien, guarda cierta nostalgia de aquella radio más ligera de equipaje informativo, y antes de irse de vacaciones este último verano, al final de la temporada, nos adelantaba el diagnóstico que iba a trasladar a Augusto Delkáder y Daniel Gavela: "La radio está dando un viraje sociológicamente previsible, donde lo político pierde peso informativo y lo ganan otros contenidos de la vida: desde luego, el deporte, el cine, cómo no, la poesía, y muchísimas facetas que no van a ser ya fenómenos tan mayúsculos como el deporte, en el que por suerte mi casa es líder, pero que interesan cada vez más a más gentes a las que cada vez más les interesa menos la política".

Mariano de la Banda: testigo de excepción

Entre esas nuevas inquietudes sociales, alguien cita las ONG. Se trata de Mariano de la Banda, uno de los nombres legendarios de la SER, que enseñó a Iñaki, según confiesa éste, buena parte de los secretos del género radiofónico *magacín*. Mariano regresaba de América, de visitar a una hija afiliada a una ONG que instruye a niños en el Perú. Hace cinco años que se jubiló, "porque a los cincuenta y siete había que curar las heridas de guerra". Y no se ha arrepentido, a la vista del momento tormentoso que vive el medio. Él estaba en la SER de segundo de a bordo de Tomás Martín Blanco, director de Programas, cuando a Iñaki le encomiendan ser la alternativa al rey de las mañanas, Luis del Olmo. "Nuestra batalla", señala Mariano de la Banda, "era que Luis del Olmo se estaba adueñando en solitario de las mañanas, desde RNE, porque la SER, por aquello de que tenía muchas emisoras asociadas y otras de propietarios particulares, no había logrado montar un programa en cadena como Dios manda a esas horas".

Curiosamente, en esos primeros años ochenta la radio de tarde gozaba de un raro prestigio y de cierta notoriedad de audiencia. A la prospección que hacían Martín Blanco y De la Banda, "la mañana está llamada a ser el horario fuerte", respondía la dirección de la empresa con el consuelo de que la radio pública no quitaba publicidad. Por aquellos años, Tomás Martín Blanco había intentado incorporar a la SER a Luis del Olmo, que triunfaba en RNE. Aun cuando el locutor parecía dispuesto, se frustró la operación por la negativa de las emisoras locales de la SER a plegarse a un programa en cadena en horarios que les reportaba una gran recaudación publicitaria. "Nosotros decíamos, ¿y el día que cojan los oyentes y se vayan con él a una emisora comercial?" Eso fue lo que ocurrió. La SER se planteó entonces el reto de inventar una cadena de mañana que hiciera la competencia a Luis del Olmo. "Una cadena que no sonara a antigua, porque los oyentes se nos morían aunque no quisiéramos, y necesitábamos hacer una radio nueva para veinte años de vida por lo menos. Dándole vueltas a la cabeza, Tomás vio claro que esa persona era Iñaki, y yo estaba de acuerdo con él."

Iñaki cita a Mariano de la Banda con afecto de alumno: "Mariano ha sido una persona clave en mi evolución en la radio. Fue mi realizador hasta que se jubiló. Él había sido un destacado locutor de la casa, y aceptó por encargo de Tomás Martín Blanco dejar el micrófono y ayudarme en esta peregrinación. Yo se lo tendré siempre que agradecer; no es fácil renunciar a tu vocación y ponerte a trabajar para que otro brille. Su contribución fue decisiva en tareas tan esenciales como elegir los temas y los discos y ver los tonos que yo tenía que poner para cada música y para cada asunto... Él me corregía cuando yo decidía que había que abordar determinadas cuestiones y no le parecía acertado. Me decía, pero Iñaki, tal vez mañana convendría que a esa hora metamos esto otro. Porque no se le ocultaba que yo tenía entonces una tendencia excesiva a la densidad. Por otra parte, era un tío con cabeza, muy respetable, con un dominio absoluto de la radio. Y con una discreción para estar en ese segundo o tercer puesto, a la sombra, haciéndote recomendaciones al oído, cambiando impresiones, ayudándote a crecer. Él sabe mejor que nadie cómo fue mi cambio, cómo pasé de aquel hieratismo a como soy hoy. Y siempre he sabido que fue gracias a él y que sin él pues probablemente no hubiera sido nunca igual".

Triángulo con Castaño y Prat

Ese nuevo programa, que se emitía de nueve a doce de la mañana —duró dos años en antena desde finales de 1983— se llamó *Onda Media, aquí la SER*, porque acababa de aparecer Antena 3 haciendo radio convencional en FM. Los mentores del nuevo espacio concibieron un trío de presentadores como antídoto de Luis del Olmo, y así Iñaki contó para esta nueva aventura con el auxilio de dos grandes animadores de la casa: Joaquín Prat y Pepe Domingo Castaño. Este último sitúa en ese programa "el comienzo de la radio todoterreno de Iñaki" y confiesa que en aquella insólita coalición de presentadores, Joaquín Prat era el que tenía más difícil convivencia con Iñaki, "porque Joaquín era un fenómeno de la radio, un hombre desorganizado por definición, y acaso yo, que tenía lo anárquico de él, era un pelín más serio; luego se vio que a ninguno de los dos nos necesitaba Iñaki, que tenía vuelo propio".

La elección de Iñaki Gabilondo como el hombre del futuro de las mañanas en la radio no era descabellada, a la luz de los actuales resultados pero, como recuerda Mariano de la Banda, en aquel momento, 1983, era una apuesta no exenta de riesgos y contraindicaciones. Iñaki tenía en su haber una amplia popularidad, fruto de su paso por TVE, y un gran prestigio como periodista y conductor de información política, cimentado en *Hora 25* y aquellos telediarios indóciles de enorme audiencia, pero era todavía una incógnita saber si, además, poseía la permeabilidad propia de los grandes animadores, en un programa como aquél donde no faltarían los concursos y regocijos que jalean por definición la radio de las mañanas. Eso hizo que el salto se diera con red, y le pusieran al lado dos lujos de la casa, con el inconveniente de que cada uno de los tres poseía una fuerte personalidad profesional, que hacía incierto el experimento del triángulo. "Aquello necesitaba un centrocampista, que repartiera balones y limara asperezas, y me tocó a mí", cuenta De la Banda que pronto empezó a adelgazar y a criar ojeras por la tensión y el exceso de trabajo, ya que él presentaba, a su vez, *El Club de la Tarde*, de tres a seis, hasta que sacrificó el micrófono para siempre, con el fin de poder dedicarse de lleno al lanzamiento de Iñaki desde la realización y coordinación de su programa. De la Banda había recibido el premio Ondas al mejor locutor en 1974.

Onda Media, aquí la SER, el antecedente inmediato del actual programa de máxima audiencia de la radio española, *Hoy por hoy*, fue la forma precavida que tuvo la cadena SER de llevar a cabo la transición de la radio de ayer a la radio de mañana, oponiendo a Luis del Olmo un cóctel de estrellas, algo que el propio Iñaki Gabilondo admite que era un experimento lleno de incertidumbres:

"Todavía en ese momento no se atreve la SER a dar el paso de decirme, haz tú solo un programa que compita con Luis del Olmo. Con *Onda Media, aquí la SER* se quiso, de paso, dar respuesta a Antena 3, que insistía con su campaña de penetración en que era una auténtica radio convencional en frecuencia modulada. Fue la primera operación seria para ocupar la mañana en cadena. Y se nos puso a los tres, de los cuales el extraño era yo. Yo no era Luis del Olmo, sino un periodista que era locutor, y me acuerdo de muchas preocupaciones en el seno del Comité de cadena de la SER y entre los socios de la empresa, que provenían de quienes se preguntaban cómo un tío como yo, tan serio, iba a hacer las mañanas. Yo venía de presentar los telediarios y de ser director de Informativos de TVE, por lo que tenía fama de ser un hombre sin corazón, frío. Es curioso cómo los programas marcan la fisonomía del presentador. Cuando después hice en televisión *En familia*, un programa social, pasé a ser un hombre muy blando, muy dulce, y algunos me llamaban Teresa de Calcuta. Por eso, en quella época, en la SER, había gente que decía, Iñaki es un tío muy conocido y nos viene bien, pero es demasiado serio, es un tío seco... El equipo empezó funcionando bien, aunque pronto hubo dificultades. Sobre todo, con Joaquín, que estaba acostumbrado a ser siempre el conductor y en ese caso era yo. Ellos intervenían cuando yo les decía y reconozco que había un cierto disloque, porque yo todavía no había hecho el recorrido que luego he cubierto y que me ha permitido tener una mirada más esponjada. Entonces, era más agudo el contraste entre Joaquín, cuyo mundo era el concurso, y yo. Por ejemplo, hoy me erizo al pensarlo, el primer programa de *Onda Media, aquí la SER* fue sobre los sefarditas, un tema de historia, y hoy yo sé que las cosas tienen que manejarse de una manera más dúctil. ¡El pepinazo que era Joaquín Prat y los sefarditas! Porque Pepe Domingo cuadraba mejor. Teníamos un reparto de sonidos, queríamos que la antena sonara un poco a Prat, un poco a Pepe y un poco a mí. Hubo armonía en lo personal, ellos no se cuestionaban la dirección del programa. Pero vimos que la fórmula tenía un tiempo de caducidad, y al final me quedé solo."

La fe de Martín Blanco

Durante un paréntesis de tiempo, a finales de 1985, dirigió *Matinal SER*, informativo que se emitía de siete a nueve de la mañana, y *Pido la palabra*, que introdujo la novedad telefónica del "Sermómetro".

En ese momento, al cabo de dos años de salir al aire *Onda Media, aquí la SER*, Martín Blanco llamó a Iñaki y, por fin, le hizo el encargo de escalar solo la mañana con un nuevo y definitivo programa concebido, dirigido y presentado por él. Año 1986. La SER vivía su *perestroika*, ya con el grupo PRISA como nuevo accionista mayoritario.

"El mensaje era, intenta que lo de Luis del Olmo no sea un paseo militar. No se trataba de ganar. Se trataba de que cuando entonces se decía la cadena de la mañana se estaba hablando de Luis del Olmo, y la SER no podía permitir que no se le tuviera en cuenta. Mi objetivo era ése: incluir a la cadena SER como referencia. Todavía entonces subsistían dudas en alguna gente de la SER sobre mi capacidad de adaptación a una radio de animación. No había pruebas de ello, dado que en *Onda Media, aquí la SER* yo no tuve que hacer grandes ejercicios de ductilidad, pues Joaquín y Pepe Domingo se ocupaban de esa vertiente. Yo seguía yendo en una línea seria. Y cuando dijeron que yo lo iba a hacer todo, pues algunos pensaron que haría un programa informativo toda la mañana. Yo sé que sembraba dudas y que la apuesta más firme por mí la hizo —no estuve en la reunión— Tomás Martín Blanco, tan seguro como que me lo contaron."

A Tomás Martín Blanco lo había llamado en su día Antonio Garrigues, que era presidente de la SER —la cúpula de la casa, cuando llegó PRISA, constaba de liberales (los Garrigues), socialistas (los Varela) y centristas (los Fontán); estos últimos eran los que dirigían—, para encomendarle reconducir la radio hacia la transición. Cada vez le cuesta más hablar de aquel periodo, según comenta, porque siente que malinterpretan sus palabras. Respecto al hallazgo de Iñaki explica por qué fijó la mirada en él: "Eran momentos claros de transformación de la sociedad y había que hacer un gran magacín. En las estructuras de la SER existía una dura resistencia a que un programa de esas características fuera presentado por un periodista y no por un locutor estándar. Entonces, yo aposté por Iñaki sin dudarlo, porque reunía las condiciones idóneas desde cualquier punto de vista, y porque ya había demostrado que tenía una solidez profesional. A mí Iñaki, desde que lo conozco, no sólo me ha parecido un periodista, sino un humanista, alguien a quien le interesa la sociedad profundamente, que ama la música y se comunica con los niños. Tenía el perfil de la moderna radio". En esta década de derribos, Iñaki tiró abajo su muro particular en la radio.

El realizador histórico de *Hoy por hoy*, Mariano de la Banda, señala que creer que las mañanas de Iñaki Gabilondo estaban llamadas a triunfar podía tener detractores, pero no era ninguna quimera para algunas personas muy concretas en la SER con años de radio a las espaldas. Él era uno de esos convencidos. "Sí, sí, yo veía el sueño hecho realidad. Recuerdo que tenía discusiones con pequeñas agencias publicitarias, que en cuanto empezamos a meter a las 8.30 o a las nueve de la mañana a algún ministro, pues me venían a desinflar: A ver si esto no funciona, me decían. Esto será número uno de audiencia, porque lo veo, les soltaba yo, y pronto me dio la razón el hecho de que entrara El Corte Inglés, porque cuando El Corte Inglés apuesta por un programa es que ha pulsado las preferencias de muchas amas de casa en todas sus tiendas de España. El Corte Inglés me dio la pista de que estábamos en el camino acertado." Después, Iñaki ha merecido la confianza de grandes patrocinadores fijos: junto con El Corte Inglés, la ONCE, Coca Cola, Renfe, Telefónica y los principales bancos del país.

Hoy por hoy comenzó su andadura el 22 de septiembre de 1986. El primer día el programa conectó con distintas maternidades de hospitales del país para hablar con los padres de recién nacidos. En Zaragoza una mujer dio a luz a los mellizos Carlos y María Elena que, cuando el programa cumplió una década, intervinieron con sus diez añitos de edad para conmemorar aquel parto radiofónico que se produjo el día que ellos vinieron al mundo. *Hoy por hoy* es, en cualquier rincón de España, una criatura de doce años, que estudia primer curso de Enseñanza Secundaria Obligatoria (ESO). Si bien todo este tiempo se lo ha pasado a esas horas en la escuela, la generación de *Hoy por hoy*, que no ha podido seguir enteramente la evolución del programa, está cada vez más cerca de incorporarse a su audiencia de un modo formal.

Luis del Olmo: animación e información

Luis del Olmo tenía un mérito por encima de todos, el de ser un locutor heredero de la vieja escuela de radio de animación que, sin embargo, se adelantaba a su tiempo con las adaptaciones necesarias. En su programa incorporaba a la radio ligera de las mañanas temas e invitados de carácter social y político. Iñaki destaca la evolución que ha tenido que hacer desde la pura animación al periodismo de actualidad este profesional que acaba de cumplir veinticinco años al frente de una fórmula denominada *Protagonistas*. (En el programa del aniversario realizado en octubre desde el Círculo de Bellas Artes de Madrid, Iñaki le dirigió una carta al decano locutor en la que le situó en el podio de la radio española, junto a Deglané y Calderón.) Recuerda que él, por su parte, se vio obligado a hacer el mismo viaje en sentido inverso:

"Yo soy un periodista que aprendió a navegar, como Dios me dio a entender, por las aguas de la animación, y él es un animador que aprendió a navegar por las aguas de la información. A cada cual le asiste una mayor potencia en determinados registros. Él, en los terrenos directamente más informativos tiene una menor aclimatación, y yo me siento más en mi pellejo en ese ámbito. Él construye un *show* radiofónico sin pestañear. Yo, en casos de máxima dificultad, me tengo que poner a recordar ingredientes de animación, porque me salen con mucha menor fluidez. Eso es lo que nos separa. Y lo que nos une es haber sido el único caso en España —salvo lo que decida hacer en el futuro Carlos Herrera y lo que podía haber hecho Antonio Herrero, que nos ha dejado, y en su caso pueda hacer Luis Herrero—, en Europa y yo creo que en el mundo, de una misma persona que abandera dos espacios, dos tiempos de radio en uno solo, el tramo informativo y el posterior tramo de magacín. En todas partes eso lo hacen dos presentadores y no uno. Los matices a este respecto son que el tramo informativo de Luis del Olmo tiene un toque más *magacinero*, y el tiempo de magacín que hago yo siempre tiene un toque más informativo. Hay, sobre todo, una propuesta de partida que yo creo que es lo que más nos diferencia. Luis dice, señoras, señores, les invito a un espectáculo, se levanta el telón. Yo más bien propongo un encuentro con la vida, un paseo juntos para compartir la jornada."

Augura que, pasado un cierto tiempo, los programas estrellas de la mañana recuperarán su silueta natural y cada parcela, la informativa y la de animación, irá por su lado, "estando Luis y yo en activo, o cuando nos marchemos". Y espera que ese reajuste ocurra en beneficio del periodismo y de la radio, "porque algo de la solvencia que la información exige se arriesga cuando se empieza a tener que imitar a los animadores y algo de la animación se adultera cuando el esfuerzo se hace en sentido contrario". Iñaki recuerda el trabajo que le costó aprender los trucos de la animación:

"¿Saben la dificultad que entraña aprender a reírte ante el micrófono? Y cómo responder cuándo llegaba alguien y te decía, hola, buenos días, ¡cómo me gusta su programa!, y te ponías colorado sin saber qué hacer. Yo sé bien lo que tardé en poder colocarme delante del micrófono despreocupadamente hasta poder contar un chiste. Acostumbrado también a tener una precisión terminológica exacta —porque no es lo mismo un proyecto de ley que una proposición no de ley—, tuve que aprender a hablar un poco *a la pata la llana* en el tramo de más conversación que información, ese tiempo distendido en que nos ponemos a decir cómo nos gusta colocar las flores en casa, lo bonito que es pasear en las tardes... Eso requiere un lenguaje determinado y no se aprende a hacerlo por un micrófono de la noche a la mañana. Javier González Ferrari, al que ficharon cuando Luis del Olmo se fue de la COPE a Onda Cero y estuvo una temporada haciendo este mismo tipo de radio, me contaba sus dolores de cabeza para cambiar el *chip* de periodista por el de animador. Y yo le decía, tienes que coger el *chip* y hacer *clack*. Pero tampoco puedes hacer del todo *clack*, porque al día siguiente, en tu primer tramo de la mañana, que es estrictamente informativo, vas a volver a necesitar ser el primero en el proyecto de ley o no de ley.

"Yo sé cuál es mi dificultad, pero por suerte es más fácil de solventar, porque consiste en progresar hacia la despreocupación, y tardas algo en relajarte; una vez que aprendes a hacerlo, lo consigues en un instante. Pero el camino contrario está más lleno de obstáculos, por eso no ceso de poner como ejemplo a Luis del Olmo. Y sé que cuando digo esto hay quien viene y me pregunta si es que tenemos una especial relación de amistad. Y digo que no la tenemos exactamente, que lo que yo tengo hacia Luis es un inmenso respeto, porque yo me paso un montón de horas al micrófono, y nadie mejor que yo es capaz de entender lo difícil que es estar donde está él desde hace tanto tiempo, y de haber hecho la transformación que ha tenido que hacer para salir adelante en este oficio."

Cinco años atrás, el día que Luis del Olmo cumplió veinte de *Protagonistas*, Iñaki, que hacía un programa en televisión, lo invitó, "y vino, y aquella entrevista causó una gran sorpresa. TVE estaba en ese momento muy mal con él, y me tuve que poner muy serio para que aquella entrevista no se frustrara. Me decían, 'pero si es tu rival', y yo sólo respondía que nadie sabe lo que significa que un programa de radio alcance dos décadas de edad, sino el que se pone delante de un micrófono. Y les eché por tierra toda aquella atónita interpretación. Me preguntan, '¿es que son amigos?' y digo la verdad: él vive en Barcelona y yo en Madrid, pertenecemos a mundos diferentes, tenemos amistades y posiciones en muchos aspectos distintas, prácticamente no tenemos nada en común, salvo una cosa, que hacemos todos los días un programa que dura un *huevo* de horas. Y eso une una barbaridad."

Hoy confiesa que cuando le propusieron formalmente dirigir el rumbo de las mañanas de la SER, "tenía muy clara la fórmula del programa y no tan clara mi capacidad para hacerlo". Arrastraba obsesiones que tenían más que ver con el periodismo que con el mundo radiofónico del espectáculo; era, por definición, un maniático del lenguaje, del *dardo en la palabra;* del rigor, de la precisión. Venía de manejar material sensible: información. Y le llamaban ahora para hacer una pirueta en el aire.

"Te dicen, voy a explicarte cómo se hace una pirueta en el aire, y ahora ponte a hacerla, y no la sabes hacer. Yo sabía que la SER venía de una radio eminentemente animadora, eso estaba en su historia, y que yo le había aportado desde mi incorporación a Radio Madrid una vertiente informativa que venía dictada por las necesidades inherentes a la radio de la democracia que teníamos que hacer. Y sabía que mi siguiente reto, al que ahora me convocaba la empresa, consistía en beber en aquella tradición y en esta novedad para producir un formato de radio con futuro en la franja horaria más débil de la SER, que era la mañana. Yo había visto cambiar el país, porque miraba a la calle, y cuando te acostumbras a mirar a tu país en la calle te es más fácil saber la radio que hay que hacer, porque la radio, como vengo diciendo, no se elabora en un despacho, sino abriendo las ventanas y mirando a la calle, a la vida, al país. Los diferentes ensayos anteriores nos habían revelado que el oyente estaba modificándose, como lo está ahora de nuevo en España. Todo el problema era cómo conservar la frescura de la mañana, dándole más verdad; cómo hacer que la mañana, que es tiempo de radio para oír, fuera admitiendo una serie de contenidos más propios de un tipo de radio para escuchar. No son la misma cosa. La radio para oír es la segunda voz, y ella necesita un sonido, una estética, un cromatismo, un ritmo, una variedad muy particulares, que hay que saber manejar. Radio para escuchar es once menos cuarto de la noche; el que la escucha está sentado y el que la hace puede permitirse determinados lujos al administrar el tiempo, los tonos, los recorridos argumentales, los silencios... Nada de eso se lo puede permitir la radio de oír, que está obligada a colorearse, a mantener picos, a hacer juegos de ritmos y tonos muy sutiles. Yo sabía, por tanto, que la radio de mañana es de oír y la de noche, de escuchar. Y tenía por desafío llevar a la mañana contenidos que fueran aportadores, no digo trascendentes, y con nobleza, que no fueran basura, que no fueran pura castañuela, y que tuvieran el envase y la frescura de la radio mañanera de siempre."

La duda oficial

Tomás Martín Blanco, que antes de ser director de programas de la SER, había sido un importante locutor de la casa —el creador de *El gran musical* en los años sesenta, premio Ondas en 1962 y presentador de *Matinal SER* cuando aún no habían alumbrado las libertades en la radio—, habló largo y tendido en aquellos días con Iñaki para ayudarle a hacer esa transformación del periodista riguroso al *showman* ilustrado que demandaba la radio futura. Gabilondo tenía para entonces en su haber una gran flexibilidad en los gustos por las cosas, ninguna resistencia intelectual para cualquier tema de conversación. Esa es buena virtud para ser un buen comunicador, pues no hay defecto que cante más en un periodista que sentir que se le caen los anillos cuando habla de algo que menosprecia. Cuenta Iñaki lo que leyó en un estudio de la BBC: "Periodista, recuerda que tu más importante información puede ser menos importante que el último disco de Los Beatles". En su largo recorrido como director de emisoras había intentado siempre hacer proselitismo para acabar con las aristocracias periodísticas: los de deportes, los de informativos, los de musicales..., ninguno es mejor, todos son iguales, o sea periodistas. No hay temas mayores, ni temas menores, sino temas: entrevistar al presidente del Gobierno o al bombero que salvó la vida de un niño, a Severo Ochoa o Ana Belén... "Yo tengo la suerte de que me encanta la política y la música y los libros y la decoración y la moda y los niños y la cocina de Juan Mari Arzak. Y es una actitud vital, no periodística, porque a mí me gusta vivir, oler y sentir. Yo no bostezo cuando me cuentan el tipo de peinado que se llevará la próxima temporada. No tengo ningún reparo temático. Saber cómo se hace una tortilla de patatas con cebolla o sin cebolla me parece un tema estupendo. Y si luego abordamos la crisis asiática, pues también. No es ninguna pose." Tener una mirada abierta es sólo una ventaja. También tenía —naturalmente— dudas.

"Todas las dudas del mundo me asaltaban. Yo sé cómo quiero que suene eso, pero ¿soy yo capaz de que eso suene así? ¿Cómo manejaré la conversación con una señora que llame por teléfono? ¿O la entrevista con una cantante? ¿Cómo haré cuando unos tíos tengan que contar chistes? ¿Cómo compondré el mosaico de cosas que yo sé que componen el retrato robot de un programa ideal de mañana, para decir, así es como suena la vida? Porque a la vida que suena en la radio en este momento le falta la realidad, pero sólo la realidad no basta. ¿Sabré?... Sabía que la radio no puede ser una señora con barba, ni una frivolidad. Pero, ¿seré demasiado serio? La colocación ante el micrófono, la colocación de la cabeza ante la audiencia, la colocación del tono, si elevas la voz te parece que estás chillando, si te ríes te parece que unos guardias van a entrar y te van a detener.... Ésa no sólo era mi duda. Era oficialmente la duda en toda la cadena SER."

Una vez que *Hoy por hoy* comenzó a salir en antena se fueron desvaneciendo todas aquellas dudas y otras nuevas vinieron a sustituirlas. Dice una y otra vez Iñaki Gabilondo que no renuncia a dudar como actitud personal ante la vida. Instalado en la duda, al fin y al cabo, es el que más cotiza en la bolsa de la audiencia. La duda no le da la espalda. Y ha de haber un aliado necesario, que es el tiempo. "Tuve, como en tantas ocasiones, la complicidad de la propia empresa, que me dio tiempo para hacer la radio que yo quería. Si la SER me da ocho meses, que es ahora el tiempo que la radio da, yo no habría madurado como alternativa."

Durante la realización de este libro, se produjo un encuentro inesperado entre Mariano de la Banda e Iñaki Gabilondo. Cuando su antiguo realizador entró en el control del estudio, Iñaki estaba soltando en antena en ese momento una expresión coloquial: "¡tururú!". Y De la Banda hizo este comentario: "Quien lo hubiera conocido hace quince años no lo creería".

u otro soporte ofrece contenidos informativos tradicionales. Manolo Martín Ferrand, que siempre ha sido un hombre muy inteligente, vio que aquella asociación de ideas no tenía ni pies ni cabeza. Pero cuando Antena 3 nació anunciando que iba a ser una radio convencional, a muchos nos extrañó bastante, y nos pareció que era una especie de contrasentido. Y frente a tales creencias, tuvo un éxito fenomenal. En Cataluña, las frecuencias moduladas llenaron todo el espectro radioeléctrico. Radio Barcelona, de la cadena SER, que es la emisora decana de la radiodifusión española, se dio cuenta, de pronto, de que había vivido un corto tiempo de distracción en la onda media y cuando volvió la cabeza se vio colocada en una calle por la que no pasaba nadie. Lo que decíamos nosotros era que la onda media es una calle, y en ese momento la gente allí pasaba por otra calle. Tú tienes una tienda estupenda, pero en una calle por la que ya no transita nadie. Ese fenómeno se produjo a una gran velocidad, con la salida de Antena 3 y con el estallido de un montón de emisoras en esa misma frecuencia, sobre todo en Cataluña, porque en Madrid ese fenómeno no se registró con la misma celeridad. Ahora bien, era incierto el declive de la OM. Así como ella erró al considerar que la FM era una calle exclusivamente musical, algunos de la frecuencia modulada llegaron a decir que la OM era una vía estrecha condenada a un sólo tráfico: la antigua radio, para poner novelas, seriales y toda aquella herencia del pasado. Y eso tampoco pareció ser verdad. Son, en definitiva, soportes diferentes. Y a mí me trae sin cuidado cuál vaya a ser el futuro técnico de la radio, si digital, si lo que sea, porque una cosa aprendí con Antena 3, y es que los soportes mejoran la calidad de transmisión, pero no alteran esencialmente la naturaleza de la comunicación, cuyos enigmas van a estar al margen de esas vicisitudes."

Fue, precisamente, el nacimiento de esta cadena, como antes se dijo, lo que activó indirectamente el retorno de Iñaki a la SER. Antena 3 le hizo una oferta económica sustanciosa que comprendía no sólo la radio sino también su brazo televisivo, dado que entonces eran apéndices de un mismo cuerpo empresarial. ¡Qué distinta, cabe imaginar, hubiera sido la historia de la radio española de estas dos últimas décadas de haber aceptado Iñaki Gabilondo meterse en la boca del lobo!

"Antena 3 nació muy manifiestamente contra la SER. Incluso, su campaña de promoción se basaba en consignas del tipo, 'Antena 3, la radio comercial bien hecha'. Estaba señalando en todo momento, que había una radio comercial que era la SER, y que estaba, a su juicio, mal hecha. No se vendía, en cambio, como: 'la radio comercial moderna', o 'la radio comercial de hoy', en cuyo caso la SER habría quedado como la radio del pasado y ellos, como lo nuevo. No, remarcaban lo de 'bien hecha'. Tuvieron desde el principio aquella fijación. Y eso molestó mucho aquí. Pero, históricamente, hay que rendir tributo a lo que supuso de hallazgo revolucionario desde el punto de vista técnico, que derribó muchos esquemas, y en segundo lugar, habría que subrayar que produjo el fenómeno de Antonio Herrero. Porque el de García ya lo traía de la SER. Antena 3 disfruta enseguida, nada más irrumpir, de la notoriedad que le garantiza García, pero pronto alumbra el impacto de Herrero. Y entonces, desde ese campo de operaciones se va creando un cuerpo teórico que los que trabajaban en Antena 3 explicaban como la radio de la libertad. Y yo por ahí no entro. Es evidente, que aquel equipo asoma como monopolizador de la libertad, como el único ámbito de la libertad, y en realidad era una alternativa ideológica en combate. Se convierte en la primera radio que asume una determinada silueta política. La SER no tenía ese tipo de perfiles, porque la radio siempre fue otra cosa. Una cosa con acentos aquí y allá, en este programa más, en este otro menos, esta emisora de tal corte y aquella otra, de otro tono... No es que no tuviera ideología, que sí que la tenía, pero la radio se hacía para toda España, no sólo para un sector ideológico concreto, no tenía esa mirada sesgada."

EL FENÓMENO GARCÍA

La radio, se queja Iñaki, era como una película para todos los públicos y cuando llega Antena 3 le pone rombos. Del despegue de la nueva cadena, que amenazaba el liderazgo de la audiencia de su más directa rival, dice que lo que más le desagradaba era que alardeara de ser portadora universal de la verdad. "A mí ya se sabe cómo me pone que alguien me venga diciendo que es muy sincero y todo eso. Lo mismo me pasa cuando una emisora me dice que cuenta la verdad." La verdad como mercancía fue la comida rápida de aquella nueva radio que generó un masivo consumo y una evidente adicción en el caso del deporte a través del llamado *fenómeno García*, que no necesitaba una voz necesariamente radiofónica para la puesta en escena.

"El fenómeno García lo conozco desde que nació, porque estuvo muchos años en la SER y era compañero mío. Fue menos sorprendente su estallido que su duración. En su origen conectó mucho con una demanda de catarsis general de la sociedad española, cuando, de repente, se empezaron a romper los tabúes y se comenzó a hablar, en la misma línea que explotó el fenómeno de la información política y los ciudadanos se extasiaron con las voces del exilio y la libertad de informar. En el caso del deporte es el triunfo de un solo hombre, y en el caso de la información política, el triunfo de unos nuevos productos informativos mastodónticos, que aún son muy largos respecto a otros países europeos, porque seguimos siendo herederos de aquella ansiedad de información; la radio sigue obsesionada con la política. En la información política no se dio un fenómeno tan personalizado como en el deporte. En este último campo, se creó un consumismo compulsivo de verdades tras verdades en torno a un gran sacerdote, que fue José María García. En el *Hora 25* inicial de Martín Ferrand, los deportes con García duraban diez minutos y él mismo fue abigarrando y dilatando el tiempo cada noche, porque iba agrandando su clientela."

Iñaki valora la capacidad de trabajo de José María García, pero le hace el mismo reproche de entonces:

"Yo le decía muchas veces a José María García, qué necesidad tienes de emplear ese lenguaje que roza el límite. Nunca lo entendí. Porque la gente que se cree que García es sólo un tío de lenguaje extremo, un bocazas, se equivoca. José María García es un tío de documentación extrema, de preparación extrema, de investigación extrema y de lenguaje extremo. Por eso le decía, si tú fueras un jeta, un tío que no da más y se pone delante del micrófono a decir lo primero que se le ocurre, yo entendería que llamaras a Porta como te diera la gana, porque si no no te escucha ni Dios, pero eres un tío que documentas tan gloriosamente la información que aunque hablaras como un *gentleman*, aunque lo dijeras susurrando ibas a romper. A mí me chocaba, porque yo estaba criado en la escuela radiofónica de Vicente Marco, que era un lord de la información deportiva. Yo se lo decía todos los días setenta veces, pero García no entró nunca por ahí y se atrincheró en un lenguaje que todavía me resulta inexplicable en su caso."

También ocurrió algo que entonces le pareció "clave". Cuando los primeros efectos del fenómeno García se hicieron notar y comenzó a percibirse que estaba rompiendo moldes, Iñaki tuvo la intuición de que se iba a morir la información deportiva convencional. "Y aquello me dio un poco de miedo." Hubo una reunión de la SER en la que sugirió que el programa de José María García fuera situado en un lugar especial de la programación, donde se anunciara como el moderno espectáculo del comunicador de impacto, cuyo *show* versaba sobre deportes, dejando a un lado, y a buen recaudo, todo lo demás que representaba la tradicional y necesaria información deportiva, la de toda la vida. La SER podría seguir informando como Vicente Marco —primer director de *Carrusel deportivo*— y, además, tenía la suerte de disponer de un gran *showman*, que montaba cada noche el follón...

"Dije que, de lo contrario, el modelo García se acabaría apoderando de todo el mundo radiofónico del deporte, incluida la secular información deportiva. Que fue lo que pasó. La Redacción de Deportes fue deglutida por el fenómeno García, en la SER y en la práctica totalidad de emisoras de radio de España. Los jóvenes periodistas quedaron inmediatamente deslumbrados por el fenómeno. Yo quería que intentáramos por todos los medios que perdurara el estilo de Vicente Marco. Pero no lo conseguí. Ésa fue una frustración. Y no soy yo de los que hacen simplificaciones respecto al fenómeno García, porque mi único reparo era ése, su lenguaje chocaba con el mío, y además, en mi opinión, ante la gente de más pulida mentalidad, podía desacreditar todo el esfuerzo profesional que empleara. No sé qué habría pasado si a García en aquellos inicios se le hubiera ocurrido aceptar mi observación, que me consta de sus capacidades expresivas para ello, pero intuyo que hubiera tenido suficiente éxito como para que lo suyo siguiera siendo un éxito, y un éxito sin elementos chirriantes que la radio le hubiera sabido agradecer."

Solución De la Morena

El fenómeno García, que nació en la SER, pasó a convertirse en una pesadilla para esta cadena. El día que José María García rompió con la SER por diferencias con el director general, Eugenio Fontán, se convirtió en un francotirador de élite de su antigua casa tanto desde Antena 3 Radio como, posteriormente, desde la COPE, y desde la diáspora consiguió alargar su liderazgo en la audiencia hasta hacer creer que le pertenecía para siempre. Sin embargo, la SER dio, al fin, con la "fórmula De la Morena" y volvió a reinar en ese género de espectáculo radiofónico, como Iñaki define los programas de deportes en la radio nocturna.

"Lo de José Ramón de la Morena es la alternativa de la paciencia. Tras muchas intentonas fallidas, José Ramón consigue el éxito con perseverancia y termina erigiéndose en la gran alternativa que derrota a García. La SER había hecho una larga travesía llena de desconciertos, desde aquel día en que se marchó García, y hasta hubo un momento en que se pensó que el deporte ya tenía su público acomodado al citado fenómeno y que había que hacer otras cosas por la noche. Van pasando sucesivas etapas hasta que se piensa en la 'solución De la Morena', y ha triunfado como buena. El acierto de *El Larguero* tiene una dimensión histórica, porque corrige una tendencia que parecía definitiva: García se había logrado apoderar clamorosamente de la noche durante bastante tiempo. Por suerte, la SER ha dado con la respuesta en un hombre como José Ramón, que es otro comunicador que le echa horas al trabajo y ha consolidado un mercado que parecía tener un solo dueño.

"José Ramón trae con él muchas cosas positivas. En primer lugar, el concepto de un programa hecho en equipo, en el que él es un solista muy brillante y no un edificio singular como en el caso de García. *El Larguero* es un coro con un gran solista. Después, yo destaco en José Ramón su manera desdramatizada de aproximarse al deporte. El programa no es el lugar donde nos jugamos la patria, la vida y la muerte; es un lugar para el ocio. El tono jovial, despreocupado, cachondo, irónico que posee *El Larguero* es el mismo con el que nos acercamos en la vida cotidiana al deporte y al ocio en general. Y ése es un hallazgo a tener en cuenta, porque equivale a vivir la radio en el clima auténtico de un día de fiesta. Los momentos en que *El Larguero* experimentó cierta dramatización fue claramente como consecuencia de la durísima competencia entablada, pero la tendencia natural del programa es ir de excursión y no a la guerra. Finalmente, quiero subrayar que *El Larguero* alcanza una altísima audiencia porque conecta con una nueva generación. Y esto lo convierte en un acontecimiento sociológico, como lo había sido García. *El Larguero* es hoy una referencia de toda una nueva generación, y esos chavales se han incorporado por este camino a la radio. Ha sido una aportación muy valiosa."

CAPÍTULO XII

Cerca de la verdad

La SER ha vivido a lo largo de su historia determinados impulsos que le dieron alientos de audiencia. Cuando la radio era el mundo del espectáculo, nadie discutió la supremacía de esta cadena, y cuando el siguiente paso fue la radio informativa se supo colocar al frente del pelotón, y no titubeó el 23-F para marcar las distancias durante aquella larga noche de transistores. A comienzos de los años ochenta, en plena fiebre de cambios en la política y en el mundo de la comunicación en España, entró en la SER el Grupo PRISA, propietario del periódico *El País*. Para un medio como la radio, más necesitado que nunca de oxígeno informativo, la llegada a la SER del nuevo socio, que se convirtió en 1985 en accionista mayoritario, resultó providencial. PRISA aportaba a la SER su prestigio periodístico y de gestión. La operación, que no estuvo exenta de tensiones entre los viejos y nuevos accionistas, pronto dio sus frutos más visibles en el terreno profesional. El Grupo PRISA encomendó inicialmente el cambio de rumbo a un director general bien visto entre la derecha democrática, Eugenio Galdón, pero muy pronto la nueva empresa entregó todos los poderes a uno de sus hombres de máxima confianza, que había sido uno de los periodistas más significativos de *El País*, Augusto Delkáder.

Iñaki Gabilondo vivió en todos sus matices el tránsito de la radio de Fontán a la nueva etapa y recuerda las dos miradas que se cruzaron entonces en la SER.

"Fue un tiempo de una gran convulsión, y yo, como soy de los pocos que estaban y estoy, tuve la oportunidad de ver ese balanceo hasta que se produjo una recolocación definitiva. El antiguo talante de la SER y el nuevo eran, en principio, contradictorios. Desde el punto de vista de la gestión, la SER anterior era muy paternalista, y la nueva era mucho más moderna y más fría. La artesanía, sustituida por la cibernética, pero unidas en una misma cosa: la radio. Y entonces yo creo que se produjo la curiosa conquista del corazón de PRISA por parte de la SER; fue, a mi juicio, la radio la que conquistó a los nuevos empresarios y no al revés. Y sólo hubo problemas hasta que se enamoraron."

Una vez más comenta que, "por fortuna, la radio enamora pronto" y que hoy Augusto Delkáder, director general de la SER, habla como un novio seducido por la radio cuando él proviene del periodismo escrito —el *Diario de Cádiz* y *El País*—. Y que el director de la cadena, Daniel Gavela, de origen similar, sucumbió a los encantos de la radio nada más conocerla de cerca, "porque la radio cautiva a la primera". Existió un riesgo inherente a todo cambio en la gestión de la empresa, "de quien viene convencido de llegar a un lugar lleno de caspa", pero por suerte se produjo un rápido reconocimiento de los valores históricos de la SER por parte de los nuevos propietarios.

"Yo puse mi parte para que se produjera ese engranaje entre la historia de la SER y el nuevo espíritu, entre la vieja identidad y la que traían los nuevos responsables, y diré que de los días felices que yo he vivido en esta casa subrayo lo que significó para mí empezar a ver que los nuevos no despreciaban lo anterior, que no barrían los valores que heredaban... Yo me fui poniendo muy contento cuando la SER en esta nueva singladura empezó a celebrar efemérides que eran de un tiempo ya pasado y que formaba parte del patrimonio de la empresa. A mí me entusiasma que se rinda homenaje a esa historia, que ahora se celebre, por ejemplo, el

75 aniversario. Porque yo, cuando hablo en la radio por las mañanas, me siento delante del micrófono de Bobby Deglané y de todo el cuadro de actores de Calderón, y de *Hora 25*... Me siento que hablo en la radio que escuchaba de niño con aquellas ganas de vivir en ella algún día, y ahora que ya vivo en la SER me siento obligado con el pasado de la SER y con el futuro de la SER. Me siento obligado a hacer justicia a los que me antecedieron y me arrogo esa especie de obligación moral de pastorear los relevos para que se hagan bien. Yo me siento muy obligado con la radio."

La transformación llegó con PRISA

"Cuando yo llegué aquí como director de los Servicios Informativos y posteriormente ya al frente de la cadena", hace memoria Augusto Delkáder, a quien se debe la gran renovación de la radio de los noventa, "me encontré una programación antigua que había que cambiarla. Había que hacer un tránsito que era difícil y complicado, porque la radio es un medio de comunicación que madura y da resultados al cabo de un tiempo. Por lo tanto, hay que estar muy convencido de lo que se hace. Acometimos esa labor de cambiar los contenidos y reestructuramos la radio completamente, dando entrada a nuevos valores radiofónicos y conformando una programación que básicamente es la que hoy está en antena y ha merecido la confianza mayoritaria de los oyentes. Posteriormente, en 1992, pudimos hacer Unión Radio e integrar las emisoras de Antena 3 para hacer un multiproducto radiofónico, como el que tenemos en la actualidad, contando con líneas de programación musicales que también gozan del éxito de la audiencia.

"Una de las cosas fundamentales que hicimos fue crear la radio de mañana de los fines de semana, con Concha García Campoy, que obtuvo un resultado espléndido. Concha hizo un programa imperecedero. Reestructuramos todos los Servicios Informativos, dotándolos de una mayor personalidad, elaboramos un libro de estilo, hicimos un continuo de *Hora 14*, *Hora 20* y *Hora 25*. Potenciamos la mañana ampliando *Hoy por hoy*, que pasó a incluir el informativo Matinal, y luego fuimos tras la búsqueda de un programa de tarde. Algunas experiencias naufragaron, hasta que ya fraguó el tema con Javier Sardá y *La Ventana*. Lamentablemente, cuando Javier llegó a ser líder, sucumbió a las tentaciones de la televisión, y pasó a ocuparse de ese espacio Gemma Nierga, que lo está haciendo espléndidamente. Gemma es la creadora de un programa que se convirtió en un fenómeno muy curioso: el programa de las madrugadas, *Hablar por hablar*. Este formato primero se experimentó en el circuito catalán y, debido a su éxito, lo trasladamos a la cadena nacional. La otra gran innovación ha sido, qué duda cabe, *El Larguero*. Alfredo Relaño, cuando era jefe de Deportes, hizo esa propuesta y se la apoyé, y José Ramón la ha concebido, desarrollado y ejecutado a la perfección."

El firmamento de la SER

Iñaki cita el nombre de Pepe Domingo Castaño, también coronado con el Ondas, para ilustrar uno de los puntos de inflexión de aquella travesía de la SER de Fontán, Garrigues y Varela a la SER de PRISA, porque hubo un paréntesis de desconcierto en que parecía que la nueva era de la información tenía que acabar matando a los últimos animadores que quedaban en el medio. Iñaki, que por lógica era del bando de la información, recuerda coger entonces prestada la bandera de la radio del espectáculo para decir: "Pepe Domingo Castaño es la primera figura de la animación en antena y cuando convengamos que la radio no es sólo información política sino también animación, porque la radio es comercial, caeremos en la cuenta de que aquí teníamos al mejor." No olvida la paciente espera de Castaño en aquellos tiempos de incertidumbre de la nueva radio que nacía. "Él sobrellevó el silencio con categoría, con señorío y con mucha calma, y aguantó, y un día lo rehabilitaron con todos los honores, y yo me llevé una gran alegría viéndolo triunfar de nuevo." Lamenta, por la misma razón, el día que Joaquín Prat se marchó de la SER, por una errónea malquerencia: "Creía que no lo trataban como una estrella, que lo estaban relegando, 'no me quieren, no me valoran'. Le ofrecieron los fines de semana y pensó que lo degradaban, para luego irse a la COPE y acabar haciendo, precisamente, los fines de semana...". Iñaki considera que "a las estrellas del micrófono hay que darles cariño, porque tienen miedo, y halagarles el ego porque necesitan gustar". Habla de esto con una leve nostalgia, porque lo hace mirando diez años atrás, y con la experiencia personal de mirarse ya a sí mismo como una estrella. "Yo los entendía, porque vivía cerca de ellos y porque yo empezaba a ser un poco de ellos también. Entonces, Pepe resistió aquellos vientos en contra con una gran entereza y Joaquín prefirió irse, y lo lamenté."

El debate sobre el papel de las estrellas ha dominado el mundo de la radio en las dos últimas décadas, coincidiendo con el surgimiento de nuevas emisoras en frecuencia modulada, Antena 3, Onda Cero... El incremento de la oferta y la entrada fulgurante del gran capital dispuesto a comerse el mundo de la radio —mientras se elaboraba este libro, Telefónica negociaba la compra de emisoras de Onda Cero propiedad de la ONCE— han desencadenado un trasvase significativo de locutores carismáticos entre distintas sintonías y, paralelamente, desplazamientos masivos de oyentes de un dial a otro. Luis del Olmo, José María García y Antonio Herrero son ejemplos de este fenómeno migratorio de oyentes en la radio española.

"La polémica respecto a si la SER es partidaria o no de las estrellas creo que conduce a una sola reflexión. Estrellas, siempre, pero estrellas en lugar de estructura o estrellas sobre estructura es un error. Durante años se ha estado diciendo desde la competencia que la SER no tiene ni quiere estrellas. No, lo que ocurre es que hay una teoría, una concepción que ha basado todo el potencial de una cadena en la fuerza de un gran comunicador, lo que, al final, viene a suponer una oquedad, en la que hay unas estrellas que se llevan todo el presupuesto y un grupo de gentes para traerles los cafés. Y luego está el punto de vista de la SER, que yo comparto plenamente, y que parte de una idea distinta: creemos en la fuerza de una estructura profesionalmente organizada, y en que la vendan, si podemos, las mejores estrellas. Éste fue el debate que se suscitó cuando dimos aquel paso de constituir una Redacción de Informativos. Ahí se vio de una manera estrepitosa pues, se decía, para hacer un programa de concurso tenemos a Miguel de los Santos y para hacer los programas informativos, ¿a quién tenemos, a qué estrellas contratamos? Yo decía, no, de la estrella hablaremos más adelante, lo que tenemos que establecer ahora es quién ponemos en Nacional, quién en Local, quién en Economía y a quién mandamos a Internacional y qué agencias y qué corresponsales..., hasta que esta casa tuvo boletines horarios como Dios manda. Y si entonces aquella empresa que gobernaba en la SER carecía de experiencia y tradición informativas, luego cuando llegaron los de PRISA fue al revés, porque traían un *background* riquísimo en información pero eran neófitos en radio, hasta que la radio, en un abrir y cerrar de ojos, se los metió en el bolsillo y los conquistó."

"La hez del periodismo"

De este último periodo histórico destaca la aparición de la llamada *guerra mediática*, con inspiración política y empresarial y ramificaciones en prensa, radio y televisión. Uno de los principales brotes del conflicto fue el enfrentamiento de Antena 3 Radio con la nueva SER.

"Antena 3, por lo que ya dije, nace con vocación de enmendar la plana a la SER, proclamando a los cuatro vientos, éstos se van a enterar de qué es una radio comercial bien hecha. Fue algo que dolió mucho en esta casa. Sumémosle que García se incorpora a esa cadena con resentimientos propios de su ruidosa salida de la SER. Y, finalmente, recordemos que Antena 3 termina apuntando todas sus baterías contra el Grupo PRISA cuando siente que la va a absorber, y cuando luego la absorbe, los líderes de aquella guerra pasan de Antena 3 a la COPE y se dispersan por otros sitios, desde donde no han cesado de cañonearnos a discreción."

Al repasar tales hechos, Iñaki trae a la memoria de ese pasaje de la historia radiofónica el discurso elaborado entonces desde las filas de Antena 3: "Era una constante referencia a que aquél era un sitio donde se respetaba la libertad y éste, la SER, el sitio donde no había libertad. En esa traca apareció Antonio Herrero y, como ya comenté, puse todo el esfuerzo de mi parte para no entrar en aquella guerra". La única vez que respondió fue cuando el desaparecido periodista lo llamó en su programa —que se emitía a la misma hora que el de Iñaki— "la hez del periodismo".

"Él se metía mucho con el Grupo PRISA y tocaba a todo el mundo. Además, yo era el grupo a su hora. Nunca entré en su juego, salvo una mención que hice cuando dijo eso de que yo era 'una mierda y la hez del periodismo'. Entonces, cogí aquella mañana y comenté en antena en mi programa: 'Me han dicho que soy una mierda y la hez del periodismo por la 'famosa' entrevista que le hice al presidente de Banesto Mario Conde en televisión. Solamente quiero decir que yo nunca hice esa entrevista'. Y no dije más. Lamenté siempre que Antonio dijera aquellas cosas tan terribles que decía, porque no tenía ninguna necesidad. Mi decisión de no involucrarme en toda esta guerra mediática abyecta no obedece a ninguna estrategia, sino a mis convicciones periodísticas y personales. Yo creo en el Estado de derecho y si me siento ofendido no me voy al micrófono, me voy a los tribunales. Mi trabajo para la señora que está oyéndome en Écija consiste en explicarle qué nos está pasando como miembros de una sociedad en la que todos tenemos que convivir. Éste es el país del reclamar o del patalear. Yo prefiero reclamar que patalear. Y, desde luego, no confundo el micrófono con el juzgado. Hubo un tiempo en que fue tanta la tensión que mis compañeros me decían, tienes que entrar, y yo les aseguraba, de verdad que no lo vais a conseguir, ayudado por el hecho de que no me importaba lo más mínimo que voces sin autoridad me pusieran de vuelta y media. Tengo la suerte de que estos últimos años tan encarnizados me han cogido mayor, porque acaso con aquellos veintisiete años que una vez tuve, con la pasión furibunda que en el fondo tengo, probablemente no me hubiera contenido. Pero me coge ya cuando, para bien o para mal, tengo unos estilos acomodados, unas rutinas asimiladas y unos códigos y comportamientos muy afianzados, y cuando estoy muy tranquilo respecto a mi significación profesional. No tengo la impresión de que deba estar dando explicaciones o demostrando demasiadas cosas. A mis compañeros les irritaba mucho cada vez que me insultaban. A mí no me suponía ningún disgusto y esa paz conmigo mismo nunca me distrajo de mis responsabilidades ante el micrófono."

Carlos Llamas, director y conductor de *Hora 25*, respondió aquella vez a Herrero —"Todas las mañanas vomita en directo"— en su columna de entonces en *Hoy por hoy*, a raíz, precisamente, de los insultos proferidos por el locutor de la COPE un martes de abril de 1997, cuando llamó "hez" a Gabilondo y a Concha García Campoy y dijo que a Julia Otero "se le caía la baba con el engominado (Mario Conde) tonteando ante las cámaras, que parecía que se lo quería comer".

Periodistas políticos

Cuando empezó la guerra mediática en España, tuvo el mismo calambre que cuando murió Franco: se aferró a la historia, a la que vive aficionado como lector. Entonces recuérdese que dijo para los micrófonos de RNE que el siglo XIX había acabado para este país con el final del dictador. Años después, tuvo la impresión de que aún seguíamos arrastrando secuelas de la centuria pasada y de que íbamos a entrar en el siglo XXI sin despedirnos del anterior. "Lo mal que les ha ido siempre en España a los moderados. Lo difícil que les ha resultado a los moderados no parecer unos gallinas." El drama de este país, a su juicio, es tener que estar permanentemente optando "entre los bárbaros de aquí y los bárbaros de allá". Entre extremistas anduvo siempre la cosa, y entre fanatismos de uno y otro signo se nos va escapando lo que más importa: la vida. A Iñaki le espanta el colapso de ideas que aprecia en los medios de comunicación; en ellos hay una plaga de este final de siglo: periodistas que se confunden con políticos. De este fenómeno le habló una vez el comisario europeo Manuel Marín...

"Él sostiene que se ha dado una especie de viaje mediático, que está convirtiendo a periódicos y emisoras de radio en lo que antes eran los círculos de actuación de las fuerzas políticas, y eso a mí me parece extraordinariamente peligroso. Antes la política se desarrollaba en los partidos y se reflejaba en los medios de comunicación, y ahora se celebra en los medios de comunicación, que están suplantando a los partidos. O sea, que la radio en su estado actual acarrea simplificaciones del grado COPE-PP y oyentes populares, y SER-PSOE y oyentes socialistas. Me parece terrible, absolutamente terrible, porque desaparecen los escenarios de encuentro. Eso es lo que tanto hemos hablado del mitin y la misa; un agrupamiento de fieles en torno a determinado credo político. Eso acaba con el periodismo, con la verdad, con la credibilidad, la solvencia. Este tema es el que más me está preocupando últimamente, porque las sociedades se vertebran a través de unos pocos escenarios. Los partidos son escenarios donde están muy bien establecidas las diferencias, pero la radio es un escenario típicamente de convivencia."

Cuenta que vive en un país acostumbrado a no dejar títere con cabeza, donde la épica del ensañamiento público *vende*, y *no vende* la moderación. Donde venden las malas noticias y las buenas noticias se guardan en el ropero. Aquí retoma su posición ante la verdad. En treinta años de oficio ha podido saber que la independencia es el precio para estar más cerca de la verdad. Ha evitado ser expresamente amigo de políticos. "Yo fui de los creadores del grupo Crónica de periodistas, que hace veinte años nos reuníamos todas las semanas con políticos, hasta que, pasado cierto tiempo, decidí no volver a ir, porque personalmente estimé que la información que obtenía en ese círculo me valía menos que el grado de compromiso que sin querer empezaba a contraer por la vía de la amistad." Guarda, a propósito, una prudencial distancia de los dirigentes políticos, en la que "respeto a todos y creo que todos me respetan, no soy amigo de nadie, pero tampoco de nadie soy enemigo". ¿Amigo de Felipe González?, se preguntará alguien movido por las sospechas de algún detractor. "Los que están enfrente dicen que yo soy amigo de Felipe, pero no creo que Felipe crea que yo soy su amigo. Soy un hombre de su generación y nos conocemos. Yo profeso un evidente aprecio y consideración hacia determinados personajes que como él han jugado un papel fundamental en la historia reciente de España. Lo valoro, reconozco su enorme aportación a la modernización de nuestro país, pero no soy de su cuerda, de su grupo de amigos, de su peña de cenas y reuniones. Soy un ciudadano que es periodista y lo ha entrevistado cien mil veces. Ni tampoco voy haciendo que no lo parezca. Estoy seguro que mis colegas que me conocen bien saben que soy como digo, el enemigo número uno de las filias y las fobias."

La convivencia y la verdad. Si la búsqueda de la verdad exige esfuerzos de alejamiento por parte del comunicador, la convivencia, imprescindible como razón de ser de la comunicación y en particular de la radio, no tiene por qué condicionar la verdad del mensaje. Iñaki desmiente esa pretendida dicotomía: no se trata de elegir entre convivencia o verdad. "¿Por la convivencia mintamos? ¿Por la convivencia vamos a contemporizar? ¿Ocultemos los hechos? No, nadie está diciendo eso. Por la convivencia vamos a contar lo que haya que contar." Su propuesta es conocida: mostrar la realidad en toda su complejidad, huir de las simplificaciones periodísticas, gravemente impelidos por las más modernas tecnologías, y volver a las herramientas clásicas de la información: "Manejemos los cómos, los cuándos..., de acuerdo con los criterios democráticos, porque resulta que también vivimos en un Estado de derecho, en el que los tempos son los tempos propios de la democracia". Por este hilo argumental desembocaremos en los juicios paralelos, que en los últimos años han proliferado tanto entre los medios de comunicación, haciéndonos creer que eran ciertas las cárceles de papel y que las tribunas habían pasado a ser tribunales radiofónicos. "Como consecuencia de la aceleración del tiempo en que nos ha tocado vivir, estamos obligados a una constante reflexión, porque yo he asistido con mis ojos al fallecimiento de la presunción de inocencia y del secreto del sumario y al entierro de muchos principios que considerábamos sagrados en este oficio nuestro de cada día."

LA PALABRA CONTRA LA ESPADA

Los medios de comunicación están obligados, a su juicio, a una autocrítica especial, "porque no han sido elegidos democráticamente y ejercen un poder que es cuestionable. Un poder que en ocasiones les lleva a practicar juicios paralelos, a dictar sentencias precipitadas. Los casos de corrupción son denunciables, pero las condenas las fijan los tribunales. Y no me vale adelantar veredictos por pura lógica de anticipación. Cuando se muere Franco es cuando se muere, ese momento exacto y no otro. Todos sabíamos que se iba a morir, pero no hubiera valido que cinco días antes alguien dijera: Franco se ha muerto. Y que cinco días después viniera diciendo: Yo ya lo dije. No, la noticia se acaba de producir. Lo mismo ocurre con el periodismo de investigación. No nos confundamos, una cosa es tener el buzón abierto y otra el magnífico trabajo, que yo pongo de ejemplo, de los tres compañeros que destaparon el caso Roldán en *Diario 16:* José María Irujo, José Maca y Jesús Mendoza".

Por este motivo, en más de una ocasión, Iñaki ha debatido en público sobre su conocida *posición* en el periodismo español actual:

"Yo tengo, como digo, una posición, como puede haber periodistas que sean militantes de partidos y ser a la vez honrados. Yo no creo que pudiera ser las dos cosas a la vez, pero no excomulgo por ello a los que dicen serlo. Ni tampoco digo que ningún periodista deba considerarse la conciencia con látigo de la sociedad española. Yo creo que no debo serlo, pero me parece muy bien que lo quieran ser otros. Lo que no permito es que me digan a mí cómo debo hacer mi trabajo. Por eso aclaro que mi línea de conducta es el resultado de una posición no sólo profesional, sino vital. Y en ese sentido, opino que el primitivismo es anterior a la moderación. Lo primero que aprende un niño es a gritar, luego empieza, poco a poco, a articular las palabras. Venimos del grito a la articulación, del salvajismo a la moderación. La moderación no es un retroceso, es una aportación, un paso adelante, un nivel superior. Y yo, como soy un hombre de temperamento apasionado, he tenido que aprender la moderación como conquista. Ésta es mi posición intelectual, ideológica, social y profesional. Que nadie confunda mi moderación con cobardía, porque es todo lo contrario: mi manera de enfrentarme a las cosas. Cuando no estoy delante del micrófono, si surge una discusión, procuro colocarme en una posición moderada; ante las vidas de las gentes, hago exactamente lo mismo. Es, repito, una posición, que creo que he podido acreditar profesionalmente. Juego los papeles que creo que tengo que jugar: pego el pisotón cuando creo que tengo que pisar, pero no milito en el pisotón perpetuo. Si insisto en la defensa de mi posición es porque durante años, el legítimo derecho a los distintos tipos de periodismo fue sustituido por un único periodismo llamado independiente y en libertad. Lo que quedaba fuera era pesebrismo, claudicación... Y ahí me ven reivindicando una actitud clásica en el periodismo, que corresponde a la radio convencional, la que se viene haciendo de toda la vida. ¡No sé, por tanto, qué coño hago explicando con tanta vehemencia semejante simpleza!"

El suyo es un periodismo idealista —admite sin reservas— que apuesta por la palabra contra la espada. "Yo soy un idealista y los idealistas, como los moderados, siempre han sido observados con una cierta piedad. Yo creo que el idealismo juega una baza importante en las sociedades. Que los prácticos avanzan ellos solos, y que los idealistas hacen avanzar a la sociedad. Sé que esto hay que decirlo con cuidado, para que no se rían de uno." Dice Iñaki Gabilondo que el director general de la Unesco, Federico Mayor Zaragoza, una de las personas que más admira, es "el idealista número uno del mundo". Con él se reencontró recientemente en París, al recoger junto a Luis del Olmo la medalla de oro que lleva el nombre de Gandhi. En el acto, Iñaki abordó estas mismas ideas.

Ser idealista y tolerante exige también, en su opinión, determinados límites: "Los que se llaman tolerantes y en nombre de la tolerancia permiten que ruede todo, el racismo, el fanatismo..., han de saber que los verdaderos tolerantes han de ser intolerantes con lo intolerable. Y que nadie es sólo un individuo. A los individualistas más recalcitrantes sólo les importa ellos mismos y nada más. Hay que revisar esos conceptos si queremos vivir en un mundo solidario, donde la bandera de la verdad no excluya la convivencia".

LA CENTRAL LECHERA

Frente a los intentos de contaminar la verdad, utiliza un ejemplo gráfico: la central lechera:

"La posición de la que hablo es la que, partiendo de la base de la complejidad del mundo que nos toca contar, me lleva a admitir ante los oyentes que la verdad es compleja, que yo no tengo la culpa de que la verdad sea compleja, que yo no tengo la culpa de que para contar esa cosa tan compleja se necesite una cierta complejidad. Ustedes me van a disculpar si no tengo el culpable a mano todavía; en fin, perdónenme, pero siento no poder decirles en cuatro segundos que hay que echarle una piedra en el ojo a ése, porque el asunto no es tan fácil. A través de mi experiencia he visto claro el problema. A esa gente que te dice que por qué no das más leña, yo le suelo preguntar: '¿Usted a qué se dedica?'. 'No, yo tengo una central lechera.' 'Pues, mire, casualmente, mañana íbamos a hablar en la radio de las centrales lecheras.' 'Ah, pues supongo que lo sabrán contextualizar, lo enmarcarán, no se les ocurrirá...' 'Pero, ¿en qué quedamos? ¿Entonces, leña en este caso, no? Como se aburría usted de tanto circunloquio en torno a este asunto complejo que usted quería que se despachara en unos segundos, pues pensé que...' Ésa es la realidad, que yo he constatado en todos estos años delante de un micrófono. La gente que pide que le den cuero a los demás se vuelve prudente y moderada cuando le toca de cerca, cuando se trata de su gremio, de su central lechera. Cada persona exigirá, siempre que se aluda a su caso, que el periodismo sea como siempre tiene que ser: entonces, los hechos, las verificaciones, la contextualización... Ese clasicismo es el periodismo de siempre, el invariable periodismo que nos obliga al matiz. Es mentira que la gente no quiera ese clasicismo, no quiera tolerancia, mesura... Los mismos periodistas que fabulan sin reserva acomodando la realidad a su discurso, se ponen como chinos cuando les hacen una parodia o les tratan 'sin el debido respeto'. Por lo tanto, estoy seguro de que la sociedad reclama ese tipo de periodismo que yo digo, lo que pasa es que lo suele reclamar de un modo egoísta cuando le afecta personalmente. Pero cuando se está mirando como yo una sociedad en la que no veo más que centrales lecheras por todas partes, pues resulta que la única realidad es ésa: una central lechera."

LAS TERTULIAS

El estallido de las tertulias —la resurrección de un primitivo invento en un medio donde sobre todo se habla— inundó de opinión la radio de los noventa, entreverada en muchos casos de informaciones dirigidas y no siempre bien digeridas por una pléyade de nuevos sabios de la comunicación obligados a saber de todo en las horas de máxima audiencia. La tertulia, en su versión más polemista, triunfó, con sus defectos y virtudes, en un momento de búsqueda de nuevas salidas a la radio en libertad. Pero rápidamente se politizó, dejando apenas resquicio a aspectos elementales de la vida cotidiana que en los orígenes de la radio alimentaban este mismo género, como la cultura, la ciencia o el ocio. La frivolidad, que siempre fue pasto de habladurías, se reservó rápidamente un espacio propio en los programas de éxito, y así el cotilleo del corazón personalizado en indiscretos cronistas mundanos, no necesitó de las tertulias políticamente beligerantes para sobrevivir: hizo las suyas propias. Mientras el arte, la literatura o los avances científicos dormitaban en las horas punta a la espera de alguna oportunidad casi siempre en espacios más selectos (una eufemística manera de llamar a los de más pobre audiencia), la política se adueñó por entero de la tertulia, y ésta pasó, de pronto, a convertirse en la mejor cancha de oposición al poder. Fue una evolución estimulada, sin duda, por circunstancias favorables: el desgaste de la etapa socialista, cuando empezaron a saltar a la luz las secuelas del *rodillo* y los primeros casos de corrupción.

La tertulia política nació en la España democrática y felipista una noche de septiembre de 1984 en la rebotica de *Hora 25* —se llamó *La trastienda*—, inspirada por el entonces director de los Servicios Informativos de la SER, Fernando Ónega y Javier González Ferrari. Este último actuaba de moderador junto con otros periodistas: Pilar Urbano, José Luis Gutiérrez y Ramón Pi —posteriormente, se incorporaron Javier Martínez Reverte, Pedro Calvo Hernando, Lorenzo Contreras y Antxón Sarasqueta—. Según contó el propio Ónega a Chelo Sánchez, autora del libro *Las tertulias de la radio*, la idea se le ocurrió a raíz del plantón que dio un invitado a uno de los encuentros del grupo Crónica de periodistas, lo que provocó ese día espontáneamente un interesante coloquio entre los presentes. *La trastienda* nació con intenciones de airear información confidencial, sin ánimo de incurrir en la descalificación personal, y desapareció al año siguiente de la antena, pese a la buena acogida que le dispensaban los oyentes, no sin antes haber ocasionado algún disgusto informativo al Gobierno. Acaso había sido un producto prematuro, dado que los socialistas acababan de aterrizar en la Moncloa, y a este género radiofónico, como luego se vio, le faltaba todavía su caldo de cultivo natural: los escándalos del poder.

Conversar o discutir sobre uno o varios temas, que fue mucho antes propio de romanos y griegos, es una práctica casi genética del hombre mediterráneo, y enseguida irrumpió en la historia de la radio. Con anterioridad (siglo XIX y comienzos del XX), se adueñó de un espacio físico en cafés muy célebres que le dieron nombre. La tertulia tenía en sus orígenes un carácter vanguardista, progresista y cultural, que exigía comportamientos éticos, en algunos casos tan explícitos como los que establecía Gómez de la Serna en su famoso cenáculo del Café de Pombo, fundado en 1912: "Las horas de Pombo son de amistad y de iniciación literaria. Pie de guerra para evitar tópicos y centro de noticias bien definidas que aclaren a los bandidos... Desdeñamos las habladurías de los momentáneos, que se aprovechan de todo lo nocivo o calumnioso, porque sabemos que lo único importante es lo que digan los duraderos, cuyas palabras son las que se archivan y buscan".

Este tipo de programas regresó con fuerza, tras la interrumpida experiencia de *La trastienda*, ya a raíz de la primera crisis del Gobierno socialista, con *La espuela*, de Alejo García, Ramón Pi y Carlos Dávila, en la COPE (después en cadena Ibérica), y *Protagonistas*, de Luis del Olmo (primero en la COPE y más tarde en Onda Cero). A partir de ese momento empezaron a proliferar tertulias, muchas de ellas hoy desaparecidas: en la COPE (*La linterna*, de Ferrari), Antena 3 Radio (*Viva la tarde*, de Miguel Ángel García Juez, y *Hora cero*, de José Luis Balbín), RNE (*Escrito en el aire*, de Antonio Casado y *Edición de tarde*, de Antonio San José), Onda Cero (*La brújula*, de Manuel Antonio Rico, que hoy conduce Concha García Campoy; *La radio de Julia*, de Julia Otero), y la SER (*Hoy por hoy*, de Iñaki Gabilondo; *La ventana*, de Gemma Nierga, *Hora 25*, de Carlos Llamas, y *A vivir que son dos días*, de Fernando G. Delgado). En esta última cadena, durante la etapa de Javier Sardá al frente de *La Ventana*, se ofrecía una innovadora tertulia con invitados que recibían tratamiento psiquiátrico: *La tertulia de los locos*. Hoy abundan las tertulias en casi todos los programas de radio que se hacen en España.

Una vez que el fenomeno floreció, definitivamente, en los años noventa, pudo comprobarse que sus verdaderos cimientos radicaban en el desencanto político del país. La tertulia prendió y acabó propagándose como un incendio voraz por radios y televisiones. En unos casos, pocos, era un ágora para la sana discusión, y en otros, los más, una auténtica celda de castigo para la víctima de turno. La SER hizo lo que pudo por huir de ella y llegó a acuñar un eslogan que se situaba en las antípodas de lo que iba a ser el fenómeno radiofónico de los años noventa: "La SER no opina, todos opinan en la SER". La SER opinaba que no debía opinar. "Yo siempre había creído", comenta Iñaki Gabilondo, "que el ideal de la radio era ése: una especie de gran foro donde todos opinan libremente, sin que tengan que tener todos la misma opinión".

Lo que ocurrió en realidad fue lo contrario, pues pronto afloraron en los medios más críticos con el Gobierno tertulias en una sola dirección, donde la chispa no radicaba tanto en la controversia como en la magnitud de los azotes infligidos al poder. Pese a todo, Iñaki tiene la impresión de que muchos periodistas involucrados en el sanedrín que en los años noventa fustigaba al Gobierno socialista bajo la admonitoria etiqueta de *sindicato del crimen*, lo hacían con espontánea vocación, sin pertenecer necesariamente a presuntas tramas organizadas como, al cabo del tiempo, desveló Luis María Anson en una entrevista con el periodista Santiago Belloch para el semanario *Tiempo*.

En la línea de nadar con aquel lema contra la corriente, la SER comenzó inútilmente a incorporar voces que opinaban por separado: Joan Barril, el juez Navarro...

"Pronto vimos que aquello no era tampoco muy solvente, pues a veces, en aquellas tertulias de la competencia, el día que le tocaba, por ejemplo, a mi amiga Pilar Cernuda, que es una experta en La Zarzuela y los partidos políticos, resultaba que el tema era la caída de las bolsas. La tertulia se inventó en su día como mecanismo muy de sobremesa para el diletantismo, donde los temas iban saliendo y lo mismo daba que opinaran unos que los contrarios, pues la gracia consistía en ese espontáneo juego de sutilezas, sin mayores pretensiones de rigor, como juegos de luces que terminan dibujando determinados efectos especiales en el pensamiento de la gente que escucha la radio. Pero, colocada la opinión en horario de mañana, se imponía la actualidad. Luis del Olmo había detectado muy pronto que la gran efervescencia política que en aquel momento vivía el país convertía en exitosos los escenarios de discusión. Había una necesidad clara en la sociedad de que aquello se hiciera, porque el debate estaba en la calle. Y no me pareció mal, pero me pareció y me sigue pareciendo un formato de alto riesgo, desde el momento en que tengo la impresión de que unos señores me están contando su misa, opinando del tema del día, acaso lejos de su especialidad, porque saben que allí están obligados a mantener el espectáculo de la controversia. Comenzaron a tener éxito y a hacer mucho ruido y a dar señales inmediatas de desmesura, como era de esperar.

"Nuestros adversarios no tardaron en hacer grandes afirmaciones, del tipo: la tertulia es la libertad y la no tertulia es la no libertad. Nosotros no teníamos entonces tertulias. Pero el juez Navarro (eran otros tiempos y él sólo hablaba de justicia) pegaba aquí unas leches que ya querían para sí muchas tertulias. Nos tacharon de querer rehuirlas porque eran muy antifelipistas. Quienes decían eso debían de creer que nosotros vivíamos metidos todo el día en la cama con el felipismo, cuando lo cierto era que desde *El País* había una pugna muy dura con el Ministerio del Interior. Pasado un tiempo, comprendimos que la tertulia como formato se había acreditado, y que ello nos obligaba a entrar, al margen de consideraciones escrupulosas que tal vez estábamos exagerando. Y no creo que haya ninguna razón para negar que se entró como quien se da cuenta de un error y rectifica. Pero la razón del error no fue el miedo a la opinión, sino que no nos quedó más remedio que superar el miedo a la manipulación de la opinión."

Augusto Delkáder subraya el punto de vista de la SER sobre las tertulias: "Queremos que se expresen opiniones, pero fundadas y documentadas. No queremos que sean unas charlas de café en las que se habla de todo sin tener conocimiento. Creemos que las tertulias son para discutir ideas, para discutir acontecimientos políticos, sociales, culturales, económicos, pero no para poner a caldo a las personas. Creemos que a las personas hay que respetarlas siempre. Se puede debatir sobre las ideas, pero no descalificar a las personas".

Un estudio sobre la radio y la sociedad española en 1998 realizado por TECOP IBECOM revela que los oyentes cuestionan cada vez más las tertulias radiofónicas, y los tertulianos pierden credibilidad frente a los expertos. Los oyentes se declaran partidarios de programas de calidad, bien elaborados y conceden a la profesionalidad la clave del éxito. Por otra parte, en una encuesta de Eco Consulting por encargo de la Asociación de la Prensa de Madrid, que dio a conocer su presidente, Jesús de la Serna, en el mes de julio, durante un curso de la Universidad Complutense, se detecta que los consultados se interesan mucho más por la información que por la opinión: el 67% cree que lo verdaderamente importante es la información. En el mismo estudio se aprecia también que la radio es el medio de comunicación con mayor credibilidad respecto a la televisión y la prensa escrita, y que las informaciones de deportes y sucesos son más creíbles que las de política. Esta desconfianza nace de la guerra entre medios. La mitad de los encuestados piensa que los medios de comunicación tienen demasiado protagonismo en la sociedad española.

El historiador y ensayista Santos Juliá se basa, precisamente, en la proliferación de opiniones en radio, prensa y televisión, y en el poder que han adquirido estos medios, para explicarse la decreciente influencia social del intelectual en la actualidad, en contraste con el de principios de siglo, que era un agitador, un refunfuñador que firmaba manifiestos contra el Estado y que, llegado el caso, se incorporaba a la acción política directa a través de los partidos.

"Desde siempre", señala Iñaki, "yo insisto ante todos los que trabajan conmigo —y eso vale tanto para las tertulias como para el resto del programa—, en que hay que recordar constantemente que la gente nos cree, y que hemos de decirle lo que creemos, lo que sentimos y lo que sabemos. Los que opinan han de afirmar aquello que conocen bien y lo que no saben no afirmarlo. No engañar a la gente que nos cree. Yo recibo cartas de oyentes que toman decisiones en su vida a partir de lo que nos oyen decir. Hay gente que se pega las horas defendiendo en un bar de Logroño una tesis que ha oído en la radio y que ha hecho suya. Por tanto, tenemos que ser rigurosos con lo que decimos, atrevernos a decir 'no sé'. Esto es lo que yo llamo jugar limpio. Yo soy un buen amigo que me he reunido de gente valiosa con la esperanza de serle útil. Ésa es la idea central de la radio que yo hago."

Uno de los contertulios habituales de *Hoy por hoy*, Javier Pradera, analista político de *El País* y codirector de la revista *Claves de razón práctica*, que es donostiarra como Iñaki —"y de la Real"—, comenta: "Hay una cosa que me impresiona mucho de Gabilondo en comparación con otros conductores de tertulias, y es que cuando él está al frente todo está lleno. Es como una habitación con los muebles en su sitio, que sabes perfectamente dónde están las sillas y dónde están las mesas, mientras que otras tertulias, y en general otros programas, me suelen producir una sensación de vacío, como si no se supiera muy bien cómo va a ordenarse y a llenarse ese espacio. A Iñaki le ocurre como a algunos jugadores de fútbol: tiene en la cabeza todo el campo y no se le escapa lo que pasa en cada metro y en todo el perímetro del terreno. Yo creo que él sabe muy bien cuándo tiene que hacer un cambio de juego y qué sentido tiene dentro de la estructura general del programa cada intervención concreta".

Iñaki sigue confiando en que pase este sarampión tertuliero y "el país deje de estar como una cabra", víctima de una cierta patología nacional que ha llevado a un sector del periodismo a impartir justicia en las ondas y en los papeles sin el más mínimo pudor. La tertulia —la radio disfrazada de verdad— consume más tiempo del que sería razonable. "Yo cruzo los dedos y oro todos los días a los santos de mi devoción para que esto no dure mucho más." Mirando al futuro no le pronostica más de quince minutos a esta sección. Cuando estalló la guerra de Bosnia, compró un gran mapa de la antigua Yugoslavia y estudió durante dos meses las claves del enfrentamiento entre croatas, serbios y musulmanes; al final, según dice, se sentía capacitado para hablar tan sólo cinco minutos del conflicto. "En ningún país se tiran unos tíos una hora hablando de un asunto que no dominan en profundidad." Entre tanto, hace lo que puede contra este virus movilizando cada mañana en *Hoy por hoy*, de 8.30 a 9.30, una cumbre de *cabezones*, catedráticos y directores de periódicos para un mejor control de la burrada. "Por muy catedráticos que sean ya saben que aquí no se insulta, pero también sé que por muy celoso guardián de la burrada que yo sea, hay una dosis de circo que forma parte de esa patología de la sociedad, y que yo aspiro a que un día se amortigüe en la medida necesaria. Ése sería mi sueño, pero no mi sueño radiofónico, sino mi sueño ciudadano."

CAPÍTULO XIII

Las flores del mal

Alguien de su entorno, en broma, comenta que Iñaki Gabilondo va camino de convertirse en un fósil de la ética. Todos los días, desde hace unos cuantos años, diríase que Iñaki está a punto de tirar la toalla, decepcionado por su diagnóstico del momento periodístico que vivimos. El periodismo está enfermo y sus males y sus riesgos son tan evidentes que, viéndolo desfallecer a golpes de grandes progresos técnicos y grandes retrocesos morales, quienes temen lo peor no es que inventen un réquiem más aprovechando que viene el final del siglo y toca meditar. Si no tira la toalla, es porque también todos los días le salva, según comenta, un gramo de esperanza que guarda en la reserva. La radio no le ha dejado bajarse del caballo mientras cruza este río. "El programa de mañana aún no lo he hecho", dice cada vez que se redime.

Pero la procesión va por dentro. Iñaki hace tiempo que se desengañó. "Esto no lo arregla sino un código ético como Dios manda." Un día elegimos entrar de lleno en "las flores del mal" del periodismo. Ese día, precedidos de noticias escabrosas respecto al falso reportaje presentado en la CNN por Peter Arnett —el célebre enviado especial a la guerra del Golfo en 1991— sobre la utilización de gas sarín contra desertores de Vietnam, así como de los ceses y dimisiones de prestigiosos columnistas de la prensa norteamericana acusados de mentir o plagiar, queríamos oír la reflexión de alguien que ha visto pasar ángeles y demonios por delante de él, en treinta años de periodismo, con una obsesión que Martín Prieto dibujó con dos asas en un artículo de *El Mundo* titulado "Iñaki Gabilondo, la credibilidad: juego limpio y objetividad, esa utopía inalcanzable".

Después de oír a Iñaki hablar de ella, vemos a la verdad con otros ojos, como si fuera una señora que no se va con cualquiera. La verdad respetable. Confesarse como periodistas, y proceder a los arrepentimientos a que hubiera lugar es, en su opinión, un ejercicio urgente y decente al que se enfrenta la profesión en nuestro tiempo. Una catarsis de esta naturaleza deberá desembocar, según demanda, en un código ético inexcusable para que los periodistas del siglo XXI no acaben sucumbiendo a los pies de "la cultura del gerente" y desaparezcan como especie en ese nuevo mundo del multimedia que ya está aquí.

La ética del cirujano

"Yo tengo la teoría de que la ética, que parecía hace unos años ser una especie de ornamento franciscano que quedaba muy mono y que a algunos les parece, por lo visto, completamente inadecuado ya para estos tiempos de lobos y profanación, pues nos va a resultar imprescindible para poder tener esperanza de que nuestro oficio se salve. La única esperanza de nuestro oficio va a ser la ética, la única. Pero por una razón muy sencilla. Cuando estamos viendo cómo se van conformando grandes consorcios de la comunicación en todo el mundo (me río yo de los que hablan en España de que Polanco es el malo de la película), cuando vemos que potentísimos grupos de televisión, telefonía e informática se asocian en una tendencia imparable del mercado, y que a ellos se les suman poderosas empresas que no tienen nada que ver con la comunicación en sentido estricto, que pueden ser de lo que sea, a veces de dibujos animados, me pregunto qué tipo de sitio van a dejarnos a los periodistas. Si la empresa en que tú trabajas la compra la Sony o la Walt Disney Productions que intenta penetrar en el mercado asiático, ¿qué carajo vas a poder informar de la crisis financiera en esa parte del mundo, y con qué limites y con qué directrices y con cuánta verdad y con cuánta honradez ante los ciudadanos? O sea, ¿qué posibilidades le van a quedar en el futuro al periodista? Yo me aferro a la ética, que no es el hábito de un monje, sino una tabla de salvación en este nuevo mundo de Bill Gates y globalización que tanto me desconcierta."

Un código ético de mínimos defendidos por la profesión y reconocidos por toda la sociedad. Ése es el salvavidas del periodismo que naufraga dando bandazos en medio de tempestades presentes y futuras, a juicio de Iñaki Gabilondo. Su convocatoria a los periodistas para no aplazar más una reflexión de esta índole y para adoptar una fórmula de autorregulación libre que acepte ceñirse a los compromisos éticos más elementales, parte de una necesidad, dice, que se ha hecho apremiante, y no ya tanto de un excelso ideal. La ética es la nueva espada Excalibur que un rey justo empuñará contra los grandes multimedias que se enfrenten a ese antiguo oficio que llamamos periodismo. A la ética aún la tratamos como a un mito. Para devolvernos a la realidad, Iñaki, amante de ejemplos didácticos, propone el del cirujano:

"Los cirujanos, antes de operar, se lavan las manos. Eso es lo primero que hacen, después se ponen los guantes. Si tienen prisa, también; si trabajan en un hospital público, también; si trabajan en un hospital privado, también. ¿Y eso dónde lo pone? Lo pone en un principio no escrito que los cirujanos han logrado constituir en verdad inapelable de su oficio. Nadie se los puede discutir, ningún empresario. Si trabajan en un hospital privado que quiere multiplicar la rentabilidad de sus intervenciones quirúrgicas, a nadie se le ocurrirá exigirles que operen sin lavarse antes las manos. En ninguna circunstancia. ¿Y si ese hospital pasa a formar parte de un gran consorcio clínico internacional con sede en Chicago? Tampoco. ¿Por qué? Porque los cirujanos han logrado consolidar esa norma ética ante la sociedad. Y no está sujeta a discusión de la patronal. En cambio, el periodismo no ha sido capaz de reflexionar sobre las realidades en que se mueve y va a seguir moviéndose, con el fin de salvaguardarse diciendo: hay que lavarse las manos y desdramatizar el oficio. Un hospital privado podrá pedir a los médicos que hagan mil cosas en aras de la rentabilidad, pero ¿podrá pedirles que rematen a los agonizantes? No. ¿Por qué? Porque los médicos no están para rematar a los agonizantes. Los médicos podrán terminar convirtiéndose en unos autómatas dirigidos por ordenador, pero no rematarán a los agonizantes, porque hay unos principios asumidos y conocidos por la sociedad."

Opina que los periodistas llegan rezagados a esta cita colectiva con la autocrítica e insta a que entre todos se vaya desbrozando el panorama de la comunicación hablada y escrita. En su opinión, urge poner topes razonables para que ese feliz parapeto llamado libertad de expresión, que consagra el artículo 20 de la Constitución, no tenga dimensiones desproporcionadas. "El periodismo no se ha puesto a reflexionar aún sobre la formidable transformación que se está produciendo en la sociedad y el modo en que le repercute. Se trata de determinar los elementos básicos que componen la sustancia *sine qua non* de esta actividad para hacernos fuertes en ella. Pero, claro, si empieza la profesión a caer en tonterías por razones de éxito y de no éxito, de audiencia y de no audiencia, y a negarse a acotar el territorio con el sambenito de que es un atentado a la libertad de expresión, y que si ancha es Castilla y todo lo demás, que se ande con cuidado el periodismo, porque sin límites no se va más seguro que con límites por el campo de minas que nos espera." Iñaki sostiene que en el mundo inminente de la comunicación los periodistas serán fáciles presas de sus empresas si van por libre creyéndose ufanamente unos seres muy libres.

La única salida airosa consiste, a su juicio, en concertar a tiempo una estrategia de supervivencia bajo un sólido código ético que contenga las necesarias limitaciones al abuso y manoseo de la libertad de expresión. Los periodistas harían bien en autorrestringirse en todo aquello que comporte garantizarse un campo propio de maniobra frente al poder instrumental de la gran sociedad multimedia. "Los periodistas que proclaman la libertad absoluta no saben que se condenan a la manipulación absoluta de quien les mande. Se dice, ¿quién es el guapo que fija un límite siendo sospechoso así de actuar contra la libertad de expresión? Yo digo que esa aparente gran ventaja del periodista lo convierte en un muñeco en manos de las organizaciones supergordas que se van a montar por ahí. Para ese entonces, todo lo que se decida hacer se podrá hacer, dado que el periodismo no tiene límites, tiene fobia a los límites. Pero si corregimos la tendencia histórica y marcamos unos límites, los acreditamos y consagramos ante la sociedad, es posible que estemos haciéndonos un seguro de vida."

Esta preocupación de Iñaki Gabilondo, que dentro y fuera de España muchos periodistas comienzan a compartir, sale al paso de un temor infundado de la prensa a perder libertad si acepta recortes éticos a la misma. "Somos nosotros los que necesitamos marcarnos esos límites urgentes para poder tener alguna fuerza, para defender alguna posición, a partir de los cuales no puedan entrar los poderes a manipularnos el modo de trabajar en el futuro."

Para lord Wakeham, presidente de la Comisión Británica de Quejas sobre la Prensa —creada en 1991 para aplicar un nuevo Código para el Ejercicio de la Profesión aprobado por todos los periódicos y todas las revistas—, "la única respuesta será el autocontrol, y que los directores estén de acuerdo a la hora de autocensurarse". Así de claro.

La lógica del gerente

Al tratar de concretar de qué lindes estamos hablando para llevar a cabo esa dieta de libertades, el primer desafío es la intimidad. "Se ha apoderado tanto de todo la industria, y los periodistas vamos tan alegremente montados en briosos corceles creyéndonos más fuertes y más libres que nunca, y siendo, en el fondo, más manejables de lo que nunca hemos sido... Yo sería partidario de determinados límites. Por ejemplo, en caso de duda en los asaltos a la vida privada, yo tendría mucho interés en ser restrictivo." Tales precauciones tienen, según señala, una naturaleza de tipo moral y otra de tipo gremial, pues Iñaki está convencido de que muchas de las últimas grandes "conquistas" periodísticas en tiempos de lady Di han sido, en realidad, éxitos de lo que él llama "la lógica del gerente". "El gerente de los medios de comunicación ha sido tan listo en este tiempo de espléndida libertad de expresión y nosotros tan idiotas que ha convertido su discurso en el nuestro. Hemos estado defendiendo, como si fueran golpes de la libertad de expresión, lo que no han sido sino puramente operaciones de venta. Por ejemplo, el caso de las (no) bragas de Marta Chávarri, en que yo me posicioné muy claramente. Un día aparece sin bragas, y yo eso lo entiendo con la lógica del gerente, porque va a vender muchos ejemplares. Entiendo que la industria lo imponga y que en ocasiones el cuerpo periodístico, por la relación de fuerzas existente y la necesidad de defender el puesto de trabajo, no pueda evitarlo desde su actual debilidad corporativa, pero lo que ya me parece cómico es que los periodistas hagan suya esa lógica del gerente y traten de vender eso en nombre de la libertad de expresión. Los periodistas hemos hecho nuestro el discurso que hace frotarse las manos de gusto a los gerentes, que dicen, '¡Hala!, ¡llamar vosotros a todo libertad de expresión...!' Y después salen los programas de la telebasura y lo mismo decimos, libertad de expresión.

Me importa menos por razones moralistas que por la incapacidad de los periodistas de aceptar que como hay muchos miles de parados en la profesión no tienen más remedio que hacer eso... Pero no, es en nombre de la libertad de expresión. Y, qué pasa, que de ese modo, en nombre de la libertad de expresión, ganar posiciones es perder posiciones respecto a la máquina industrial de la información que, dentro de dos vueltas, nos terminará convirtiendo en pequeños engranajes de su poderosa estructura. Como somos tan inocentes que en cuanto nos ponen delante la zanahoria de la libertad de expresión, somos capaces de vender a nuestra madre..."

El no tener las ideas claras en este asunto es lo que, según Iñaki, está poniendo seriamente en peligro el periodismo en España, donde, salvo Cataluña y pocos sitios más dentro del país, no ha habido ningún atisbo de reconsideración al respecto. Ante la ausencia de ese debate, ahora mismo no está definido dónde se fija la raya de "lo que se puede hacer y lo que no se puede hacer". En ese sentido, hay una elocuente reflexión en el libro de Juan Luis Cebrián *Cartas a un joven periodista.* El autor recuerda el modesto papel del periodista, su condición de contador de historias, de moderno juglar, como Mark Twain decía, y cita a Quevedo, "periodista a su modo, y en su tiempo, escondiendo bajo la servilleta del conde-duque el memorial de agravios que dio con sus huesos en la cárcel de León. 'No callaré, por más que con el dedo silencio avises, o amenaces muerte. ¿No ha de haber un espíritu valiente? ¿Siempre se ha de sentir lo que se dice? ¿Nunca se ha de decir lo que se siente?'". Para, acto seguido, aconsejar al futuro periodista capacidad para "administrar silencios y palabras sin otra regla que la de la verdad y la del bien público, sin más limitación que el respeto a la libertad y el derecho de los otros". En otras palabras: "Hablar es un privilegio de todo ciudadano libre, no de una casta social o profesional constituida por periodistas, ostentadores de un carné o de un diploma. La libertad de expresión no es nuestra, sino de nuestros lectores".

"Se han desdibujado las teorías", añade Gabilondo. "Aquí, de repente, alguien dice, ese programa es una porquería, pero es que lo ven cinco millones de espectadores. ¡Ah!, he ahí el gran legitimador. Por ese camino vamos perdidos, sin rumbo. Y lo que yo quiero es que nuestro oficio no caiga en manos de todos los vendedores de bisutería que, aprovechando que nos hemos creído que podemos hacerlo todo, nos encargan hacerlo todo y nosotros lo hacemos todo encantados, porque no aceptamos ningún recorte a la libertad de expresión. Yo planteo esto como un elemento progresivo, no como un elemento regresivo. Pero tenemos la mala pata de que en este momento la teoría predominante es la que es y cualquier observación como esta de tutela, vigilancia o límite a nuestra actividad pasa por ser una sospechosa operación contra la libertad de expresión. Es que nada se puede poner en entredicho ahora, paradójicamente, en el momento en que el periodismo pone en entredicho todo. Y ése es el gran problema, y eso es lo que yo denuncio. Yo sería muy feliz con que mis reflexiones, mi experiencia de treinta años de profesión desde mil ángulos diferentes, tuvieran alguna utilidad, pero no soy muy optimista a este respecto."

Las cintas de Txiki Benegas

En esos treinta años de edad como periodista, hubo una vez en que se enfrentó a una verdadera prueba de fuego. "Hay cuestiones de tipo ético extremadamente difíciles de dilucidar; el caso más complejo en mi vida profesional fue el de las cintas de Txiki Benegas."

Iñaki, el garante público número uno, el *ombudsman* de la gente contra las intromisiones en las vidas privadas, describe aquel suceso periodístico como un caso éticamente límite y descarnado. Las célebres cintas de Txiki Benegas no salieron al aire en su integridad, porque lícitamente sólo merecían trascendencia pública determinados fragmentos, con lo cual otros quedaron al margen, por pertenecer al ámbito inviolable de la intimidad de las personas.

Así fue.

El 24 de abril de 1991, los oyentes de *Hoy por hoy* asistieron con mayúscula sorpresa a una emisión excepcional. La sorpresa era doble, por la naturaleza de la grabación, que contenía dos conversaciones telefónicas privadas que se habían producido el día 18 del mismo mes, y por el hecho de que el locutor que las daba a conocer era Iñaki Gabilondo, el más reacio de los periodistas a filtrar la intimidad. Afirma aquí que no actuó a la ligera: aquello, en contra de las apariencias, no fue una herejía en el altar.

El conductor del magacín de la mañana en la SER dio la hora y pasó a ocuparse del *bombazo* informativo. Esto dijo Iñaki:

"*Hoy por hoy*, 9.33 minutos de la mañana. El enfrentamiento entre Moncloa y Ferraz en esta grabación que la cadena SER ha adelantado en Matinal se demuestra enconado. No un debate de fondo, un debate profundo sobre las distintas ópticas de ver la responsabilidad del Gobierno, si bajo la tutela del partido o al margen de ella, sino con enconamiento personal. Demostración en esta grabación que vamos a escuchar en este momento..."

Saludó a continuación en antena al entonces director de Informativos de la SER, Luis Fernández, y al jefe de Nacional, Ernesto Estévez, y los tres comentaron el documento radiofónico: dos conversaciones de Txiki Benegas, que era el número tres del PSOE —secretario de organización—, con interlocutores en principio no identificados —resultaron ser el socialista Fernando Múgica, a quien desgraciadamente ETA reservaría con el paso del tiempo un lugar entre sus víctimas, y el periodista y empresario Germán Álvarez Blanco; ambos inicialmente optaron por negar su participación en las conversaciones—. Benegas hablaba desde su coche, camino de Sevilla, por un *motorola*, cuando en España los telefónos móviles comenzaban a popularizarse entre políticos y empresarios. El propio Benegas afirma desconocer el alcance del aparato durante una de las charlas telefónicas. Ajenos a la vulnerabilidad del sistema analógico de ese medio de comunicación, él y sus interlocutores emplearon términos, giros y apodos que, tras su difusión por la radio, se convirtieron en la comidilla nacional. Sus críticas iban dirigidas especialmente al entonces ministro de Economía, Carlos Solchaga, muy cuestionado por el aparato guerrista del PSOE, al que pertenecía Benegas, y de paso salpicaban al propio presidente del Gobierno, Felipe González. A uno lo llamaban *el enano* y al otro *el one* y *dios*, indistintamente. Benegas y Solchaga vivían entonces una polémica pública sobre la política de viviendas del Gobierno.

El tono de desafecto de todas las referencias hechas al ministro alcanzaba por momentos un clima de abierta enemistad, que convertía aquel testimonio telefónico en una prueba palpable de que en el ecuador de la tercera legislatura socialista las relaciones entre el Gobierno y el partido en el poder eran malas.

Alfonso Guerra había dimitido en el mes de enero como vicepresidente del Gobierno, asediado por las consecuencias políticas del "caso Juan Guerra", y pocos días después de la grabación telefónica que reproducía la SER estaban previstas en España elecciones municipales y autonómicas. Felipe González, tras la salida de Guerra, acababa de formar un nuevo Gabinete, con Narcís Serra de vicepresidente, en el que permanecía Solchaga. Alfonso Guerra —enfrentado agriamente a éste— y su viejo compañero Felipe González iniciaban entonces un lento distanciamiento personal. Guerra, encasillado en su cargo de vicesecretario general del PSOE, ejercía un control presionante sobre el ejecutivo, que pugnaba por desligarse de las ataduras del partido. En ese contexto se desarrollaban las polémicas comunicaciones que llegaron a poder de la SER.

En ellas salía a relucir el ministro de Economía con estas expresiones poco afectuosas: "no, si tonto no es"..., "ya te contaré algunos detalles de este tío conmigo, de las chulerías de este tío conmigo"..., "el *catalán* sabe que el problema que tiene el Gobierno es precisamente el *enano*". Se cruzaban alusiones al *catalán* (Narcís Serra), *el del bastón* (Miguel Durán, entonces director general de la ONCE) y *el italiano* (Silvio Berlusconi) y, de modo estelar, surgió, bajo la célebre nominación divina o el popular guarismo en inglés, Felipe González: "aquí el problema no es Solchaga, aquí el problema es el *one*"..., "¿y *dios* está tranquilo, está tranquilo *dios* o no?".

Las grabaciones ponían de manifiesto, según dijo en antena al final Iñaki Gabilondo, "la divergencia clara respecto a quién ha de llevar el mando, quién ha de pilotar el proceso de transformación social. El Gobierno reclama el derecho a hacerlo en nombre de su responsabilidad ante todos los españoles y no sólo los votantes del PSOE, mientras que el PSOE recuerda que el programa es, en cierto sentido, a modo de compromiso, puesto que el electorado vota, precisamente, unas siglas." El periodista Joan Barril le dedicó una *parábola* a la cuestión, en la que, a partir de los motes escuchados, dedujo que "la vida política, aparentemente tan seria y tan puesta, se basa en una jerga cuartelera", y dedujo, además que, a la luz de los acontecimientos, "el PSOE está molesto con este Gobierno". Agotado el tema, el presentador puso, como de costumbre, un poco de música de su discoteca favorita: una vieja canción napolitana en la voz de Pavarotti.

La primicia informativa de la SER, al margen de la controversia moral que suscitó, permitía radiografiar con exactitud las verdaderas diferencias existentes por primera vez, tras casi una década de armonía, entre el PSOE y el Gobierno socialista. Acostumbrados a un proceso de simulación casi natural cuando hablan ante los medios informativos, los políticos difícilmente dejan transparentar sus verdaderas opiniones respecto a los asuntos más importantes. Aquella vez, la autenticidad del testimonio estaba fuera de toda duda. Algunos antecedentes judiciales, consagraban la prevalencia del interés informativo sobre la conducta privada de personajes públicos. Ese año, 1991, marcaba el punto de inflexión en el desgaste de la etapa socialista, que se reflejaba tanto en la crispación externa como en los enfrentamientos internos entre guerristas y felipistas.

La Redacción de los Servicios Informativos de la SER chocó en la mañana explosiva de aquel miércoles con el silencio de Benegas —que presentó una denuncia contra la SER— y Solchaga, y mientras en la madrileña calle Ferraz, sede nacional del PSOE, se esforzaban por restar gravedad al asunto, en la Moncloa se daba por toda respuesta un lacónico "sin comentarios". Iñaki insistió al desvelar las grabaciones que la SER había tenido acceso a ellas, es decir que no las había promovido, y que eran reproducidas "por su profundo calado político".

Aquella misma mañana, cuando él llegó a los estudios de Radio Madrid en la Gran Vía, se encontró este *pastel* sobre la mesa: la prueba confidencial de un conflicto político de primera magnitud que la radio estaba en disposición de dar a conocer a todo el país. La SER dio un adelanto de ese material en su primer espacio informativo del día, "Matinal", pero confiaba en ofrecerlo con todos los honores y pormenores en el programa estrella de la cadena de emisoras: *Hoy por hoy*. Sólo había un problema. El problema tenía que ver con la ética. Había un conflicto entre dos derechos, la intimidad y la información, y grandes dudas sobre los límites jurídicos y morales entre ambos. Antes de emitir las cintas, Iñaki tuvo una conversación con el director general de la SER, Augusto Delkáder.

"Al enterarme de que estaban esas cintas y que la SER había decidido emitirlas en mi programa, yo a las siete de la mañana dije, quiero hablar con Augusto Delkáder. Fue la vez que he tenido que enfrentarme más directamente a un hecho tan cierto de duda ética. Como no había modo de dilucidarlo, recuerdo que me lo resolvió el grado de confianza que por suerte he tenido con los directivos de esta casa. O sea, francamente, cuando a mí me dijo Augusto Delkáder, disponemos de esta información, el asunto inicialmente no me gustaba nada. Pero luego se me fueron añadiendo cosas. Una de ellas es que quedaban eliminados todos los elementos de las conversaciones que no tenían el más mínimo interés público, y únicamente se salvaba lo que nos parecía que tenía valor probatorio de la existencia de una fuerte disputa en el seno del partido que gobernaba este país. Todos los aspectos de la vida privada quedaban excluidos. Y entonces recuerdo que le dije, Augusto, te voy a preguntar sólo dos cosas: ¿esto lo hemos obtenido de una forma intencionada? Me dijo: 'Aunque nadie nos lo vaya a creer nunca, yo te juro que lo hemos obtenido de una forma absolutamente casual, ha sido un churro'. Mi segunda pregunta fue si nos lo había facilitado un grupo del PSOE para arremeter contra otro sector del partido. Me aseguró que no, y entonces le dije, adelante. La SER no estaba dependiendo de mí para lanzar aquella información, pero le apetecía hacerlo también conmigo, en mi programa, con mi anuencia, y yo acepté entrar una vez que el director general satisfizo mis dos preguntas, con lo que mi duda ética se decantaba. No diré nunca se ha resuelto del todo, pero aquello la decantaba. Alguien me decía, ¿y por qué le creíste? Porque le creo en base a una confianza real en Augusto Delkáder, que se establece a través de años de relación. Y sus respuestas resolvieron el conflicto de conciencia que yo podía tener. No hubo juego sucio por parte de la SER, había sido una pirueta del azar, era un material informativamente valioso sobre asuntos políticos de interés para los ciudadanos, que tenían derecho a saber, y no se iban a revelar las cuestiones privadas... Lo creí, lo sigo creyendo. Y así ocurrió."

Cuando luego prestó declaración por este asunto al juez, le preguntó, "¿y usted por qué le ha creído, cómo sabe que dice la verdad?". Iñaki le respondió que había creído en la veracidad de aquellas dos respuestas de Delkáder "porque creía en quien me las daba" y eso aliviaba sus reticencias. "Entonces pasó una cosa genial: el juez puso la cinta de mi programa y se me oye diciendo: *Hoy por hoy*, 9.33 minutos de la mañana..., vamos a escuchar la voz de José María Benegas...' Paró la grabación y me dijo, "¿y usted cómo sabe que ésa es la voz de José María Benegas?", y le comenté, ¿y usted cómo sabe que la voz que da paso es la mía? Me dice, "¡hombre!, porque la suya es conocida". Y le digo, ¡y la de José María Benegas también"!

A este episodio (siete años más tarde llamó menos la atención que el Congreso de los Estados Unidos decidiera difundir entre las cadenas de televisión el vídeo con la declaración privada del presidente Clinton ante un gran jurado sobre sus intimidades en el "caso Lewinsky") le corresponde ocupar un lugar señalado en la historia política y periodística del país. Provocó un gran impacto en la opinión pública, desató una ola de reacciones entre los dirigentes y la oposición, y abrió un amplio debate sobre la divulgación de grabaciones telefónicas que la nueva era de la telefonía móvil traía consigo. Y obligó a regular esta clase de emisiones en la actualidad. La cadena SER recibió ese año el premio Ondas por la difusión de las grabaciones de Benegas.

El director general de la cadena SER, Augusto Delkáder, sobre cuyas espaldas recayó la responsabilidad de ofrecer aquel gran *scoop* que tanto dio que hablar, afirma aquí, años después, que ése fue "uno de los momentos más complicados y difíciles de mi vida profesional". Consciente de la polémica que generó su determinación de radiar dos conversaciones privadas, matiza que "era una decisión fronteriza" y no un burdo caso de invasión de la intimidad. "Yo admito todas las opiniones, los que crean que lo hicimos mal y los que crean que lo hicimos bien. Pero que nadie pierda de vista que era un documento que nosotros no habíamos obtenido ilegalmente, sino que nos había sido facilitado de manera rigurosamente casual. Era un documento periodístico de primera magnitud, cuyo conocimiento no se podía ocultar a la opinión pública. En aquel caso creí que el contenido tenía notoriedad pública y que no era privado; era una información pública y política. Y ése fue básicamente el argumento que me impulsó a emitirla."

Delkáder recuerda bien las observaciones que le formuló en su día Gabilondo: "Iñaki tenía las mismas dudas que podía tener yo. Por tanto, como era en su programa donde se debía emitir, conversamos, charlamos y evaluamos las circunstancias. Y lo que decidimos fue eso. Iñaki lo que quería garantizar es que era un proceso informativamente limpio, y eso se lo aseguré, porque en efecto lo era. Y, entonces, Iñaki no tuvo ninguna duda y su postura no fue diferente a la que yo mantenía en ese momento". El director general de la SER destaca, del revuelo que provocó aquella información, la repercusión que tuvo en el seno de la propia familia socialista, pues "se demostró que para ellos mismos era una noticia significativa y relevante". El modo como llegó a manos de la cadena SER la famosa cinta de Txiki Benegas continúa siendo un misterio para la opinión pública, a pesar de las múltiples versiones que enseguida comenzaron a circular en los ambientes periodísticos. Quien mejor que nadie lo sabe no cree oportuno desclasificar aún ese *secreto:* "Yo creo que es todavía prematuro para contarlo con detalle. Lo que sí quiero decir es que fue de un modo casual. Aquello fue una casualidad..."

EL SILENCIO DE LA COMUNICACIÓN

Iñaki Gabilondo parece a veces un solitario muy sólido. Pero su soledad en medio del desierto defendiendo tesis como las expuestas anteriormente, en una profesión que suele decir que está dividida "en bandos de guerra", no es la leyenda de alguien que se enfrenta con lanza y adarga a los molinos como un Quijote de San Sebastián. Desde hace tres años, figura en primer lugar en los sondeos de credibilidad efectuados por el Gabinete de Estudios de la Comunicación Audiovisual (GECA). Su caso en España, como el de Dan Rather, de la cadena norteamericana CBS, que está considerado, asimismo, el más creíble de los comunicadores de su país, según una encuesta de la revista política *George*, refleja hasta qué punto la fiabilidad no está reñida con el éxito de audiencia. Rather y Gabilondo son, de orilla a orilla, periodistas de referencia para el ciudadano que busca alguien de quién fiarse. Ambos comparten un espíritu que hizo historia en la televisión norteamericana a través del hoy octogenario Walter Cronkite, "el hombre que más influyó en la opinión pública de su tiempo" por la confianza que inspiraba.

En enero de 1998, Iñaki recibió el Premio Víctor de la Serna al periodista del año, que concede la Asociación de la Prensa de Madrid. "Hay que poner fin a lo que parece una guerra civil entre periodistas", dijo en el acto de entrega en el que también fueron galardonados Eduardo Sotillos, de RNE (por los méritos de toda una vida profesional), y Manuel Ostos, delegado de la agencia Efe en Argel (a una tarea sobresaliente en cualquier campo informativo).

Es, por tanto, un solitario muy sólido profesionalmente, aunque él dice de los galardones (cinco Ondas junto a otras numerosas distinciones a lo largo de su carrera; la más reciente, la ya citada que lleva el nombre de Mahatma Gandhi, de la Unesco, "por su inagotable labor a favor de la paz, la tolerancia y la solidaridad", compartido con Luis del Olmo) que, más que confortarle la vanidad, le sacan de dudas. "Me dan confianza respecto a que no debo estar mal colocado y me dan cierta tranquilidad, porque como me han criticado mucho, nos han criticado mucho, son como señales que te dan para que no te desvíes de tu camino. Y a mí no me cuesta admitir que esos empujoncitos a veces los he necesitado, porque en ocasiones se tienen crisis muy serias."

Al hilo de los desalientos de Iñaki cuando aboga por someterse y someter a toda la profesión periodística a un voluntario examen de conciencia, surgen otras valoraciones sobre el modelo mismo de sociedad que los medios de comunicación han ido construyendo. Su razonamiento tiene bastante parecido con el que ha hecho en alguna ocasión el escritor portugués José Saramago sobre las dificultades del ciudadano para saber distinguir entre su realidad inmediata y la que ve representada a través de la televisión. Gabilondo cita una vez más al director de *Le Monde Diplomatique*, Ignacio Ramonet, experto en comunicación audiovisual, para alarmarse con él por esa borrosa frontera entre la realidad y la ficción que visualizan los ciudadanos. "Nos convertimos en lo que contemplamos", dejó dicho Marshall McLuhan.

"Yo he llegado a imaginarme una gran metáfora que nos saque de esta gran hipnosis, porque confieso el miedo que tengo a que los medios se lleguen a creer sustitutos del protagonismo vital que le pertenece a las gentes. Esto tiene relación con aquello que decía sobre la segunda voz, que es algo que impregna todo mi modo de ver el mundo de la comunicación. Siempre lo repito, yo creo que donde se juega la vida es en la vida. Y lo que a veces he llegado a concebir, no sin una cierta exageración, es que sería saludable y regenerador para la sociedad que, de pronto, todos los medios de comunicación se callaran durante algún tiempo. No para que se ocultaran las verdades, no, no, si yo no quiero que los medios se cierren, sino que, de cuando en cuando, se detuvieran, se silenciaran las radios, se apagaran los televisores y dejaran de publicarse los periódicos, aunque sólo fuera para que se recordara dónde está realmente la realidad, dónde está el verdadero centro del protagonismo vital. Han ido a parar tan lejos los medios audiovisuales, con su locura de venderle imágenes a la gente antes que información, que ya da la impresión de que las cosas se hacen para que los medios las cuenten. Y ése es mi miedo. Y si no las cuentan los medios es como si no existieran. Parece que la vida no es la vida. La realidad se vuelve ficción. Pasa a diario con la tele. ¿Cuánta cantidad de ficción puede soportar la vida para que no se desencadene una distorsión respecto a lo que es la realidad y lo que es la ficción? Parece como si la única realidad fuera la audiovisual y la vida fuera el reflejo de esa realidad televisada. Algo de esto yo lo vengo percibiendo, y por eso me parece que no sería tan descabellado que los medios pararan de vez en cuando para que todos volviéramos a la realidad, a recordar dónde está la verdadera realidad, dónde se vive, dónde se juega la vida, en qué escenario real. Y para que los medios se dieran cuenta, a su vez, de que la vida no es sólo eso que ellos cuentan, que la vida no se vive ahí, que la vida está en su sitio." Entonces, cita a un amante de aforismos como el filósofo vienés Ludwig Wittgenstein, que una vez dijo que "antes teníamos necesidad de imaginación para soñar y ahora tenemos necesidad de imaginación para ser conscientes de la realidad".

CAPÍTULO XIV

En tiempos de Poncio Pilato

La entrevista más dura que ha hecho Iñaki Gabilondo y seguramente la más dura que le han hecho jamás a Felipe González la mantuvieron ambos ante las cámaras de TVE el 9 de enero de 1995. Fue para González, según el editorialista de *El País*, "la media hora quizá más dramática de sus doce años de presidencia", a falta de un año para las elecciones que pusieron fin a su mandato. A veces, la primera pregunta resume todo el contenido de encuentro periodístico. En su famosa entrevista, Horace Greeley, editor del *New York Tribune*, considerada la primera de la historia del periodismo (20 de agosto de 1859), tenía enfrente a Brigham Young, líder de la Iglesia mormona, y fue al grano preguntándole en primer lugar: "¿Debo considerar el llamado mormonismo como una nueva religión o simplemente como una nueva rama del cristianismo?".

La primera pregunta que formuló Gabilondo al presidente del Gobierno Felipe González en aquella oportunidad ha pasado a formar parte de la memoria del periodismo de este país: "¿Organizó usted el GAL, señor González?".

Durante media hora, Felipe González se sometió a una batería de preguntas sin contemplaciones que buscaban una y otra vez la oscura verdad de la guerra sucia contra el terrorismo. Al cabo de doce años de gobierno, el presidente socialista sufrió en directo la tensión de una entrevista incómoda. Cerca de ocho millones de telespectadores vieron el programa en directo. Iñaki Gabilondo afirma que confió hasta el último instante en la posibilidad de que González admitiera cierto grado de responsabilidad política. Pero no fue así. Hoy sigue pensando que no hacerlo fue un error.

Después de su accidentado paso por los Servicios Informativos de TVE, Iñaki Gabilondo ha compaginado hasta hoy su actividad en la SER con esporádicas apariciones televisivas. A través de su género favorito, la entrevista, ha estado en todos estos años delante de centenares de personajes tanto en una cadena privada, Tele 5, como de carácter público, TVE y autonómicas. En TVE también ha presentado otra clase de programas, algunos con especial impacto social, como el titulado *En Familia*, a finales de los años ochenta. Pero, sin duda, su entrevista de mayor repercusión fue aquélla con Felipe González el día que el GAL era el centro de gravedad de España.

"Yo estaba de viaje privado en Nueva York y recibo una llamada de TVE para proponerme que entrevistara a Felipe González tres días después, dentro de una serie de programas con los primeros espadas de la vida política: Felipe, Aznar, Anguita, Pujol, Ardanza, Garaikoetxea... Y digo que sí, pero con la condición de firmar un contrato para todas las entrevistas y que se anuncie todo el ciclo a la vez. Porque yo no podía salir de repente como el hombre de la SER que entrevista al presidente, y a otra cosa mariposa. Quedamos de acuerdo y regresé a Madrid con este fin."

La entrevista —el ciclo se titulaba "Entrevista con..."— no se realizaba en la Moncloa sino en un plató de Torrespaña. Su duración quedó establecida en media hora, haciendo caso a una sugerencia anterior del propio Iñaki, partidario de limitar a treinta minutos las entrevistas políticas con la condición de programarlas en lo que se conoce técnicamente como *prime time*, horario de máxima audiencia. "Pero los políticos en tan poco tiempo no dicen ni mu", temieron inicialmente en TVE. "Depende de cómo se les pregunte", los tranquilizó Iñaki antes de hacer la primera prueba, que correspondió a esta cita con González.

El programa, que estaba rodeado de la máxima expectación informativa por la avalancha de noticias respecto al GAL, iba a ser emitido en directo inmediatamente después del Telediario de las nueve de la noche, o sea, a las 9.30. El portavoz del Gobierno, Alfredo Pérez Rubalcaba, contactó telefónicamente con Iñaki para ultimar los detalles de la entrevista. Pero el guión —en todo caso, guión mental, pues Iñaki preguntó sin papeles— no llegó a ser nunca supervisado. Felipe González llegó a las 8.50 y pasó a la sala de maquillaje. Hacia las nueve, presidente y periodista se saludaron en la sala de relaciones públicas de TVE. "Hola, Felipe". "Hola, Iñaki". Y juntos se sentaron a ver el Telediario. "No se pronunció una sola palabra durante todo el tiempo", recuerda Iñaki Gabilondo. "Aquella noche, el Telediario estaba cargado de información sobre el GAL. De la media hora que duró, dedicaría veinte minutos al tema. Ése fue el día que detuvieron por orden del juez Baltasar Garzón a Juan de Justo, que había sido secretario y hombre de confianza del ex secretario de Estado para la Seguridad, Rafael Vera. (Con él ya eran cuatro los ex altos cargos de Interior encarcelados por su presunta vinculación a la 'guerra sucia': Julián San Cristóbal, Francisco Álvarez, Miguel Planchuelo y el propio De Justo.) O sea que, GAL, GAL, GAL."

La entrevista

A las 9.20 el regidor les pidió que pasaran al plató. En el pasillo, Felipe González, que sabía que iba a una entrevista de media hora, se dirigió a Iñaki con esta pregunta:

—¿Va a caber algo más que el GAL?

González estaba muy serio tras un telediario que no había sido ninguna broma. Iñaki le respondió:

—Depende de la velocidad con que respondas.

Y ambos desembocaron, por fin, en el plató, donde les aguardaba una nube de fotógrafos, que aprovecharon unos minutos de publicidad para hacer su trabajo, mientras González y Gabilondo se sentaban frente a frente ante una pequeña mesa. "¡Por favor, fotógrafos fuera!", gritó el regidor, e Iñaki salió al aire. Se reproduce, a continuación, la práctica totalidad de la entrevista:

Iñaki Gabilondo: Señor presidente, muy buenas noches. El GAL está en el centro de toda la actualidad, en el centro de la actualidad judicial, de la actualidad política, de la actualidad económica..., en el centro de todo y, mientras los procesos judiciales siguen su camino, yo creo que no se puede perder ningún minuto más, señor presidente, para tratar de despejar las incógnitas básicas de la credibilidad. Me va usted a permitir que le pregunte directamente: ¿Organizó usted el GAL, señor González?

Felipe González: Jamás se me hubiera ocurrido. Yo soy un demócrata de toda la vida, convencido de que sólo se pueden utilizar instrumentos democráticos para luchar contra el crimen.

I. G.: ¿Utilizó usted la guerra sucia contra ETA?

F. G.: Nunca autoricé, ni nunca encubrí. Es más, he ordenado que haga una querella, al ministro de Justicia e Interior, para quien hace una afirmación respecto del Gobierno, como la que hoy ha aparecido en la prensa.

I. G.: ¿Toleró usted en algún momento eso porque le estaba resultando útil a la guerra...?

F. G.: Repito que en ningún caso ni lo toleré, ni lo consentí y mucho menos lo organicé, obviamente.

I. G.: Hemos escuchado hace un momento en el telediario... Felipe Alcaraz decía: "Ya está claro, Felipe González es el hombre X...".

F. G.: Pues yo creo que tendrá que asumir su propia responsabilidad el señor Alcaraz y demostrarlo.

I. G.: ¿Está usted muy enfadado?

F. G.: No, enfadado no estoy. Yo no suelo enfadarme, lo que pasa es que tengo convicciones que son muy profundas y no estoy dispuesto a que las ponga en entredicho nadie, ni Felipe Alcaraz, ni nadie, y mucho menos dos condenados, como han sido condenados por los tribunales de justicia en sentencia firme.

I. G.: ¿Comprendió usted, entendió que naciera el GAL?

F. G.: En absoluto, ha habido episodios de ésos en la democracia y yo nunca he hecho ningún tipo de cobertura, ni siquiera explicativa. Siempre he condenado cualquier acción que no sea una acción legal.

I. G.: Y en las últimas semanas han surgido muchas voces que han tratado de contextualizar lo ocurrido para comprenderlo entre comillas. ¿Está usted entre los que contextualizan lo que ocurrió en el 83?

F. G.: Yo no he hecho ninguna contextualización. La lucha contra el terrorismo es una lucha desigual —lo he dicho muchísimas veces—, porque nosotros tenemos que utilizar los instrumentos de la ley y los terroristas utilizan todos los instrumentos para matar o para extorsionar, hasta el punto de que ha habido muchas víctimas del terrorismo, muchas, ochocientas sesenta y siete. Por consiguiente, estamos en una situación muy dura, o vivimos o hemos vivido una situación muy dura de lucha contra el terrorismo. Pero yo no he contextualizado nunca esa lucha que siempre he pretendido que sea una lucha democrática y una lucha transparente.

I. G.: Señor presidente, ¿y por qué sabe usted que no se va a descubrir nada que afecte al Gobierno?

F. G.: Mire, recuerdo que me hizo una pregunta un periodista estando de visita en una residencia de ancianos, exactamente diciéndome: "¿Y si se desmuestra que el Gobierno ha participado de alguna manera en la creación de los GAL?". Y yo contesté: Mire usted, ésa es una hipótesis imposible, porque nunca lo ha hecho, y por consiguiente, es imposible que algún día se pueda demostrar eso.

I. G.: Vamos a ver, ¿la cúpula de la lucha antiterrorista es Gobierno?

F. G.: La cúpula de la lucha antiterrorista son funcionarios, no son Gobierno, pero son funcionarios que dependen del Gobierno en toda la lucha contra el terrorismo, y me parece que siempre han cumplido con una absoluta lealtad y una gran fidelidad a la democracia.

I. G.: ¿El director general de la Seguridad del Estado es Estado?

F. G.: Es Estado, sin duda alguna, ¡claro! No se puede decir que sea el Gobierno, pero desde luego es Estado y me parece que ha prestado un gran servicio a la sociedad española.

I. G.: Acabamos de saber que ha sido decretada orden de detención para el secretario personal que fue del señor Vera por el asunto famoso del dinero. Se están produciendo, al parecer, en los procesos de investigación aproximaciones que estarían implicando a personas que difícilmente se pueden considerar no responsabilidad del Gobierno.

F. G.: Mire, hoy han dicho en la prensa, esta mañana, que el Gobierno ordenó el pago de doscientos millones de pesetas al señor Amedo y Domínguez, y yo he dicho al ministro de Justicia, inmediatamente, que presente una querella contra quien hace esa afirmación, porque es absolutamente falsa, no tiene ningún fundamento.

I. G.: ¿Si lo hubiera ordenado un ministro del Interior, podríamos decir que el Gobierno estaba implicado?

F. G.: Sin duda, forma parte del Gobierno el ministro del Interior, pero es que no es verdad.

I. G.: ¿Y un secretario de Estado no es una responsabilidad del Gobierno?

F. G.: Sin duda, es una responsabilidad próxima al Gobierno. Cuando se habla del Gobierno es el Gobierno. Pero, bueno, de todas maneras, es que es falsa la información. El propio secretario de Estado lo ha dicho.

I. G.: ¿Si pasados, entonces, los días, repitiendo la pregunta de ese colega al que usted se refiere, se terminara descubriendo responsabilidad de personalidades de la cúpula de determinados ministerios, como el Ministerio del Interior, se sentiría liberado...?

F. G.: Es que..., es que no es un talante democrático eso y yo parto de un presupuesto democrático que me parece que todos tenemos que defender, que es presumir la inocencia de las personas y no la culpabilidad. Cuando se demuestre la culpabilidad de una persona, podemos decir: hay una sentencia firme condenando a una persona. Es el caso del señor Amedo y del señor Domínguez, pero no es el caso de los demás. ¿Cómo podemos hacer hipótesis que presuman la culpabilidad de personas que han llevado una gran responsabilidad en la lucha contra el terrorismo?

I. G.: ¿No nos podemos imaginar inquietos los demócratas de este país..., que pudiera darse esta circunstancia y, por tanto, necesitamos que el presidente del Gobierno...?

F. G.: Vamos a ver, sería mucho más inquietante, sin duda, pero sería mucho más inquietante que estuviéramos presumiendo la culpabilidad como demócratas. Eso sería la Inquisición, es demostrar la culpabilidad simplemente por una imputación que no tiene fundamento. No podemos los demócratas dar credibilidad a lo que digan dos condenados en declaraciones a un medio.

I. G.: Lo que pasa es que no es solamente lo que digan dos condenados en declaraciones a un medio, es que en este momento están detenidos, aunque actúa sobre ellos la presunción de inocencia, están detenidas unas grandes personalidades de la lucha antiterrorista que nos hacen temer que pudieran darse evidencias que terminaran siendo verdaderamente carga de dinamita contra...

F. G.: Vamos a ver, de nuevo le digo, hay que presumir, como es natural en democracia, la inocencia de las personas, incluso cuando están en una situación de privación de libertad, y hay que respetar, y respetar seriamente, la independencia de los jueces que, bajo su responsabilidad, toman esa decisión, y yo estoy dispuesto a respetarla, pero, desde luego, no estoy dispuesto a hacer un juicio de valor, ni estoy dispuesto a condenar a ninguna persona simplemente porque haya un juez que ha decidido la privación de libertad.

I. G.: ¿Usted, por tanto, no tiene absolutamente ninguna pista, ningún dato que pueda ser..., vamos, no sabe absolutamente nada del GAL, absolutamente nada?

F. G.: No, no, yo sé lo mismo que sabe usted y lo mismo que sabe mucha gente, porque se ha informado mucho.

I. G.: ¿Pero no más?

F. G.: ¿Pero por qué voy a saber más? Ha habido investigaciones judiciales que siempre han sido investigaciones acompañadas del refuerzo de la policía para esclarecer los hechos, y eso es lo que ha ocurrido con el GAL desde hace diez años u once años en que esta historia empieza. Por consiguiente, ha habido una participación de las propias fuerzas de la policía judicial en el esclarecimiento de los hechos. Por lo tanto, ¿qué es lo que tienen que saber los ciudadanos? ¿Es que el Gobierno está detrás, como se dice, del GAL o como he oído decir a un señor que espero que asuma su responsabilidad, que espero que la asuma seriamente, diciendo que yo soy el señor X? Lo que tienen que saber los ciudadanos es que eso es falso, radicalmente falso, y como es falso vamos a reaccionar querellándonos contra quien lo afirme.

I. G.: Tiene usted en este momento, deduzco entonces, el máximo interés en que se esclarezca absolutamente todo lo que tiene que ver con el GAL...

F. G.: Sin duda alguna.

I. G.: Por lo tanto, ¿apoya y anima al señor Garzón a que continúe hasta sus últimas consecuencias?

F. G.: Yo no tengo por qué animarlo, él tiene una misión que cumplir y debe cumplirla. Lo que tengo es que respetar su actuación y su independencia, y eso lo tiene absolutamente garantizado, y lo sabe muy bien el señor Garzón.

I. G.: ¿Si pasado un cierto tiempo, entonces, y con esto concluimos este capítulo, si pasado un cierto tiempo, se dedujeran implicaciones de personalidades del Ministerio del Interior, responsables de la lucha antiterrorista, usted seguiría considerando que el Gobierno no está implicado, no estaría implicado en el caso?

F. G.: Repito que usted parte de una hipótesis que me parece que es peligrosa en democracia, que es la hipótesis de presumir que puede haber implicaciones.

I. G. No, de temerlo, señor presidente, de temerlo como muchos ciudadanos de este país.

F. G.: Claro, claro. ¿Qué diferencia hay entre temer y presumir? Yo creo que hay que presumir la inocencia de las personas. Mire, que como no se trata de contextualizar nada, como es natural, que la lucha contra el terrorismo es un tema muy serio en el país, que no ha acabado todavía; que es un tema muy serio... Por consiguiente, hay que tener respeto a las personas que luchan contra el terrorismo arriesgando su propia vida. Incluso en una situación de dificultad como la actual, hay que presumir la inocencia de esas personas. Pero, en todo caso, si los jueces establecen cualquier responsabilidad de cualquiera, yo asumiré la responsabilidad que a mí me corresponda, de eso no le quepa la menor duda, y siempre lo he dicho y lo he hecho políticamente.

I. G.: Apelo en este momento al demócrata y al campeón del Estado de derecho: ¿Cómo calificaría a un Gobierno que hubiera practicado la guerra sucia contra el terrorismo? Porque yo creo que se han comentado algunos ejemplos internacionales con alguna admiración...

F. G.: Yo creo que eso no tiene ninguna justificación, así de claro.

I. G.: Bueno, está afectando este tema a todos los asuntos... Perdón, el caso de Juan de Justo nos lleva al caso de los fondos reservados. ¿Usted no tenía ni noticia de que hubiera un dinero que se estuviera pagando a nadie?

F. G.: Es que yo creo que no es verdad, es que yo creo que no es verdad. Mire usted, sobre los fondos reservados le voy a decir algo que me parece serio. Todos los países democráticos necesitan el uso de fondos reservados para defender a las instituciones democráticas y al Estado de derecho, todos, no hay ni una sola excepción. ¿Qué es lo que ocurre? Que mentir sobre fondos reservados es muy fácil. Yo a veces tengo la tentación de decir, bueno, por qué no explico a la gente qué pasa con los fondos reservados... Pero, ¡claro!, no sólo el sentido de la responsabilidad, sino la propia ley prohíbe a los propios políticos hablar sobre fondos reservados. Claro, es muy fácil, por consiguiente, hacer imputaciones sobre fondos reservados. Hay, incluso, un procedimiento judicial abierto. Esperemos a ver qué es lo que dicen los jueces. Pero, desde luego, lo que tiene que quedar perfectamente claro para todo el mundo es que los fondos reservados en todos los Estados democráticos se utilizan para la defensa del propio Estado democrático, y no hay una sola excepción, ni una sola excepción. Y son reservados porque no se puede declarar su naturaleza. Y eso lo comprende todo demócrata. Claro que quien no entiende qué es la democracia no lo entiende, o puede estar utilizándolo de manera torticera.

I. G.: Sí, pero lo que no he entendido muy bien es por qué ha dicho usted que es falsa la imputación de que había un dinero que había viajado camino de Suiza para pagar determinados...

F. G.: Repito, la imputación esta mañana ha sido clara: "El Gobierno ha ordenado que se pague —no sé qué cantidad...— doscientos millones de pesetas al señor Amedo y Domínguez". Es falso y, además, lo vamos a demostrar porque nos vamos a querellar contra quien lo ha dicho. Por tanto, vamos a demostrar judicialmente que es falso.

I. G.: Volveríamos, tal vez, a la discusión, de nuevo, de qué sería Gobierno. ¿El Consejo de Ministros sería tal?

F. G.: Repito, pues claro que el Gobierno es un concepto que legalmente está acuñado, como es natural, ¿no? Pero es que yo creo que, además, es falsa en su conjunto la imputación. Pero, desde luego, la afirmación frente al Gobierno no estoy dispuesto a tolerarla, en absoluto, porque, como es falso y nunca el Gobierno ha tomado una decisión de esa naturaleza, pues naturalmente quien dice esa falsedad tiene que responder.

I. G.: ¿Tiene usted, por cierto, una opinión sobre la razón por la que Amedo y Domínguez han recuperado de repente la memoria?

F. G.: Mire, yo no debería dar ningún tipo de opinión que interfiriera ni directa ni indirectamente en lo que puede ser una tarea judicial, ¿no? Por consiguiente, por qué voy a dar una opinión. Cada ciudadano se hace su composición de lugar. Que han dicho una cosa antes y ahora dicen otra, también es una valoración que tienen que hacer los jueces, que tienen que hacer los tribunales. Si yo hiciera una valoración, probablemente alguien pensaría que estoy interfiriéndome, y como no tengo ningún interés...

I. G.: Perdóneme, ¿comparte el punto de vista de Barrionuevo de que Garzón está movido por intereses *non santos* en esta investigación?

F. G.: ¡Hombre!, Barrionuevo es una persona a la que se le han hecho una serie de imputaciones y tiene derecho a defenderse. Yo creo que ha sido un muy buen ministro del Interior; por consiguiente, asumiendo una responsabilidad muy seria, como es siempre el Ministerio del Interior. Pero yo no comparto su opinión sobre los jueces; yo creo que, incluso, en el límite del debate político, teniendo derecho cada uno a opinar lo que quiera, yo creo que no debería haber dado esa opinión. Por consiguiente, si lo hubiera pensado, en el caso de que lo hubiera pensado, se lo debería haber reservado y no haberla dado.

I. G.: Por cierto, ¿cómo acabó usted con Garzón?

F. G.: Pues yo no acabé mal. No hace mucho tiempo que lo vi, no hace mucho tiempo que lo vi por otra razón pero, en fin, lo vi porque presidía una fundación de ayuda a pueblos indígenas o algo así, no hace demasiado tiempo que lo vi.

I. G.: Perdóneme, señor presidente, pero, ¿esto que estamos viviendo es estabilidad?

F. G.: Sí, yo creo que se confunden los términos, yo creo que hay un problema o una serie de problemas, y hay algunos problemas que son serios. Pero esto es algo que ocurre desde el punto de vista de la tarea del Gobierno, y no pone en cuestión la estabilidad. Lo que tiene que hacer el Gobierno es resolver los problemas, que es lo que estamos haciendo.

I. G.: ¿Cómo interpreta usted lo que acabamos de escuchar en el telediario también, que los catalanes confirman su apoyo al Gobierno, pero se mantienen "en compás de espera", a la vista de los acontecimientos?

F. G.: Siempre va a ser así el apoyo parlamentario de CiU. Ha sido así desde el principio y yo lo que agradezco es que de nuevo reiteren, y reiteren con seriedad, que el complemento de apoyo parlamentario del Gobierno lo vamos a tener. Me parece que es lo que es más importante desde el punto de vista de la gobernabilidad.

I. G.: Pero, ¿no quiere decir que se está desconfiando, que todo esto que estamos comentando, el tema GAL, ha introducido un elemento, de verdad, de desconfianza en la sociedad respecto a lo que pueda asomar mañana o pasado y revelarnos con sorpresa lo que está pasando en el país?

F. G.: Yo creo que no, yo creo que no, yo creo que la inmensa mayoría de los ciudadanos confían, la inmensa mayoría de los ciudadanos confían y confían en un Gobierno que tiene que tomar decisiones, y decisiones que son serias, desde el punto de vista de la recuperación, repito, y desde el punto de vista de las reformas, y que está absolutamente dispuesto a tomarlas.

I. G.: ¿Pero tiene aliento todavía este Gobierno y este partido para continuar adelante esta Legislatura? ¿No está más empecinado en la acción que empeñado con ilusión en una acción?

F. G.: Yo creo que no, yo creo que tenemos un proyecto político que es un proyecto político que ha producido una gran transformación de nuestro país, que ahora trata de olvidarse, porque tenga en cuenta que aquí hay varios procedimientos; digamos, un procedimiento absolutamente respetable de jueces, etcétera, pero también hay un proceso paralelo del que he hablado hace unos meses y se creaba mucho escándalo, que es contra el Gobierno y contra el partido, que yo estoy dispuesto a soportar bien, porque este partido tiene un proyecto político que ha transformado la sociedad española, la ha transformado de una manera muy seria, y un proyecto político que tiene un largo alcance y, por consiguiente, que tiene que seguir el proceso de cambio de la sociedad española y defender, además, algunas de las conquistas que hemos hecho en materia social y que tenemos que asentar, sea en política sanitaria o sea en política de pensiones. Por tanto, tenemos que tener el impulso político para continuar con ese proyecto histórico, proyecto que, por cierto, no veo en otros.

I. G.: ¿Y no le está a usted también sujetando mucho el puro deseo de no caer ahogado en el tema de la corrupción?

F. G.: Yo..., mire lo que ha pasado...

I. G.: Digamos, vencer esta ola, no caer ahogado en ella...

F. G.: Mire, lo que está ocurriendo es el resultado de las acciones que hemos emprendido en materia de corrupción. Antes se hablaba de que había absoluta impunidad y ahora se dice que hay actuaciones institucionales que ponen de manifiesto que ha habido comportamientos presuntamente irregulares. Bueno, esto es lo que hemos decidido hacer. Es curioso que cuando se toma esa decisión, que es un compromiso electoral, eso se pueda volver contra quien decide que efectivamente hay que luchar seriamente contra cualquier tipo de corruptela. Pero es posible que eso se vuelva así. Sin embargo, yo no me cansaré de explicarlo: ha desaparecido ese sentimiento de impunidad. Ahora se dice que es que hay muchos casos. ¡Hay los casos que hay! Y yo creo que nadie podrá negar que se ha hecho un impulso en ese sentido.

I. G.: ¿Quiere decir que estos asuntos, algunos de los cuales están prácticamente ahogando al Gobierno, son el resultado de la propia acción depurativa del Gobierno?

F. G.: ¿Ahogando por qué? Usted me ha planteado que hay casos de corrupción, y es verdad que hay casos de corrupción y se están llevando adelante, se están llevando adelante por los tribunales o por las propias investigaciones internas del propio Gobierno, como acaba de ocurrir en el Ministerio de Justicia e Interior entregando toda la información a un juzgado. Bueno, eso es lo que tenemos que hacer, ¿no?, lo que nos reclaman los ciudadanos, que hagamos que funcionen las instituciones y nosotros estamos facilitando el buen funcionamiento de las instituciones desde nuestra responsabilidad como ejecutivo. Esto me parece que es lo normal, así debe ocurrir. Por consiguiente, eso producirá, a mi juicio, un saneamiento permanente de la vida pública y una mayor transparencia.

I. G.: ¿También el caso GAL es un caso de éstos de los que forman parte de la misma acción?

F. G.: No, no, no, es que, ¡claro!, pero no lo confundamos. En el caso GAL se ha hecho, se ha iniciado una investigación, una investigación que tiene su causa en un suceso del año 1983 o de diciembre de 1983. Por cierto, le recuerdo, en diciembre del 83, cosa que he explicado pocas veces, estaba reunido con el presidente de la República francesa justamente para discutir el tema de la cooperación en la lucha contraterrorista. Y justamente de esa reunión nace el cambio de actitud del Gobierno francés en la cooperación con España, y a primeros del 94 se produce el comienzo de la cooperación con las primeras extradiciones de etarras a España. Por consiguiente, en el mismo tiempo en el que se sitúan estos acontecimientos yo estaba luchando democráticamente por conseguir algo que no habíamos conseguido antes y que ha sido y es fundamental en la lucha contra el terrorismo, que es la cooperación del Gobierno francés.

I. G.: Y ahí está, entonces, el origen, y ahí cerramos también, ¿y en ese tiempo no se produce un "a por ellos" cueste lo que cueste, vale todo?

F. G.: No, no, no. Le vuelvo a repetir, quien impute al Gobierno las responsabilidades en ese sentido está simplemente mintiendo, está falseando la realidad. El Gobierno ha actuado de acuerdo con la legalidad y ha actuado desde convicciones democráticas profundas en la lucha contra el terrorismo, y, desde luego, ha actuado, repito, en términos muy desiguales, porque los terroristas tienen muchas ventajas cuando se lucha democráticamente contra ellos.

I. G.: Pues muchas gracias, señor presidente del Gobierno, y muchas gracias a ustedes por su atención. Buenas noches.

La sentencia

La entrevista no había sido convocada para hablar del GAL monográficamente, pues formaba parte de una serie política con los principales dirigentes sobre temas generales, pero Iñaki considera que no cabía otro argumento central —en realidad, monopolizó prácticamente el programa—: "La actualidad estaba inundada de GAL". Obtuvo no sólo la máxima audiencia, sino también provocó un gran interés en la prensa y la radio. Pasó a engrosar directamente todos los archivos y, años después, en junio de 1998, con motivo del inicio del juicio por el secuestro de Segundo Marey —primera de las acciones de los Grupos Antiterroristas de Liberación (GAL), ocurrida en 1983—, las emisoras de radio reproducían algunas de las declaraciones que hizo entonces González a Iñaki Gabilondo, mientras éste seguía con interés la información periodística de la vista, al cabo de más de tres años de aquel encuentro televisivo. Con la misma curiosidad se aficionó a los artículos con los que el escritor Antonio Muñoz Molina acompañaba las informaciones de *El País* desde el Tribunal Supremo. Uno de esos textos, que Iñaki parecía coleccionar, hablaba de la voz: "Si para ser escritor es necesario, como se decía antes, hacerse una firma, voy dándome cuenta", escribía el autor de *Plenilunio*, "de que para llegar a algo en la abogacía es necesario hacerse una voz...".

La Sala Segunda del Supremo acabó dictando sentencia a finales de julio. De entre todas las penas, concitaban especial atención las del ex ministro del Interior José Barrionuevo y el ex secretario de Estado para la Seguridad Rafael Vera, condenados a diez años de cárcel por secuestro y malversación —siete de los once jueces de la sala votaron en este sentido, mientras los cuatro restantes pidieron la absolución por falta de pruebas—. La sentencia recibió duras críticas del PSOE, por entender que la presión política y mediática sobre el tribunal había viciado el juicio. El presidente del Tribunal Supremo y del Poder Judicial, Javier Delgado, salió al paso y mereció la repulsa socialista por emitir un comunicado descalificatorio de la postura del PSOE. En este clima, Barrionuevo y Vera, que se negaron a pedir el indulto, ingresaron en prisión en el mes de septiembre arropados por los principales dirigentes del PSOE y unas siete mil personas congregadas ante la cárcel de Guadalajara. Felipe González, que se dio de alta como abogado para firmar los recursos de ambos ante el Tribunal Constitucional, los despidió con un abrazo en la puerta de la prisión.

Gabilondo se acreditó siempre como entrevistador en radio y televisión. En una recordada serie de este género que emitió TVE-1, *Gente de primera*, se enfrentó a personajes de la más variada *fauna*. En marzo de 1994, la ex primera ministra británica Margaret Thatcher fue su invitada. Recuerda que lo primero que preguntó la Dama de Hierro fue el color del plató y que en todo momento se comportaba como una profesional de la entrevista. Estaba en España para la promoción de sus memorias, *Los años de Downing Street*, que publicó El País-Aguilar, y se le veía dueña de la escena, tras un rodaje con seguridad intenso de entrevistas como la que él le hacía. "Le preguntara lo que le preguntara veía en sus ojos que activaba en cada momento un *chip*. Hablaba como de memoria, con mucha seguridad en sí misma, hasta que en un momento determinado le hago saber que había leído en su libro que lloró cuando tuvo que dejar el poder y que, sin embargo, no encontré una línea donde dijera si había soltado alguna lágrima cuando envió a sus soldados a la guerra de las Malvinas. Le cambió el rostro y me dije: ¡Tocada! A partir de ese momento, la entrevista cogió otro rumbo y Margaret Thatcher fue más auténtica, más humana." A propósito de este caso, señala: "No me gusta llevar las preguntas escritas, para captar situaciones como esa misma con la Thatcher. La gente sólo habla con interés cuando sabe que se le está escuchando. Me gusta mirar a los ojos y escuchar. La clave es saber escuchar". Tampoco olvida la entrevista que le hizo al director de cine Oliver Stone, porque nunca pudo imaginarse que aquel hombre curtido en mil batallas y familiarizado con los focos acabara bañado en sudor durante el programa, hasta el punto de obligar a interrumpirlo para secarse y poderse relajar.

"Para hacer bien una entrevista", había escrito ya sobre este tema, "hace falta saber escuchar y querer entender. Nada menos. Saber escuchar es arte inédito, que apenas unos pocos han explorado en pasos incipientes. Lo de querer entender es hoy día un contrapelo, una contracorriente. Lo practican muy pocos, hasta el punto de que dar con ellos es tan difícil como encontrar vírgenes de cualquier sexo, poetas, altruistas o políglotas de tres o más lenguas muertas. El periodista actúa como un ser humano personalmente interesado porque habita en el ojo de ese huracán. Y entendiendo se entiende a sí mismo."

En el caso de la delicada entrevista a González en televisión, es obvio que exigía un sumo tacto por parte del periodista, que cada vez que hablaba con el presidente estaba bajo sospecha insidiosa por parte de sus adversarios. Pero no por ello —asegura— se propuso ser demoledor. "Algunos socialistas me dijeron que yo tenía miedo de que me acusaran de felipista y me fui para el otro lado. No, no, me comporté, sencillamente, con honestidad profesional. Y me resultó duro, no me gusta ser un inquisidor. Yo no me considero un policía. Sin embargo, aquel día la entrevista me pareció que tenía que ser algo parecido a un interrogatorio." Curiosamente, según cuenta Christopher Silvester, en la introducción a la antología de *Las grandes entrevistas de la historia. 1859-1992*, los historiadores sugieren que la técnica periodística de la entrevista —preguntas y respuestas— surgió de la difusión pública de transcripciones literales de procesos judiciales.

De este modo preparó Iñaki Gabilondo su encuentro delante de las cámaras con el presidente:

"Hay periodistas que afirman tener un solo modelo de entrevista y lo aplican así tengan delante a un director de cine que al presidente del Gobierno, que a un asesino... O son siempre muy agresivos o siempre muy blandos. Mi opinión, en cambio, es que la entrevista exige un planteamiento distinto y una actitud distinta del periodista según el caso y el protagonista. La entrevista no es un molde fijo, una foto robot, sino el reflejo de la realidad vivida en un momento determinado a través de un personaje que tiene cosas que decir. Aquel día yo me pensé mucho la entrevista y me dije, aquí no cabe otra cosa que preguntarle a este señor por lo que está en el ambiente, aunque me va a resultar muy difícil, o sea, ¿organizó usted el GAL? Y me comprometí conmigo mismo a no hacer otra entrevista que ésa, que era la que tenía que hacer. Entonces, como iba a ser sin papeles, en tiempo real, media hora (si es más larga, es necesario llevar un guión), mirándole mucho a la cara, pues me hice una composición de lugar y traté de prever algunas respuestas posibles. Si yo le pregunto esto, ¿usted organizó?, me va a decir que no. Y le voy a insistir. ¿Pero usted lo permitió? Me va a decir que no. ¿Pero usted lo sabía? Me va a decir que no. ¿Pero usted se benefició? Me va a decir que no. Entonces, voy a prepararme unas salidas, porque esas cosas se las tengo que preguntar. Estúpido sería que le preguntara por el mar y por los peces, porque lo que toda España tiene hoy sobre la mesa es Felipe González y el GAL. Y Felipe González viene hoy a la tele, con el telediario cargado de ese mismo asunto y los correspondientes autos de detención. Hoy no hay la más mínima duda de qué hay que preguntar y de cómo hay que preguntar. Y lo que me sorprendió fue que Felipe González no tuviera un atisbo de, negando la implicación de su Gobierno en la guerra sucia, admitir, al menos, cierto grado de responsabilidad política por la personalidad de quienes sí parecían poder estar involucrados. Me sorprendió sobremanera. Y no es que esperara un gran anuncio de dimisión, pero entre todas las eventualidades que barajaba (qué me dirá, qué no me dirá, si le digo esto por dónde me podrá salir), consideré la posibilidad de que él, en algún momento determinado, hiciera un gesto de asumir algún tipo de responsabilidad política, en el sentido de 'yo no soy culpable de nada, pero si fuera verdad que se cometió ese error, si alguien es verdad que hizo este tipo de barbaridades, si estas locuras se produjeron en el ámbito de nuestra autoridad, y dado que yo soy el presidente del Gobierno y la política antiterrorista es una política de Gobierno, pues en ese caso asumo la responsabilidad política que me atañe y me voy a mi casa'. Yo creo que no hacerlo fue su gran error. Pero no, cuando me contestó aquello de que él sabía lo mismo que yo, sí he de reconocer que me quedé muy extrañado. Nunca me planteé si él estaba o no detrás de aquel asunto. Para nada. Yo no soy un tribunal especial, yo no dicto sentencias. Ahora bien, en la calle estaba esa pregunta de si el presidente del Gobierno tenía alguna información de aquello. Y yo se la hice. No fue muy divertido."

Cuando terminó la entrevista —González había estado serio y cortante—, pasaron al despacho del director general de RTVE, Jordi García Candau. Al presidente lo acompañaba Alfredo Pérez Rubalcaba, que mantuvo una conversación telefónica con Jordi Pujol. Iñaki subraya de la posentrevista la ausencia de comentarios por parte de González sobre cómo había transcurrido la misma y la cara de empacho que puso cuando le preguntó qué tal iba encajando los acontecimientos, acompañada de una palabrota muy común para expresar hasta dónde estaba de harto. "De la entrevista no se habló ni una palabra." Los ocho millones de espectadores que siguieron aquel diálogo en el filo de la navaja, con el mismo interés que un partido de fútbol internacional, convirtieron el programa en el informativo especial de mayor éxito de audiencia en un periodo de máxima ebullición periodística en España sobre los escándalos políticos. Fue el año 1995 en que la oposición se empleó a fondo desesperadamente para derribar al Gobierno en las elecciones de marzo de 1996, el año de la *pinza* PP-IU denunciada por los socialistas, el año del acoso mediático... El peor año de Felipe González —asediado por la fuga de Roldán, los casos de corrupción, la financiación ilegal del PSOE y el GAL—, que denunció una conspiración mediática, política y judicial para acabar con él, su Gobierno y su partido.

FINAL DE ETAPA

Por razones muy diversas —el tono y contenido de las preguntas, la acritud de los gestos del presidente, la gravedad del propio tema de fondo, la crispación política del país y el peso de doce años de Gobierno— aquella entrevista de Gabilondo a González pasó enseguida a constituir "la entrevista". La peseta y la Bolsa, dolidas por la crisis política desde días atrás, experimentaron nuevas caídas tras la intervención del presidente por televisión. La ejecutiva socialista se reunió al día siguiente, y González se dispuso a resistir, negándose a adelantar las elecciones, como proponía el PP y opinaba la mayoría de los ciudadanos según una encuesta de urgencia realizada por Demoscopia. La oposición criticó enérgicamente que el presidente diera explicaciones en televisión y eludiera acudir al Parlamento. El diario *El País*, en un editorial que arrancaba en primera página bajo el título "Final de etapa", recordaba el 13 de enero la fallida intentona golpista perpetrada catorce años atrás y pedía que la democracia española pusiera esa vez a prueba los resortes constitucionales para resolver la grave crisis política: la presentación de una moción de confianza por parte de Felipe González o la de una moción de censura por parte de José María Aznar. Éste puso siempre como condición la garantía de obtener mayoría. En aquellos momentos se barajaba la hipótesis de la salida de González del Gobierno para dar paso a un Gabinete de transición. Pero nada de todo eso iba a ocurrir, hasta que llegaron las elecciones de 1996, menos madrugadoras de lo que deseaba la oposición.

El periodista y escritor Eduardo Haro Tecglen prestó a la entrevista Gabilondo/González una especial atención en su columna de *El País* "Visto/oído". En una primera entrega, publicada a los dos días, calificaba a Iñaki de "dignísimo y duro" en el lance, y daba respuesta a los que censuraron al presidente por comparecer ante las cámaras en lugar de ante la cámara, recordándoles un hecho mediático: "La televisión hoy es el pueblo; el Parlamento no ha ganado prestigio con tanta maniobra. El presidente ante el pueblo, representado por un periodista de honestidad y calidad". No satisfecho, el veterano crítico y comentarista político volvió a ocuparse del tema al día siguiente, con este título: "Gabilondo". Haro Tecglen calificó sin rodeos el asunto desde la primera línea: "En la entrevista histórica...". Y no escamoteó elogios al entrevistador frente a sus detractores y a la degradación del malfamado periodismo:

"... con González ha habido claramente la calidad personal de un periodista, Iñaki Gabilondo. Conviene decirlo cuando el periodismo pasa por una crisis, que a mí me parece injusta... En esta profesión hay unos sinvergüenzas, integristas, vengadores de sí mismos, corruptos o mentirosos; no creo que su número exceda en absoluto al de otra profesión en España; y la media de España no excede a la de otros países...; de cuando en cuando sale de entre nosotros alguien como Gabilondo capaz de hablar de igual a igual con Felipe González, lo cual no había sucedido nunca jamás. No es que ha caído González, sino que ha subido el periodismo. No es invulnerable a la maldad, desde los que acusan de haber pactado la dureza a quienes se la reprochan como impertinencia. Hay rácanos que niegan el derecho de TVE-1, o el de la elección de Iñaki: sucios políticos. Por estos días, es el mejor número del periodismo que he visto y oído".

Aquella vez, Iñaki Gabilondo, que en algunos círculos de opinión, como antes se indicó, era tenido por amigo personal de Felipe González, pasó a ser famosamente no amable.

"En este momento de tanto exceso de protagonismo del periodista, se está confundiendo una entrevista con un duelo. Y, al final, se trata de saber quién gana. Aunque pudiera haberlo parecido en aquella entrevista con Felipe González, estoy en contra de esa concepción del género. Cuando alguien me ha dicho después que yo debía haberle dicho al presidente esto o aquello, se equivocaba conmigo. Si yo hubiera hecho un debate, en lugar de una entrevista, con el presidente, entonces sí le hubiera dicho, pero yo le pregunto, no tengo por qué replicarle nada. Yo soy el que pregunta, él es quien responde y el ciudadano sabrá a qué conclusión llega. Pero el periodista no puede olvidar que una entrevista es una cosa en la que uno pregunta y otro contesta. Un juego de preguntas y respuestas, y en ese juego el periodista puede hacerle especialmente complicada la vida al preguntado, pero yo no estoy ahí para discutir con él. Ahora se ha puesto muy de moda en las entrevistas que el periodista diga de vez en cuando 'pues no estoy de acuerdo'. Oiga, perdone, usted no estará de acuerdo pero yo no he venido a debatir con usted si está usted o no de acuerdo conmigo. ¿Cuál es la siguiente pregunta?"

La entrevista es un género que está a punto de cumplir 140 años de historia. Las que han tenido por protagonistas a presidentes suelen gozar de una especial celebridad. En Estados Unidos, J. B. McCullagh, que instituyó tras la guerra civil la entrevista diaria, pasa por ser el primer periodista en entrevistar a un presidente de ese país: Andrew Johnson, poco antes de su recusación. Y James Gordon Bennett, propietario del *The New York Herald*, posee la discutible condición de pionero en esta especialidad, por una entrevista que realizó en la primera mitad del siglo pasado, precisamente, a un presidente de Estados Unidos, Martin Van Buren, en Washington, aunque, en realidad, publicara un artículo descriptivo del encuentro y la conversación, con ausencia de todo diálogo.

Felipe González

Iñaki Gabilondo acumula una dilatada experiencia y una información profesional de primera mano que le avalan para dibujar el perfil histórico de destacados personajes de este último cuarto de siglo en la vida política española. Al igual que conoce bien los recorridos que, tras la caída de la dictadura, han trazado el Rey, Suárez, Calvo-Sotelo y otras figuras decisivas de la transición, esa misma atalaya privilegiada le ha permitido observar y valorar a quien permaneció más tiempo en el poder durante la democracia: Felipe González.

"Felipe González fue un gobernante extraordinario y decisivo en la modernización de este país, que parece que se nos ha olvidado cómo estaba y cómo está. Gran parte de ese cambio se debe a él, y nadie se lo puede regatear. Lo que ocurre es que ya sabemos cómo son los españoles, que lo tienen que dar o quitar todo, que son incapaces de poner el matiz en ninguna parte. Y a Felipe González lo tienen que canonizar o echarlo a los leones. Digo esto y añado que hubiera sido maravilloso que, cuando estallaron los escándalos, hubiera dimitido. Lo creo sinceramente, pero como nunca me he dedicado a la política, supongo que esto que digo es una idiotez. Como opino que el día de la famosa sesión parlamentaria por el 'caso Juan Guerra', si Alfonso Guerra se hubiera ido, aun garantizando su inocencia, pero por una responsabilidad de tipo político, hubiera cambiado mucho el rumbo de la cosas. Siempre he tenido la sensación de que ha habido una formidable injusticia para con la acción que el PSOE llevó adelante, que no se está reconociendo lo bueno que hicieron porque el PSOE no fue capaz de aceptar la responsabilidad de asumir lo malo que hizo. Si hubiera asumido la responsabilidad de lo malo, seguiría siendo visible lo bueno. Pero de lo malo nadie quiso pagar una copa en esa ronda. Está la otra teoría de prietas las filas, todos unidos, no pasa nada, que les ha hecho muchísimo daño. Estoy convencido de que Felipe González hubiera pasado a la historia en la justa medida de sus grandes méritos. Si él hubiera dicho, aquí este caso Filesa, allí ese otro, esta fisura, esos cuarenta y siete disparates, y todo forma parte de nuestro mandato, y hay que pagar un precio político y proclamarlo sin ambages, y luego viene el caso GAL, yo no sé lo que hay ahí dentro pero huele mal..., y todo esto evidentemente me lleva a no enrocarme en el poder y lo que voy a hacer es dimitir..., pues otro gallo cantaría. Los que siempre hemos creído que eso es lo que debió hacer y que hemos pasado por ser unos ingenuos, ahora se ha visto que los ingenuos eran otros."

Aquí cabría decir que el conocimiento es mutuo, que cuantas veces el periodista entrevistó o, simplemente, conversó a micrófono cerrado con el político, éste también le estaba juzgando, formándose una opinión de su talante profesional, ayudado, en su caso, por la condición extra de oyente. Felipe González dice que el hecho de que Iñaki Gabilondo "sea el líder de la comunicación radiofónica en España desde hace ya varios años no dejaría de ser un dato interesante, pero puramente estadístico, cuantitativo. Lo extraordinario es que haya conseguido llegar y mantenerse usando justamente las armas que parecían menos eficaces en unos tiempos de tanto griterío y tanto púlpito excitado. Su éxito refleja que hay una sociedad española mucho más normal de la que a veces se nos muestra como la real, y a la que yo diría que Iñaki aporta un punto de vista equilibrado, pedagógico, dirigido por una permanente búsqueda de la mesura".

Al ex presidente del Gobierno le preocupaba, cuando hacía estas declaraciones para el libro, que cualquier aplauso del político al periodista fuera mal interpretado, pero no por ello eludió elogiar "a quien ha sabido situarse lejos de cualquier extremo y, a la vez, no mantenerse ajeno a nada de lo que ha ido ocurriendo en nuestra sociedad durante treinta años". "Quiero", precisó, "que haya en mis palabras esa distancia deliberada respecto al personaje, en la que el propio Iñaki es un maestro; por eso, él comprenderá cuánto afecto se encierra en lo que digo, incluso en la manera de medir mis palabras: una más alta que otra, o una más halagadora, y enseguida harían gestos ésos que siempre sospechan de no se sabe qué..., pero sospechan, seguramente porque saben la cantidad de cosas que puede buscar un político en un periodista y, por supuesto, un periodista en un político."

A lo largo de tantos años, la relación Iñaki-González atravesó todas las etapas periodísticas y políticas que vivió el país durante ese viaje de ida y vuelta que ha realizado el PSOE entre la oposición y el poder. "Espero haberle dado a Gabilondo en estos años algunos titulares", señala ahora González, "pero serán sin duda menos de los que él haya deseado. Yo he recibido, en correspondencia, un trato justo, lo que no quiere decir que siempre me haya gustado lo que he oído. Aunque quizá deba puntualizar en honor a él que, incluso, las apreciaciones que no gustaron al político, siempre gustaron al hombre, y eso por la sencilla razón de que Gabilondo practica algo que yo a menudo echo de menos en este país demasiado exagerado, a veces pasional, a veces gélido, pero siempre tan poco ecuánime. Quizá lo que más valoro en Iñaki Gabilondo es su profundo respeto por el otro, sea el otro quien sea, una cualidad que produce, claro está, un efecto expansivo: Del mismo modo en que las ondas transmiten lo que él cuenta, se expande ese respeto entre los tertulianos y los profesionales que comparten el micrófono con él. Como consecuencia, nuestro país y el paisanaje ganan cada mañana un espacio sonoro a favor de la convivencia y la mesura, que, como afortunadamente se comprueba, concita el interés de la mayoría".

Al margen de valoraciones políticas, Felipe González reconoce afinidades de oyente con las parcelas más cotidianas de *Hoy por hoy* cuando declara sus preferencias radiofónicas: "Digo que me gusta Iñaki y no estoy antagonizándolo con ningún otro de los buenos profesionales de la comunicación que hay en este país. Oigo a muchos, pero creo que Gabilondo me gusta por razones que van más allá de su ecuanimidad política, de su capacidad para no salpicarse cuando transita por territorios encharcados de calumnias. Diré que me gusta, por ejemplo, escuchar en su programa de los viernes cómo se marcha de excursión sonora y cómo recupera canciones populares y fiestas, y los nombres de los árboles que después de mucho tiempo vuelvo a escuchar, y oír cuánta curiosidad y, otra vez, cuánto respeto, hay en ese dejar que las ondas radiofónicas se llenen con la serenidad que aportan los sonidos de los pájaros que su equipo graba en cualquier lugar de nuestro país. No es una anécdota, considero que es un trabajo muy brillante y muy digno que nos ayuda a profundizar en lo nuestro, a permanecer atentos a nuestros orígenes, a otras realidades de este mundo que no es sólo política y a desarrollar el sentido cívico de nuestra sociedad".

Gabilondo manifiesta siempre un gran reconocimiento hacia su más directo competidor, Luis del Olmo, al que considera un pionero que se adelantó a la radio en democracia. Cuando Del Olmo celebró su 25° aniversario con el programa *Protagonistas*, en octubre de 1998, Iñaki lo felicitó efusivamente, como recoge la foto.

Debate sobre comunicación, celebrado el 19 de octubre de 1995 en la Asociación de la Prensa de Madrid. En la imagen (de izquierda a derecha): José A. Zarzalejos, Pedro J. Ramírez, Iñaki Gabilondo, Juan Luis Cebrián y Antonio Franco.

La foto reúne a cinco hombres importantes de la radio (de izquierda a derecha): Javier González Ferrari, Antonio Herrero, Luis del Olmo, José María García e Iñaki Gabilondo.

Brindando con Encarna Sánchez durante un reportaje fotográfico de Navidad.

Con Felipe González, el 9 de enero de 1995, dirigiéndose al plató donde se realizó la célebre entrevista en TVE-1 que giró en torno a los GAL. El programa lo vieron ocho millones de telespectadores y tuvo una gran repercusión política. Según un editorial de *El País*, González se vio sometido en esa ocasión a "la media hora quizá más dramática de sus doce años de presidencia". Mientras iban por el pasillo, González le preguntó: "¿Va a caber algo más que el GAL?" y Gabilondo le contestó: "Depende de la velocidad con que respondas".

Con José María Aznar, durante un programa en la SER.
Ese día descubrieron que sus relojes eran iguales.

Con el *lehendakari* José Antonio Ardanza.

Con José María Atutxa (en ese momento, consejero de Interior del Gobierno vasco) en un alto del programa *Hoy por hoy*. En el centro de la foto, Antonio García Ferreras, director de los Servicios Informativos de la Cadena SER.

Iñaki ha cubierto todos los procesos electorales de la democracia. Esta imagen corresponde a un programa que tiene una especial significación: el debate electoral que moderó en 1994 en Bilbao, bajo la protección de la Ertzaintza, en el que intervinieron (de izquierda a derecha): Javier Madrazo (IU), Jaime Mayor Oreja (PP), José Antonio Ardanza (PNV), Ramón Jáuregui (PSE), Carlos Garaikoetxea (EA) y Pablo Mosquera (UA).

Durante unas jornadas de puertas abiertas, el Congreso
de los Diputados se convirtió en 1997 en un improvisado estudio
radiofónico. Iñaki Gabilondo (en primer plano), rodeado de
contertulios de su programa: Gregorio Peces Barba, Luis del Val,
Cristina Almeida, Jaime García Añoveros y Nicolás Sartorius.

El auditorio de Caja Canarias, en Santa Cruz de Tenerife, abarrotado de público, durante una emisión en vivo de *Hoy por hoy*, en febrero de 1996. Fue un programa cargado de emoción, en homenaje al ex presidente del Tribunal Constitucional, Francisco Tomás y Valiente, que había muerto el día anterior víctima de un atentado de ETA.

En marzo de 1994, entrevistó en TVE-1 a la ex primera ministra británica, Margaret Thatcher. La *dama de hierro* se comportó como un personaje frío hasta que Gabilondo le preguntó por qué había llorado cuando tuvo que dejar el poder y, sin embargo, no soltó una lágrima al enviar a sus soldados a la guerra de las Malvinas.

En el programa *Gente de primera*, en TVE-1, con monseñor Elías Yanes, presidente de la Conferencia Episcopal.

Iñaki es un amante de la música. En la foto, junto a su tenor favorito, Alfredo Kraus.

Mariano Rubio, Baltasar Garzón e Iñaki Gabilondo.

Con Antonio Banderas.

Con Víctor Manuel, de su peña de amigos.

Con su paisano Ignacio López de Arriortúa, *Superlópez*.

Saludando a la ex ministra Cristina Alberdi, en presencia
de la infanta Cristina.

Iñaki Gabilondo, que se confiesa admirador de Fernando Savater,
ha discrepado públicamente con él sobre el problema vasco. En la foto,
con el filósofo (izquierda) y el novelista Antonio Muñoz Molina.

En un acto por la paz, en noviembre de 1996, junto a Jaime Mayor Oreja, Juan María Bandrés y José María Álvarez del Manzano.

En el desierto, con motivo de una edición especial de *Hoy por hoy*, el 28 de septiembre de 1998.

Iñaki Gabilondo y su esposa Lola Carretero.

En el centro de la foto, la hija de Iñaki jr. y María. Nació el 11 de marzo y se llama como su madre. El día que la bautizaron, el pasado 30 de mayo, fue fotografiada en brazos de su abuelo Iñaki Gabilondo, en la iglesia de San Pablo de la Cruz, en Madrid. A la izquierda de la imagen, la abuela por parte de la madre, Amparo García.

Lleva treinta años en la radio y dirige y presenta en la Cadena SER el programa de máxima audiencia, *Hoy por hoy*. Iñaki Gabilondo ha sido considerado, por tercer año consecutivo, el comunicador con más credibilidad.

González se felicita por que el respaldo de la audiencia premie, de paso, la credibilidad: "Durante los años de éxito profesional sostenido de Gabilondo, el mapa de las comunicaciones en España se ha transformado profundamente. Aquí se ha producido una lucha por la audiencia en la que ha valido casi todo o todo. Y eso ha tenido enormes costes, y aún no conocemos todos, para la verdad, para el honor, para la convivencia. Quiero llamar la atención sobre el hecho de que, superando cualquier tentación de sumarse a esas refriegas, Iñaki Gabilondo ha conseguido mantenerse no sólo como el comunicador con más audiencia de la radio, sino además como el que más credibilidad logra cada día. Ha sostenido un pulso muy difícil y ha ganado, y ése es un dato de esperanza para todos los que trabajamos con la meta de hacer mejor nuestra sociedad".

En una ocasión, en la Moncloa, al término de una entrevista para la SER, González tenía prisa y ya se despedía, cuando Iñaki le hizo este comentario: "¿Has leído el último número de *Le Nouvel Observateur?*"

—No —respondió el presidente—, ¿por qué?

Y el periodista le explicó:

—Es que hay un artículo muy interesante que se titula "En tiempos de Poncio Pilato". Se refiere a Mitterrand, y habla de que cuando pase el tiempo, la gente no se acordará de si Laurent Fabius... o esto o aquello, sino que se acordará de que todo ocurría en tiempos de Mitterrand y de que algunos de los problemas y los procesos de ese periodo sucedieron en tiempos de Mitterrand, como ahora la muerte de Cristo ha quedado marcada para siempre como en tiempos de Poncio Pilato. Entonces, ¿a ti no te preocupa que al cabo de todos estos follones, la gente no recuerde si estaba Salanueva metida en ese asunto o no sé quién más en ese otro, sino que va a decir que todo ocurrió en tiempos de Felipe González?

Y el presidente se detuvo a escucharlo e hizo lo que solía hacer cuando acababa cualquier entrevista con Iñaki y no le esperaba ningún compromiso urgente: se quedó a charlar un rato, olvidándose por completo de que tenía prisa. Iñaki advirtió esa vez hasta qué punto le producía verdadera angustia que su labor pudiera quedar empañada por el "en tiempos de Poncio Pilato".

CAPÍTULO XV

La patria dignidad

"El discurso de mi padre siempre era: 'Nunca hay que odiar'. Mi padre era un hombre que apenas hablaba. El día del Aberri Eguna (de la Patria Vasca) en mi casa había champán, y mi padre decía bajito: *Gora Euskadi askatuta* y luego añadía: 'Y que un día ondee la *ikurriña* en la Diputación de San Sebastián'. Cuando un día ondeó y ETA pegaba tiros, mi padre, que era un hombre pacifista, preguntaba alarmado: '¿Qué es esto? ¿Qué quieren? ¿Qué pasa? No entendía nada."

Durante el secuestro del concejal de Ermua Miguel Ángel Blanco por ETA, el presidente de la Comunidad de Madrid, Alberto Ruiz Gallardón, llamó a Iñaki Gabilondo, para que pronunciara unas palabras en la Puerta del Sol durante la vigilia que precedió esa noche al ultimátum de los terroristas y el asesinato final del joven político del PP, perpetrado en la tarde del día siguiente, 12 de julio de 1997. Gallardón no le pedía que leyera un texto consensuado por todas las fuerzas políticas. "Queremos que digas lo que creas que debas decir", le propuso. "Para mí era un gran honor y le dije que lo haría encantado, que ese día tenía que dar una conferencia en El Escorial, pero que me comprometía a pasar por la Puerta del Sol a la vuelta, que estaba muy honrado y que muchísimas gracias. Durante el viaje de ida y vuelta traté de componer unas palabras que luego iba a decir de memoria, porque a mí no me gusta leer papeles en este tipo de actos." Cuando esa tarde del 11 de julio llegó al lugar de la convocatoria, se dirigió, arropado por todas las fuerzas políticas y sindicales, a una multitud de 50.000 personas concentradas en silencio:

"Nos hemos reunido esta tarde aquí para participar en un formidable latido, que a lo largo de todo el día, en ciudades y en pueblos de España, está transmitiendo un mensaje. El mensaje podía ser: Miguel Ángel no está solo, ETA sí está sola. Aunque Miguel Ángel pueda creer que está solo, y aunque ETA pueda creer que no lo está, estamos reunidos también para compartir nuestra propia indignación. ETA ha batido el récord de su vileza con un chantaje y con una amenaza que es una ejecución a ritmo lento, la más refinada de las torturas. Pero estamos, también, creo, deseosos de transmitir unos cuantos mensajes, junto al rechazo y junto a la solidaridad. Un mensaje de respeto y de solidaridad para con las instituciones democráticas, de apoyo sin fisuras de todas las fuerzas políticas que están aquí reunidas y representadas, al Gobierno y a los hombres que tienen que gestionar esta dificilísima y dramática crisis, a los que deseamos clarividencia, coraje, prudencia y suerte. Queremos ser, también, ojos y oídos que sumar a las Fuerzas de Seguridad del Estado para ayudarles a encontrar sano y salvo a Miguel Ángel. Pero queremos, asimismo, pedir a las fuerzas políticas que están aquí y que representan todo el arco de la democracia de España, que mantengan la unidad que ahora exhiben, que les necesitamos unidos hoy y la semana que viene y el mes que viene y el año que viene en la lucha contra el terrorismo, y que no deben marchitar con tanta facilidad como marchitan la formidable unidad que se exhibe en momentos de agudísima emergencia como éste. Pedimos a las fuerzas políticas que no caigan en la trampa de la desunión. Pero, además, queremos decir otra cosa. Existe una patria por encima de todas las patrias que es la patria de la dignidad del hombre, y existe una ideología por encima de todas las ideologías que es la ideología de la vida y de la libertad.

Pues bien, desde esa patria de la dignidad del hombre y desde esa ideología de la libertad y la vida, queremos también llamar a los que dan cobertura con su voto a los violentos, pedirles que se atrevan a alzarse contra su miedo y pedirle a ETA que no cumpla su amenaza y que deje de matar, que entienda que ellos son los que más temen a quienes protegen, y que esta ciudad de brazos abiertos les invita a abandonar el territorio del miedo, y venir a discrepar radicalmente a esta patria de la dignidad del hombre y a este territorio de las ideologías de la paz y de la vida. Y en la esperanza de que este clamor que recorre como un latigazo toda España sea capaz de penetrar en algunas de las 180.797 personas, mujeres y hombres, que dan cobertura al terrorismo, una cosa más, finalmente: queremos que esta reunión traslade, como una vibración cálida, afecto a una familia angustiada: una familia humilde que vive en este momento en el abismo de la desesperación. Y queremos también que esta vibración sea capaz de llegar a ese zulo —que quiere decir agujero— en el que está Miguel Ángel, en la esperanza de que sea capaz de transmitirle afecto, valor y esperanza."

Esta intervención fue televisada en directo, y al día siguiente *El País* la reprodujo íntegramente. La condición de vasco daba a sus palabras un significado especial en una noche como aquélla en que la víctima era un paisano del que hablaba y los autores del horror decían actuar en nombre de la patria de ambos. "Es una horrible paradoja en la que pienso muchas veces, cada vez que hacen estas barbaridades en nombre de la patria vasca. Tú te indignas y, como ciudadano, como demócrata, te cabreas. Pero si encima eres vasco, el producto de la barbarie te produce una especial ira, porque dicen que lo hacen en nombre de tu pueblo. Yo no, yo no me siento compatriota tuyo. Si tú matas yo no soy de tu patria. La patria en cuyo nombre tú matas no es la patria en la que yo nací. Y por eso yo digo que hay una patria por encima de todas las patrias, que es la patria de la dignidad."

A lo largo de muchos años, ya últimamente no, era muy frecuente en la SER, coincidiendo con atentados terroristas, que se recibiera alguna llamada "para que le digan a ese vasco que se vaya a su país". Una vez, Iñaki y miembros de su familia fueron rechazados en un restaurante fuera de Euskadi por ser vascos. "Cuando hay un muerto de ETA, soy un vasco que estoy haciendo un programa de radio y estoy contando que unos tíos han matado a un señor de Utrera para salvar a mi pueblo. Y, entonces, además del disgusto, me agarro un cabreo. ¡Cómo que mi pueblo! No, no, tú y yo no somos del mismo pueblo."

BRIGADA DE BUENAS INTENCIONES

En junio de 1998, durante una salida de *Hoy por hoy* a Santander, en que el programa se convirtió en un taller de radio para jóvenes en la Universidad Internacional Menéndez Pelayo, ETA mató en Rentería, Guipúzcoa, a Manuel Zamarreño, concejal del PP de esa localidad, que había sustituido al edil también popular José Luis Caso cuando la banda terrorista le quitó la vida en un bar de Irún. El programa, como ocurre siempre en esas situaciones de emergencia, cambió sobre la marcha el guión previsto al verse sorprendido en directo por una noticia de tal magnitud. De inmediato, Iñaki volvió a enfrentarse a sus eternas dudas.

Por esos mismos días, Fernando Savater, había publicado en *El País* un artículo titulado "El muro vasco". En uno de los últimos párrafos podía leerse: "¿Tenemos entonces conflicto para rato, como reitera la brigada de buenas intenciones —Margarita Robles, Iñaki Gabilondo, Máximo, etcétera—..., cuyas quejas sólo logran dejar en claro la pureza de sus almas, pero dan pocas pistas sobre la naturaleza del diálogo o negociación que debería sacarnos del atolladero? Puede que sí, lo ignoro, aunque cabe recordar que fue la urgencia de hacer 'algo', lo que fuera para 'acabar de una vez', el razonamiento que a algunos les llevó a bendecir el GAL. Lo del GAL fue primero un crimen y además una equivocación: espero que las prisas no hagan ahora tropezar en una equivocación que pueda desembocar luego en crimen".

La mañana que se publicó el artículo, Iñaki no se contuvo, y en la tertulia de *Hoy por hoy* salió al paso de las insinuaciones del filósofo. Estaba claro que entre la tajante oposición al diálogo con ETA de Savater y los miembros del "Foro de Ermua", y los postulados favorables a una solución acordada de la "Mesa por el diálogo", que impulsa Margarita Robles, Iñaki Gabilondo decantaba sus dudas hacia este último escenario antes que hacia aquél. En la posterior charla para este libro, ese mismo día, le propusimos entrar en el análisis del llamado "problema vasco". Corría el mes de junio, antes de que se produjeran importantes acontecimientos que darían un vuelco a la situación.

"Mi opinión es que todo ha fracasado, a lo largo de estos treinta años: la creencia de que la policía por sí sola era suficiente, luego el escepticismo respecto a esto mismo, la conveniencia de hablar, las conversaciones de Argel..., todo ha fracasado. Y entonces, yo creo que el mandato de Ermua interpretado exclusivamente en clave de 'aislemos a HB' es una simplificación. Ermua dijo muchas cosas, y una de las cosas que dijo es hagamos algo para resolver este problema, para que no se convierta en una especie de maldición histórica. Y en ese sentido, la teoría que me contaba el otro día el ministro del Interior Mayor Oreja, que está convencido de que sin concesiones al diálogo y con la sola acción de las Fuerzas de Seguridad del Estado se evidenciará la fortaleza de la democracia y se logrará desanimar al entorno etarra, pues lamento no compartirla, pese al indudable entusiasmo que pone en ella. Me gustaría tener la fe que tiene el ministro, pero no la tengo. Da la casualidad de que el 70% de los vascos no la tiene, al considerar necesario algún tipo de diálogo, de búsqueda de salidas pacíficas. Cuando dicen que eso es lo que opina el PNV, el 70% de los vascos no es del PNV. Ahora bien, siendo transparente del todo, diré que tampoco tengo una formidable esperanza en el diálogo. Pero sé que algo hay que hacer. Y ahora está de moda la tesis de que decir que algo hay que hacer es alimentar el terrorismo. Eso es lo que me ha molestado del artículo de Savater, al que aprecio y admiro mucho por otras muchísimas razones, pero él nos llama muy cordialmente tontos útiles. Y yo lo que le he dicho es que están los tontos útiles y los listos inútiles, y que, desde luego, no admito que a partir del criterio de quienes entendemos que algo hay que hacer por la vía del entendimiento y la palabra se juegue a especular con que así fue cómo nació la guerra sucia. Mi postura de repudio absoluto al GAL sin contextualizaciones está tan manifiestamente clara desde el primer día que me asustan esos juegos con un tema tan serio. De lo que yo hablo es de algo elemental, del deseo de que dos puntos de vista que están de acuerdo en que ése es el enemigo, pero llevan treinta años y no dan con la solución, uno con una idea y el otro con otra diferente, pues tienen la obligación de sentarse y decirse: ¿podemos discrepar sin sacarnos los ojos y sin darle munición a ése que se está meando de la risa viendo cómo nos pegamos, o sólo existe una manera de afrontar esto que es la que dices tú? Y la que dices tú equivale a que soy un tonto útil... Eso es lo que me tiene decepcionadísimo.”

Plan Ardanza

Cita el rechazo con que fue recibido en marzo pasado el plan de paz auspiciado por el lehendakari Ardanza como prueba de una cerrazón que no permite horizontes al conflicto. “Me enfadé mucho cuando quisieron dar la impresión de que Ardanza estaba imponiendo su plan; yo veía que lo estaba proponiendo y me habría parecido muy bien que si no les gustaba a las demás fuerzas políticas, hubieran elaborado otro, pero decir no sirve y en su lugar lo que sirve es no hacer nada y estar muy firmes ante el terrorismo, lo siento, no me parece suficiente." En su opinión, sería más creíble y provechoso que la política de unidad de las fuerzas que suscribieron los acuerdos de Madrid y el Pacto de Ajuria Enea contemplaran determinados contactos o sondeos con HB y que en lugar de hacerlos por su cuenta el PNV, los estuviera manteniendo por encargo de todos fruto de ese consenso. "No deja de sorprender que todos se pongan muy serios diciendo que es un disparate hablar con HB, y que lo diga, entre otros, el PSOE, que estuvo negociando directamente con ETA, no con HB."

Iñaki dice que todos los partidos pasan por el mismo sueño triunfalista ante el terrorismo vasco, pretender acabar con él mediante el uso de la fuerza policial, y que una vez desanimados entran con menos euforia en el sueño resignado de que hay que hacer algo mediante la palabra. A esta última opción él se adhiere cuando las dudas no lo derrotan, sin olvidar que se trata de una esperanza con asperezas y no de una infalible solución. "La postura teóricamente más cómoda es no hacer nada, decir que si la democracia se queda quieta, vence. Pero han pasado los años, y yo no he visto que eso se produzca. Ahí es donde nace la necesidad de hacer algo, el sueño de hacer algo. Nos gustaría no tener que hacer nada, no deberíamos tener que hacer nada, porque ellos son los que deberían tener que hacer algo. Pero si nadie hace nada, la democracia va a seguir estando herida. Y a mí me hacen mucha gracia quienes alardean de que la democracia ya se salvó para siempre, que ya nada la va a volar, y se quedan con los brazos cruzados, y esperan que les llueva un milagro."

Aprecia un riesgo social grave en la impresión cada vez mayor de que todas las fuerzas políticas han acabado por instalarse en el terrorismo, por acomodarse con fatalismo a esa conformista incomodidad. "Y en esa incomodidad cada uno parece haber encontrado alguna cosa que tiene algún ribete razonablemente rentable, y esa conducta está formando parte de los pliegues de la realidad social, que todos quisieran resolver, pero que todos lamentan no poder resolver, y que, sobre todo, se ha convertido en un escenario donde se juega la batalla política más importante, porque tiene una fuerza emocional enorme, y como aciertes con la tecla adecuada pasan cosas muy positivas y, de lo contrario, cosas muy negativas desde el punto de vista electoral."

Para una visión pedagógica del problema vasco propone discernir cuánto hay de político en el mismo y cuánto de pura violencia desalmada. "La firmeza contra ETA puede tener rentabilidad. Pero tener firmeza contra ETA o no tenerla de nada sirve si se quiere ignorar que ETA es un problema porque Euskadi es un problema de verdad. Y hay mucha simplificación en quienes dicen que ese problema es el terrorismo y se acabó. No, es que hay dos problemas: un problema terrorista y un problema político. Aunque mañana desapareciera el terrorismo, seguiría habiendo un problema político, que consiste en que un determinado sector de la sociedad vasca cree insuficiente el actual Estatuto, porque en él no está reconocido el derecho a la autodeterminación." A Iñaki le desconcierta que mientras hay vascos como él que sí abrazan como suficiente el vigente Estatuto, pero no se escudan en su contenido mientras prosiguen los muertos, desde poderosos segmentos de la vida política se pierda el tiempo torpedeando las vías más posibilistas que buscan un aliento de paz contra las armas por medio de la negociación. "El enfrentamiento entre el PNV y el PP me parece lamentable. Es como si un padre y una madre tienen un hijo drogadicto y libran la típica discusión, en que uno cree que hay que ser más comprensivo y el otro que no, cuando a lo mejor resulta que ese problema no lo van a solucionar los padres por sí solos. Y a mí lo que me tiene espantado es que, dado que ninguno tiene la receta, no hagan ningún sacrificio por agotar todos los matices." Se pregunta Iñaki qué dosis de esfuerzo personal ponen los dirigentes políticos para inventar las soluciones que se les demandan.

"A veces pienso que no han puesto toda la audacia e imaginación. Se han enquistado y han creado un sinnúmero de anticuerpos de difícil superación. Más allá de la retórica, no se han puesto a manejar tecnicismos, como lo que significaba la tan denostada tercera vía de Elkarri o los mecanismos que Herrero de Miñón había previsto para ir encontrando territorios de confluencia. Pero todo ha sido rechazado. Todo. Yo pregunto que los políticos, además de presidir funerales y decir frases redondas, cuando nosotros nos vamos a trabajar, ellos, ¿qué hacen? Porque ellos tienen que irse a trabajar también, y su trabajo consiste en buscar complejísimas fórmulas. Es difícil, lo sé, pero es muy difícil torear y es muy difícil ser minero.

"Unos cuantos tenemos ganas de que esto acabe; somos los infelices que a veces creemos que se va a acabar un día de éstos, acaso por las buenas. Pero es que todos, todos somos, en realidad, una banda de infelices, porque ninguno de nosotros tiene idea de lo que hay que hacer exactamente para poner fin a este asunto. Y aquí y allí hay gente de todas clases; con unas se puede hablar y con otras es imposible. Lo peor es la cerrazón, la ignorancia, el analfabetismo sociológico de quienes viven en mundos completamente cerrados, sin ventilación exterior, con su periódico, su taberna, su grupo, su pesimismo. Hace tiempo que los políticos han decidido que ésta es una cuestión en la que uno se reafirma en sus principios y espera a que pasen los siglos. Yo soy de los que creen que no, sólo que unas veces creo y otras no creo y otras vuelvo a creer, porque dudo y luego dejo de dudar. Entonces, cuando veo a Savater tan seguro en su postura, pues lo envidio. Pero lamento no tener su suerte. Yo no soy tan lúcido, y no lo veo tan claro. Lo trágico de todo esto no es que discutamos si sí o si no, sino el hecho de que nos encontremos sin interlocutor. Si Txomín no llega a morir en Argel es probable que hubiera un camino más claro hacia la paz. Lo trágico es que no hay un hombre con su autoritas, su peso, su mando en ETA y HB, que se convierta en el interlocutor de hoy."

¿Ayudaría Iñaki Gabilondo personalmente a abrir vías al diálogo si, llegado el caso, se lo pidieran por ser vasco? "No yo, cualquier ciudadano de bien, cómo no iba a colaborar si sirviera de algo. Pero ésa es una hipótesis retórica. Vamos, yo me dejaría cortar los dos brazos por ser de alguna utilidad en ese proceso. Pero me parece fuera de lugar, no hay crisis de representación entre los demócratas."

Uno de los argumentos contra el diálogo, de más reciente factura, es que el problema vasco no se parece al de Irlanda, donde las negociaciones han puesto por ahora fin al terrorismo. "¿Y a qué se parecía el proceso de Irlanda cuando empezó? ¿Se tenía que parecer a otra cosa para empezar?"

También advierte una progresiva regresión moral en el pueblo vasco, que se ha ido habituando a convivir con el terrorismo consolándose moralmente con que hay una raíz política que da origen al problema. "Es como si todos nos pusiéramos a entender la tortura porque hay terrorismo, y es que, ni hablar, la tortura, nunca, en ninguna circunstancia... Pues igual es la enfermedad moral que está padeciendo mi pueblo. Ése es su estrago moral. Y a mí me parece un naufragio terrible, un error que mi pueblo esté fracasando de una forma absoluta cuando está triunfando de una forma también absoluta en su propio nivel de crecimiento y en tantas cosas que se están haciendo allí maravillosamente bien. Esa fractura social es nuestro drama como vascos."

Periodismo de la paz

El tema vasco ha estado continuamente presente como una pesadilla en la trayectoria profesional de Gabilondo. En octubre de 1985 preguntó a los oyentes de la SER "¿hay que negociar con ETA?", dentro del programa matinal *Pido la palabra*, que había creado un mes antes, con gran éxito de audiencia. El espacio ponía a disposición de los oyentes el mecanismo telefónico de participación denominado "Sermómetro". En el recuento final vencieron los *noes* (8.491) a los *síes* (4.084), pero en las llamadas circunscritas al País Vasco hubo un voto mayoritario a favor de la negociación en el espontáneo referéndum que propuso el periodista donostiarra. Durante la hora de emisión tuvieron cabida las posturas dialogantes de Bandrés y Martín Villa —éste propuso que los contactos los llevaran a cabo el PNV y el Gobierno vasco—, en contraste con una oyente que rompió a llorar pidiendo "ojo por ojo y diente por diente": "hay que matar al que mata, y perdóname, Iñaki".

En 1987 dedicó al problema vasco una edición de *En Familia*, uno de los programas de más audiencia de cuantos ha hecho en TVE: convocó en un mismo plató a tres "reinsertados", la madre de un preso de ETA en espera de reinserción social y la viuda del senador socialista Enrique Casas, asesinado en 1984 por los Comandos Autónomos Anticapitalistas. Un día de febrero de 1995 reunió en Bilbao a un empresario, un periodista, dos policías y una pacifista, que representaban a colectivos sociales conocedores de lo que es tener una diana en la cabeza, con el fin de reflexionar en voz alta, durante una edición especial de *Hoy por hoy*, sobre los caminos para alcanzar la paz en el País Vasco. El programa fue emitido desde el teatro Arriaga y a Iñaki le movía el deseo de contribuir a reparar la malparada imagen exterior de los vascos a causa del terrorismo. No regateó esfuerzos esa vez para dar a conocer las caras ocultas de Euskadi: el programa voló en avioneta para captar imágenes desde el aire, y cruzó en una gabarra la ría del Nervión hasta las aguas del Cantábrico; reprodujo los verdes del paisaje de la ría de Mundaka; arribó a la costa vizcaína, y paseó por todas las aguas que puede decirse que tienen alma vasca: el deporte, la cocina... En su tierra han sabido medir la importancia de contar con un vasco llamado Iñaki Gabilondo y reconocen su continuo interés por proyectar un rostro plural y positivo de Euskadi en competencia con la imagen deformada por el terror. Cuando el Gobierno vasco le concedió el Premio de Turismo, unas doscientas personas reunidas en un hotel de Bilbao realizaron un brindis por Gabilondo. Iñaki rinde un especial homenaje a la figura de José Antonio Ardanza por sus desvelos en favor de la paz. Ardanza afirma aquí, al valorar la trayectoria del periodista, que sus palabras sobre él sólo pueden ser de "reconocimiento y de gratitud. De reconocimiento al profesional de la información. De gratitud a la persona que me ha concedido el privilegio de poder contarme entre sus amigos. Como profesional de la información, Iñaki Gabilondo ha sido para mí la voz cálida y reposada que me ha despertado cada mañana desgranando, con sosiego y mesura, las noticias del día. Oyéndola, me he sentido siempre animado, incluso en los momentos de mayor crispación y dramatismo, a acometer cada nueva jornada con una actitud de profunda serenidad. 'Aún queda lugar para la sensatez', me hacía pensar su voz cada nuevo despertar. Y es que en ese complejo mundo de la información, en el que quien da la noticia se sitúa, con demasiada frecuencia, en el lugar de quien la *hace*, Iñaki ha sabido mantenerse siempre del lado de quien la *padece*, es decir, del lado del ciudadano. En su voz sosegada y tranquila he creído escuchar cada mañana la voz sensata de la ciudadanía. El mejor referente para un político. Preocupada, unas veces, ilusionada, otras, su palabra, siempre serena y reflexiva, me ha ayudado, a lo largo de estos catorce años de Lehendakari, a desempeñar mi función con la mirada puesta en el sentir de la gente. Como persona, Iñaki Gabilondo me ha permitido gozar del privilegio de su amistad. Ahora que dejo la política podré presumir abiertamente de ella sin levantar sospechas de connivencias que nunca han existido entre nosotros. *Amicus Plato, sed magis amica veritas.* Y es que la amistad de Iñaki ha ido más allá de mi persona, hasta abrazar al pueblo que yo represento. En mi devenir personal, en mis aciertos y en mis errores, el amigo ha querido ver siempre el devenir colectivo, los aciertos y los errores de la sociedad a la que él mismo pertenece y se siente vinculado".

Para comprender la mirada de Iñaki hacia este gran asunto de la vida política nacional —el llamado problema vasco— no bastaría, no en este caso, con acudir a la rica experiencia del periodista. Habría que ir directamente a su origen familiar, o mejor, volver a él, donde ya estuvimos para explicarnos algunas de las razones de su talante endémicamente moderado, tan mal comprendido en amplios sectores del periodismo español. Su familia, ese mosaico de ideologías como ya nos dijo, desmiente muchos tabúes sobre la incapacidad de convivencia del País Vasco. Iñaki recurre a ella cada vez que tiene que explicar los entresijos políticos de Euskadi o cada vez que tiene que explicarse a sí mismo como ciudadano perplejo y complejo:

"¿Saben lo que pasa? Que mi padre, como dije, era nacionalista, pero mi madre no. Y los dos siendo muy vascos. Mi familia era también nacionalista de derechas e izquierdas. Y toda la vida en común se construyó de acuerdo con el principio de la tolerancia y el respeto a los demás. Ahí es donde cimenté mi posición ante las cosas, la voluntad de respetar, de entender que nadie tiene la verdad absoluta y que hay que aspirar a convivir. Todo eso lo mamé yo en el seno de mi familia. Yo no he nacido, como ya dije, en una familia monolítica, en la que todos fueran iguales y hubiera un único pensamiento social y político que a mí me hubiera penetrado. Cuando he sido mayor me he dado cuenta de que allí, en aquella casa había una voluntad de no crispar, de no tensar, de respetar. Porque era una casa que tenía muertos en los dos bandos. Por eso he creído siempre en la sociedad de la coexistencia. Si a mí me hablan del País Vasco y me proponen, 'sólo nacionalistas', diré que no me vale, porque la mitad de mi familia entonces no cabe. Y si me dicen, 'no nacionalistas únicamente', diré que tampoco, porque yo no puedo entender mi país sin nacionalismo. Mi casa lo rezuma, ¿cómo voy a dejarlo fuera? Y si hay afecto y vocación de salir adelante, las tensiones se rebajan, se controlan. Yo lo he vivido sin darme cuenta hasta mucho tiempo después. En mi casa había un solo miedo, el miedo de que el asunto pudiera irse de las manos. Ésa es mi experiencia vital. Mi posición ante el problema vasco, ante el micrófono y ante la vida, eso que en esencia yo soy, procede justamente de aquella casa."

'¡Abertzales!'

Antes decir *abertzale* tenía un sentido más amplio y plural. Antes de la democracia. "*Abertzale* en nuestra casa no significaba ser radical. Abertzale es decir patriota. *Abertzale* es un vasco que suspira." Su padre, que como sabemos era hombre de pocas palabras, ya vimos que cuando llegaba el Aberri Eguna era el vasco nacionalista que suspiraba porque Euskadi recuperara sus derechos históricos, su Estatuto. "El más moderado de los vascos se consideraba *abertzale*." Cuando Franco vivía, el *abertzalismo*, o voluntad de que Euskadi recobrara su identidad, salpicaba a todos menos a los franquistas. Ésa era la raya divisoria por entonces. "Los socialistas se sentían movidos a un cierto *abertzalismo* o patriotismo porque todos suspiraban por recuperar las señas de identidad vascas que estaban siendo yuguladas. Ahora *abertzales* son los del PNV, EA, HB... Es una lástima que el franquismo se llevara consigo aquella capacidad de diálogo y de convivencia."

¿Es *abertzale* Iñaki Gabilondo? ¿Es nacionalista? ¿Es de izquierdas, de derechas? Cita a Herman Hesse: "Todos somos un poco cobardes y un poco valientes, un poco conservadores y un poco progresistas, un poco soñadores y un poco pragmáticos. Yo me siento un poco así". Ésta es la pregunta de todo el libro que más le cuesta responder.

"Me cuesta, pero no por ningún temor, sino porque me siento una compleja y plural mezcla de cosas y ya me he reconciliado con lo que durante toda mi vida me había confundido y embarullado. Como me siento, soy, y me cuesta explicarlo. Yo nací confuso, contradictorio, dubitativo y complejo. Lo lamento, es la verdad. No es para mí esto más cómodo que lo otro. He terminado por encontrar que ser como yo soy tenía una ventaja profesional, porque me permitía observar sin ningún tipo de rechazo, pero también sin ninguna seducción hipnótica, a todas las formaciones, con capacidad de análisis. Nunca he militado en ningún partido, porque siempre me ha parecido imposible que un *container* político con ideales socialistas, conservadores, comunistas y nacionalistas acogiera a lo que yo entendía por mi visión de la vida. No es el afán de no querer definirme, es que me defino diciendo esto. ¡Cómo no!, sé que tengo en el fondo de mi alma una raíz nacionalista vasca, que me ha servido para entender y respetar el discurso razonable del nacionalismo, pero no he caído en un encantamiento nacionalista. Yo nunca pensaría lo que un *abertzale* radical piensa que Navarra tiene que ser (hay unos *abertzales* patriotas que se la quieren comer con patatas fritas), pero me moriré creyendo en la fraternidad de Navarra con Vizcaya, Guipúzcoa y Álava. Nunca he tenido una sola identidad política, sino una gran cantidad de toques y colores. Y ahí es donde estoy. No obedece a una estrategia de camuflaje. Así me siento y así me he sentido desde pequeño. Y es muy probablemente ése el resultado de la familia en la que he nacido y me he criado, y del propio clima social y familiar en que viví: respetando, entendiendo, perdonando, comprendiendo, consensuando... Aquella política que se seguía en mi casa, donde no se hablaba de política, porque mi madre nos mandaba callar. Sí puedo añadir un rasgo en el que me reconozco: progresista."

"¿Quién mata en mi nombre?"

El peligro del momento presente, a juicio de Iñaki, radica en hacer juegos de ironías con la democracia. "Cuando se dice, terrorismo no, democracia sí, no se debería hacer trampas en la práctica. Se hace el referéndum de Treviño y luego no se acepta. Eso, desde Euskadi, es visto por las huestes de HB como, miren qué graciosos, se puede hacer todo con los mecanismos democráticos menos lo que algunos consideren inaceptable. También se le invita a HB a dejar esa tierra de nadie y participar democráticamente, pero en cuanto se suma a las decisiones tiene que procurar no votar, porque saldrán diciendo que se están fabricando mayorías buenas y mayorías malas. Todo este juego peligroso es una carga de munición para un determinado colectivo. Sé que acabar con el terrorismo y resolver el problema político vasco va a ser muy difícil, y yo no sé muy bien cómo debe hacerse. Yo hago programas de radio."

Todo eso daba vueltas en su cabeza la tarde noche que en la Puerta del Sol, en Madrid, dijo aquellas palabras que tenían alas que llevaban a Ermua. "Lo que dije no fue sólo en nombre propio sino en nombre también de mi padre. Mi padre, que era tan nacionalista, que era *abertzale*, que había luchado en el batallón de Itzarkundia, que era un hombre absolutamente moderado, preguntaba siempre: '¿Quién mata en mi nombre?'. Eso lo encendía. No podía entender ni aceptar que en nombre de él se matara a nadie, que se le confundiera con la causa de la muerte de nadie. Y yo me he criado en esa necesidad de alejarme. Ni el más furibundo del PP podrá sentir la misma necesidad que yo de distanciarse. Cuando el otro día le vi las caras a los secuestradores de Ortega Lara, rostros que se podían parecer mucho a la gente que yo conocía en San Sebastián, y que éramos muy amigos, y que yo me los imagino siempre estando bien, yendo de sidrería, subiendo al monte, formando parte de ese mundo que es mi pueblo..., al ver esos ojos por la tele, nadie puede imaginarse lo lejos que yo me sentía y lo lejos que yo me quería sentir."

Durante las últimas semanas del verano del 98, posteriores a esta reflexión de Iñaki Gabilondo sobre el problema vasco, se desató una cascada de acontecimientos que parecían acercarse a su sueño de sustituir el arma de fuego por el arma de la palabra. El Gobierno comenzó felicitándose por el cierre del diario *Egin* a cargo del juez Garzón. Al día siguiente, un incendio no esclarecido destruyó las instalaciones de Radio San Sebastián, de la cadena SER. Entre tanto, el PNV y otras fuerzas nacionalistas mantenían conversaciones secretas con Herri Batasuna —que condenó por primera vez un acto vandálico del entorno de ETA—. El PNV firmó, asimismo, con nacionalistas catalanes y gallegos la "Declaración de Barcelona", en apoyo de un Estado plurinacional. Ante las elecciones vascas de octubre, HB se integró en una plataforma con nueva denominación, Euskal Herritarrok. En la localidad navarra de Estella (Lizarra en euskera), todas las fuerzas nacionalistas e IU suscribieron, con el rechazo de socialistas y populares, un documento para la pacificación del País Vasco inspirado en el proceso irlandés, cuyo contenido compendia lo esencial del plan de paz de Ardanza y las viejas tesis de HB. Finalmente, el 16 de septiembre, ETA anunció un alto el fuego indefinido, que entraba en vigor dos días después, y el presidente Aznar regresó de un viaje a América para emprender una urgente ronda de consultas con los partidos políticos. Aseguró estar dispuesto a contemplar "las nuevas posibilidades que se abren". De este modo, se empezó a hablar de la eventualidad de la paz después de treinta años de terror. De la noche a la mañana se había entrado en la antesala del diálogo que tanta división acababa de ocasionar en el campo de los demócratas. Todas las expectativas quedaban condicionadas a la confirmación de la tregua etarra después de las elecciones vascas. La nueva situación requería más que nunca que la política fuera: capaz.

"Me muevo al respecto entre la cautela y la esperanza. Creo, firmemente, que la tregua va en serio, que podemos cerrar el tiempo de la violencia. El Gobierno empezó estando despistado, pero ha tomado las riendas de la nueva situación con bastante seguridad. Aznar, inicialmente, demostró tener un gran recelo y que podía enrocarse en la negativa a aceptar que algo estaba cambiando (muy explicable, por otra parte, habida cuenta todo lo sucedido con los concejales de su partido y su propio atentado). Pero, después, descubrió una verdad resplandeciente: que él puede alcanzar un protagonismo histórico (algo que es muy cierto). Mi punto de vista es que se abre un tiempo político nuevo, que constituye un test para nuestras proclamadas afirmaciones de que todo puede plantearse en política si no hay tiros. Por otra parte, esta gran oportunidad nos plantea un desafío sobre el futuro de Euskadi respecto a dos cuestiones para mí fundamentales: las mayorías y el consenso. No hay mayorías buenas y mayorías malas. Las nuevas mayorías tienen todo el derecho a plantear sus ideas y que sean entendidas como legítimas, sin que se produzcan riesgos de enfrentar a las dos sociedades. Lo que yo creo que ahora se pone a prueba es nuestra convicción democrática y nuestra capacidad de consenso. La sociedad es tan plural y se corren tantos riesgos que sería temerario tratar de imponer los pesos matemáticos de las mayorías. Nuestro pueblo tiene que entender que ha de avanzar por los caminos del consenso. Cuando todo este problema se haya resuelto, nos quedará el tal vez más decisivo: la recuperación moral. Tantos años en contacto con la violencia, tantas argumentaciones envenenadas por la violencia y una generación entera criada en la mística de la violencia demandarán un esfuerzo gigantesco y profundo."

En la campaña electoral vasca de 1994 sólo hubo un debate radiofónico entre los candidatos. Los medios públicos tuvieron dificultades ante la negativa general de los partidos políticos a sentarse con HB. La SER fue el único medio que consiguió reunir a José Antonio Ardanza (PNV), Ramón Jáuregui (PSE), Carlos Garaikoetxea (EA), Jaime Mayor Oreja (PP), Javier Madrazo (IU) y Pablo Mosquera (Unidad Alavesa). Iñaki Gabilondo fue el moderador en ese programa celebrado el 7 de octubre en una sala abarrotada de público en el hotel Indautxu, de Bilbao, bajo protección de la Ertzaintza, pues en la puerta se manifestaban miembros de HB en señal de protesta por haber sido excluidos. "Cuando Carmelo Landa vino a preguntarnos por qué no estaban ellos, García Ferreras y Daniel Anido salieron a explicarle que nosotros, por ser un medio privado, podíamos legítimamente hacer aquel debate, en el que nos hubiera gustado contar con HB, pero era razón suficiente para que todos los demás se levantaran y se marcharan. No lo entendió y tuvimos que hacerlo en medio de una gran tensión."

Durante el debate, Iñaki lanzó una pregunta envenenada a cada uno de los candidatos: "¿Se siente usted vasco, español o qué...?". Jáuregui y Mayor Oreja se definieron como vascos, españoles y europeos a la vez. Garaikoetxea dijo considerarse "navarro y, por tanto, vasco". Mosquera dio preferencia a su origen alavés. Ardanza rebuscó la respuesta: "Yo soy vasco y tengo estatalidad española". Y Madrazo desplegó todas sus raíces: "Rekaldetarra —vecino del barrio bilbaíno de Rekalde—, vasco, español, europeo y mundial".

CAPÍTULO XVI

Tren de la democracia, paisaje electoral

Desde que la radio quedó en libertad, en octubre de 1977, tras sufrir casi cuarenta años de secuestro informativo, Iñaki Gabilondo ha conducido todos los programas especiales organizados por la cadena SER cada vez que los ciudadanos fueron convocados a las urnas: elecciones locales, autonómicas, generales y europeas, referendos incluidos —y elecciones extranjeras, como las norteamericanas de 1992 entre George Bush y Bill Clinton—. Éste es el regalo que él se llevará a casa el día que deje la radio. "Saber que he hecho todos esos programas desde el principio, a mí, personalmente, es de las cosas que me produce más satisfacción. Tiene un cierto aporte de vanidad, un poco de repercusión histórica para mi balance interior respecto a mi vida en este medio. Cuando yo me marche de la radio, el día que esta historia se acabe, me dará igual que alguien lo recuerde y alguien lo consigne o que nadie lo recuerde y nadie lo consigne, pero yo me iré con el orgullo profesional de haber sido el que vivió todas esas noches electorales."

Iñaki, siempre que habla de eventos electorales, saca a relucir la palabra emoción. Pero en el caso de Europa y de las sucesivas elecciones de europarlamentarios, admite sin reservas cierto desencanto viendo crecer, por encima del conjunto de los pueblos, una especie de gran supermercado económico europeo:

"Yo formo parte de la línea de los europeístas sorprendidos de que se pretenda atraer a los ciudadanos construyendo Europa como si fuera un gran supermercado. A mí me parece poco probable que las gentes puedan sentir alguna especial vibración con algo así. Algunos dicen, qué tontería, si la gente siempre se mueve por intereses antes que si es convocada por ensoñaciones de tipo cultural, artístico, colectivo... Pues yo digo con Azaña que ninguna población se ha echado nunca a la calle al grito de '¡pantanos o muerte!' y, sin embargo, lo ha hecho al grito de '¡Constitución o muerte!'. Y más concreto es el pantano que la Constitución. Pero, con todo, yo sí creo en una Europa homogénea frente a los pequeños mundos cerrados."

García Márquez: "¿Visa para ir a casa de mamá?"

Un día, en Barcelona, habló de Europa y de América con Gabriel García Márquez. Eran dos periodistas hablando de dos continentes. Iñaki se lamentó de que, en sus prioridades de hombre de radio, América Latina comenzaba a desaparecer, y el Premio Nobel hizo esta reflexión:

"Yo creo que tus oyentes tienen noticias cercanas o remotas de la gran amistad y el profundo cariño que tengo con Felipe González, y sin embargo, el único punto de discrepancia que hemos tenido en algún momento fue cuando ya se vio que España entraba en la Comunidad Europea y yo le dije: Te vas para Europa y nos das la espalda a América Latina. Quiero decirte que a Felipe González lo tengo como el español que mejor conoce América Latina, que más se interesa por América Latina. Es sorprendente, además, el minucioso conocimiento que tiene de los problemas de América Latina. Tiene, inclusive, una frase que a nosotros nos llena de alegría, que dice: 'Cuando no sepan dónde estoy, búsquenme en Cartagena de Indias'. Pero en ese momento le dije: ¿Se van los españoles para Europa? Y me dijo: 'Al contrario, yo no seré una brecha entre América Latina y Europa, España será un puente'. Pero, poco después, nos llegó la noticia de que necesitábamos visado para venir a España, y le armé una bronca grande, porque eso sí me pareció ya como necesitar visa para entrar a la casa de mamá. Y así lo dije, y lo declaré en periódicos de acá. Y tengo el orgullo de pensar que en la rectificación que se hizo fue tomando un poco en cuenta esa rabieta, la única que he tenido en esto. Ahora, es cierto que acá se ha perdido un poco, por lo menos, el tema de América Latina..., sería bueno que recuperáramos la conversación."

A la vuelta de las vacaciones, en septiembre pasado, Iñaki llamó de madrugada a Santiago de Chile, y entrevistó a la hija de Allende, Isabel. Recordaron al presidente digno en La Moneda veinticinco años después y, de fondo, cantaba Víctor Jara: *te recuerdo Amanda, / la calle mojada...*

Las noches electorales de Iñaki son célebres en la SER. "Verle en directo en esos programas estelares es impresionante", señala Daniel Gavela, director de la cadena. "A Iñaki se le percibe desde que se le escucha, pero verle trabajar, y especialmente en acontecimientos de esa naturaleza, las noches electorales, es todo un espectáculo. Verás a un maestro de ceremonias prácticamente sin papeles manejando cien fuentes a la vez, dominando la tensión informativa que genera ese ambiente que quema la ropa, dirigiéndose a la gente con naturalidad y con emoción, procesándolo todo, jerarquizando los datos y dando paso a la publicidad. Cuando ves que todo eso sale de la misma cabeza comprendes qué significa la palabra oficio."

La radio ha sido el tren de la democracia y ha hecho en todo este tiempo un recorrido por la España que se curtía yendo a votar. Iñaki, testigo activo de ello, ha pasado por todas las estaciones, desde los años en que gobernaba UCD hasta la llegada a la Moncloa de los populares, pasando por cada una de las legislaturas socialistas. Tras cada noche electoral, la democracia se hacía de día...

Iñaki Gabilondo recuerda sensaciones particulares de cada atmósfera, como la ingenuidad colectiva de cuando la libertad era joven, en contraste con un profesionalismo político exacerbado que ronda los comicios más recientes:

"En esos momentos, siempre se produce un clima de solemnidad. De unos cuantos años para acá, todos los medios de comunicación hacen ya programas de ese tipo, pero al principio la única radio que organizaba ese gran *show* electoral por la noche era la SER. Lo primero que a mí me produce es emoción. La democracia en acción produce emoción. Y después de haber hecho tantos programas especiales electorales, siempre me regresa la primera sensación que tuve cuando estábamos esperando la noticia del veredicto popular la primera vez, y el recuerdo de aquella emoción me vuelve a emocionar. Yo puedo ser de los españoles que conservamos ese punto de ingenuidad o de inocencia de entonces, y a cada nuevo encuentro electoral renuevo aquella sensación con que prácticamente amanecíamos a la normalidad de las libertades a través de este medio. Es la sensación de saber que lo que España va a ser en los siguientes años lo está decidiendo la gente que todavía no sabemos qué piensa decidir.

"A medida que ha transcurrido el tiempo, las fuerzas políticas han ido pasando de un *amateurismo* inicial a un profesionalismo un poco decadente. En una noche electoral hay dos elementos: el dato y el manejo del dato. Y así como al principio el dato era lo que importaba y el manejo del dato se hacía todavía de un modo torpe, ahora hay una verdadera planificación de cómo se administra el dato. Cuando Suárez se fue, admitiéndose derrotado en todo aquel fenomenal caos político, estaba resultando una excepción en nuestra historia política. Porque en este país nadie pierde. Como tampoco nadie se deja convencer tranquilamente por otra opinión. A mí me han quedado, en este sentido, dos cosas grabadas: la renuncia de Suárez y un día que en una tertulia le pregunto a Joaquín Estefanía cuál era su criterio y me dice, 'pues no sé; yo tenía una opinión, pero ahora, después de haber oído lo que han dicho otros, necesito un poco más de tiempo para pensarlo, porque se ha modificado mi punto de vista'. Esto, que yo llamo modelo Estefanía y que parecería lo normal, no forma parte de los usos habituales de la sociedad en que vivimos, y me produjo un impacto que aún me dura. Es que así debería ser, y lo de Suárez también. Y la última dinámica electoral es bien otra: a veces, es posible que los datos se presten a una distinta lectura, pero en ocasiones es pura prestidigitación. Pese a todo, la capacidad de emocionarme no me la han matado, y, por otra parte, me encanta vivir la fiesta radiofónica de todas las emisoras conectadas y todas las unidades móviles regadas por todo el país."

ESTILO UCD

La radio se vuelve, en su opinión, "un despliegue y un directo rabioso a la espera de un gran acontecimiento que está a punto de producirse". Cuando en octubre del 82 ganó el PSOE con diez millones de votos, era una victoria ampliamente anunciada, sin suspense, en la que iba a lucirse la única televisión existente, la pública, y el último Gobierno centrista efectuó una digna retirada. "Yo ya no era directivo de TVE, estaba Juan Roldán, que hizo una formidable exhibición. Y desde el poder entonaron un adiós al puro estilo UCD, que era de verdad. La UCD tuvo millones de pecados, pero se le debe consignar esos buenos modos. Sabía que no podía ganar aquellas elecciones y estando en su mano la Televisión —mira que hubo vicisitudes y algunas las padecí yo—, pues no presionó, permitió que las cosas fueran como debían ser. Y Juan Roldán, que es un profesional estupendo, garantizó un juego preelectoral que ha pasado a la historia como un modelo que ojalá siempre fuera así."

Aquella deportividad televisiva, fruto de una inocencia democrática, a la que le quedaba algo de la etapa de Iñaki con Castedo, lejos de moverle a la nostalgia, confirma, según dice ahora un Iñaki bregado en mil batallas periodísticas, que no hay nada tan estimulante como cierta dosis de ingenuidad en las grandes aventuras profesionales. Así, aquella ingenuidad que vivió sin red en las emisoras que dirigía frenéticamente contra el franquismo, o cuando participó en el nacimiento de la radio libre en la transición democrática, o cuando salió con el rabo entre las piernas de su experiencia rupturista en los Servicios Informativos de TVE o cuando, en cada noche electoral, él sigue esperando el escrutinio como un feliz debutante.

"A mí la ingenuidad me parece bien. Comprendo que no es más que una etapa inmadura de un ciclo. Pero en las etapas inmaduras de los ciclos posiblemente se resume lo que más esperamos de los ciclos. Me vienen a la mente aquellos dibujos de José Ramón: un paisaje idílico, bucólico y pastoril, pío, pío, pío, los pajarillos cantan, las nubes se levantan... Bueno, es esa simplificación ilusionada y cándida del tiempo que se avecinaba, ese aliento inaugural, como ya vimos, de cuando un grupo de profesionales fuimos a la televisión. Yo ya sé, por experiencia propia, que luego estas cosas están condenadas a enfrentarse a la dura realidad, pero a las sociedades les hacen mucha falta los tiempos de ingenuidad, aunque vayan a ser más tarde derrotados. Prefiero esa ingenuidad de los ideales que esto que hemos terminado siendo, unos perfectos maduros a los que no cabe ni siquiera la posibilidad de una ingenua ensoñación. A mí me gustaría que hubiera posibilidades de reenganchar, de cuando en cuando, con alguna nueva etapa de ingenuidad.

"En aquellas elecciones de 1982, con toda la ingenuidad del mundo, vivimos una maravillosa transmisión del poder de UCD al PSOE. Recuerdo que en los días inmediatamente anteriores, cuando estábamos preparando el programa de la noche electoral, percibimos que el Gobierno de la UCD esperaba de nosotros una cierta complicidad de Estado, no para hacer puñetitas con los datos, sino para manejarlos de forma que se evitara un riesgo que les tenía muy preocupados. Ese riesgo para ellos no era perder, sino que se pudiera vivir una especie de delirio en la calle. Algunos temían la hipótesis, también muy llena de toda aquella ingenuidad, de que las masas, eufóricas por la victoria, acabaran por proclamar la República. Luego no se ha hecho justicia a las masas por su sentido de la responsabilidad. Cuando la masacre de Atocha, en enero del 77, recuerdo que el poder tenía el temor de que los comunistas, a los que ya no había más remedio que autorizarles que organizaran su manifestación, pudiera aquello escapárseles de las manos. Y, sin embargo, nunca se han escapado de las manos las cosas que fueron dirigidas directamente por los sectores populares. Pues lo mismo, aquella noche de octubre del 82, en que se les vio que administraban los datos deseando que se hiciera pronto tarde, y no en un intento de pucherear los resultados, sino de que se fuera la gente a dormir porque tenían miedo a la explosión de júbilo popular."

LA MEDIA HORA TONTA

En la mayoría de las noches electorales vividas por Iñaki Gabilondo, las victorias y derrotas eran siempre previsibles y las encuestas solían retratarlas, con más o menos precisión, al cierre de las urnas. Los candidatos están expuestos a pocas sorpresas. Hubo unas elecciones, sin embargo, que se prestaron a reacciones inéditas en el juego democrático: las de junio de 1993. El PP tardó en desengañarse, ante el cuarto triunfo de Felipe González, y hubo lo que Iñaki llama "media hora tonta" aquella noche.

"Ahí sí tuve la sensación de que el proceso entraba en otra fase, de que el tiempo de las inocencias democráticas había dado paso a otro tiempo donde ya se empezaba a jugar más duro. Hubo comentarios creo recordar de Javier Arenas y Ruiz Gallardón —que luego han sido dos magníficos políticos— que dudaban de la transparencia del resultado. La primera sombra de sospecha fue el aplazamiento de no sé qué o la repetición de no sé qué datos. Hubo media docena de opiniones que dieron a la noche un carácter desconocido. Las noches anteriores habían sido siempre diferentes, pero en todas mandaba la fiesta del que ganaba frente a cualquier otro rasgo distintivo. Y al que perdía no lo veía nadie patalear, trataba de versionar lo mejor posible su derrota. Estaba más preocupado de poner el lado bueno de la cara ante las cámaras que de meter ninguna tablilla al engranaje. Pero aquella noche, de pronto, tuvo ese otro color. Me pierdo al querer recordarlo con exactitud, pero algo de cierta gravedad debió pasar, que tuve que parar a alguien en antena y cambiar el rumbo. Fue una media hora tonta en la que pareció que la noche se podía meter por desfiladeros de barro. Y luego, por fortuna, salieron las voces más serias, entre ellas Aznar, que recolocó las cosas en su sitio. Pero aquella media hora no tuvo ninguna gracia, y la vimos venir, y además lo dije en antena, cuidado, cuidado, aquí está pasando algo que no me gusta. Hubo media hora tonta y finalmente habló Aznar."

En más de una ocasión, Iñaki ha tenido ese mismo impulso de cortar por lo sano determinadas intervenciones cuando consideraba que desafinaban peligrosamente. Una de ellas se produjo con motivo del atentado terrorista de Hipercor en Barcelona, que se cobró veintiuna vidas. No comparte la teoría de que el buen conductor radiofónico es aquel que permite que fluyan libremente las opiniones sin interrumpirlas en ningún caso. "Que fluyan libremente, pero teniendo mucha conciencia de que como fluyan en una dirección equivocada, tú tienes la responsabilidad." Aquel día, alguien dio la información de que los terroristas habían avisado a El Corte Inglés y los grandes almacenes no desalojaron. "Al cabo de un momento, este aspecto se convirtió en el centro del análisis: ¿Debía haber desalojado El Corte Inglés? ¿No debía haberlo hecho? Me di cuenta de que el tema se había desviado. Ya no parecía que ETA fuera la culpable; daba la impresión de que dictábamos sentencia acerca de si El Corte Inglés tenía que haber desalojado. Y entonces, dije, un momento, quietos, por ahí no sigo, porque yo no sé si han desalojado o no han desalojado, lo que digo es que como continuemos por este camino, como del atentado de Hipercor la deriva sea por qué El Corte Inglés no desalojó, acabamos de comunicarle a ETA que un chico con una bolsa llena de monedas de duro paraliza España dentro de cinco minutos. Se mete en una cabina telefónica y desaloja estadios, almacenes, ministerios y lo que se proponga. Pone patas arriba el Estado un solo tío y enloquece el país. Cerré todas las intervenciones, recordé la noticia, veintiún muertos, y seguiremos informando. Por un puro sentido común civil. Culpable era ETA y nadie más, no nos distraigamos."

Lo mismo le pasó aquella noche electoral, cuando, en contra de los pronósticos, los socialistas volvían a vencer al PP. "Creo recordar que estaba Javier Pradera en el estudio y alguien, él quizá, dijo, cuidado que la noche se está metiendo por muy mal sitio, y yo lo secundé."

El propio Javier Pradera lo recuerda bien: "Bueno, sí, fue un momento terrible, en el que dos personas del PP, que por otra parte han demostrado que son de lo mejor que tiene este partido, Alberto Ruiz Gallardón y Javier Arenas, cuando empezaron a llegar los primeros resultados del Palacio de Congresos, tuvieron una intervención estrafalaria, diciendo que esos datos no podían ser ciertos, que las elecciones las iba a ganar el PP... Es decir, las frustraciones que a ambos producía aquel revés les llevaba a poner en duda el valor de los primeros avances del escrutinio oficial del Ministerio del Interior. Y en aquella situación, el que tres años después iba a ser presidente del Gobierno intervino con clarividencia y consagró la legitimidad de los resultados. Las horas poselectorales tomaron un cariz que hizo necesarias algunas reparaciones sobre la marcha".

La noche que los socialistas hablaron de "dulce derrota", el 3 de marzo de 1996, hubo, respecto a los comicios anteriores, una alegría (de mayoría) insuficiente en las filas del partido que había ganado, el PP. A Iñaki le llamó la atención "lo poco contentos que parecían estar los que habían triunfado". Si en todos los procesos habidos hasta ese momento, los partidos tenían dispuesta la maquinaria poselectoral, en aquella ocasión, según recuerda, "el Partido Popular pareció durante cuarenta y ocho horas K. O. por el resultado, sin respuesta, sin reacción, como si lo que había ocurrido no hubiera estado previsto, cuando se supone que tienen que estar previstas todas las opciones. Me llamó mucho la atención no sólo la descolocación de aquella noche, sino que fuera el preludio de cuarenta y ocho horas de desconcierto. Al cabo de ese paréntesis, en que pareció noqueado, el partido ganador tomó las riendas de la jugada y ya todo siguió muy bien".

José María Aznar

Con José María Aznar, guarda una relación que oscila entre la cordialidad personal y cierto desapego del presidente hacia el Grupo PRISA. Durante los últimos años, Iñaki le había hecho numerosas entrevistas al líder del PP, y en todas le formulaba una misma pregunta: "¿Será usted presidente, señor Aznar?". Y él respondía invariablemente: "Sí, lo seré". El día que mataron a Gregorio Ordóñez, Iñaki se trasladó a San Sebastián a hacer *Hoy por hoy* y encontró su ciudad de luto. "Fui primero a ver cómo había dejado Ordóñez su despacho antes de morir y luego estuve en la capilla ardiente." Allí coincidió con Aznar, y éste tuvo con Iñaki una especial atención en un día enloquecido: acudió a la radio para que lo entrevistara en su programa. "Teníamos una correcta, una buena relación."

Pero unos días antes de las elecciones que iba a ganar, el candidato del PP dio muestras de distanciamiento respecto al Grupo PRISA, que incluían a la cadena SER y dentro de ella a Iñaki Gabilondo. El encargado de transmitir ese estado de ánimo fue Miguel Ángel Rodríguez, en vísperas de convertirse en portavoz del Gobierno. "Noté que la relación se había metido por muy mal sitio cuando se produjo el episodio en una plaza de toros, en Valladolid, de Miguel Ángel Rodríguez que le dice a una periodista de la cadena SER, 'el día 3 de marzo os vais a enterar."

La periodista, Nieves Goicoechea, le trasladó las quejas al director de Informativos de la SER, García Ferreras: "Dile a tu jefe que no habrá entrevista con Aznar", fue el mensaje de Rodríguez.

Estaban enfadados con *El País*, por unos artículos de Juan José Millás, que durante la campaña seguía los movimientos del líder conservador y hablaba sobre él de lo divino y lo humano. ('Un voto, un alma', tituló el novelista uno de aquellos comentarios que sentaron mal a Aznar.) *El País* semanal también publicó por aquellos días (18 de febrero de 1996) un largo reportaje titulado 'Aznar, retrato interior', con la fotografía de la mano derecha del candidato en portada, que por lo visto no mereció mejor valoración del líder del PP o su entorno. En el mismo colaboraban distintas firmas: Francisco G. Basterra, Rosa Montero, Vicente Verdú, Angel S. Harguindey, Juan G. Ibáñez, Victorino Ruiz de Azúa y el propio Juan José Millás, que restaba misterio a toda interpretación quiromántica de la foto, pues —advertía— "con la misma mano que ayudamos a cruzar la calle a una anciana nos limpiamos el culo".

"Y entonces nos enviaron el recado de que la entrevista conmigo quedaba suspendida. Ya estaba anunciada en los periódicos." Momentos antes de la hora prevista, ¿viene, no viene?, cobraba cuerpo la advertencia. "Vimos que aquel cabreo no era momentáneo, sino que se trataba de un cabreo institucional. Y hasta el último instante todo parecía a punto de reventarse. Recuerdo que comenté: a las nueve de la mañana saldré y diré, la entrevista que estaba prevista con Aznar nos la han suspendido porque están enfadados." Entre tanto, medió Mariano Rajoy y el director general de la SER, Augusto Delkáder, y Miguel Ángel Rodríguez hablaron por teléfono.

Cuenta Iñaki que en esa circunstancia límite le asomó en toda su amplitud la sospecha de que estaba fraguándose una hostilidad del PP hacia todo lo que fuera Grupo PRISA, "una hostilidad que yo desconocía hasta ese momento, porque yo nunca había considerado al PP un enemigo. ¡Estaría bueno!, la SER no puede tener enemigos. Aquél fue el primer dato". La entrevista finalmente se produjo el 22 de febrero de 1996, y Aznar se despidió de Iñaki aparentemente reconciliado, "hasta cuando usted quiera". Pero nada volvió a ser igual. "En cuanto ganaron las elecciones, enseguida notamos que no éramos santo de su devoción. Pasaba el tiempo, iba dando entrevistas a todo el mundo, menos a nosotros." García Ferreras subraya: "No fuimos ni los primeros, ni los segundos, ni los terceros. Las elecciones fueron en marzo y a nosotros nos suspendieron, nos dejaron para septiembre". La entrevista con el presidente Aznar se celebró el 18 de septiembre de 1996, primera y única con la SER hasta el verano de 1998. Han transcurrido más de dos años.

El diálogo, en la Moncloa, empezó de este modo:

I. G.: ¿Cómo está usted?

J. M. A: Pues muy bien, ¿y usted?

I. G.: Encantado de saludarle.

J. M. A.: Igualmente.

I. G.: ¡Siete meses!

J. M. A.: Siete meses ya.

I. G.: Siete meses desde el 22 de febrero.

J. M. A.: Pues lo veo muy bien de todas maneras..., je, je.

El cuestionario no fue cómodo para el presidente, que más de una vez dio muestras de querer enmendar la plana al entrevistador. Iñaki acudió acompañado de García Ferreras, así como del subdirector de *Hoy por hoy*, Isaías Lafuente, y de Luis del Val. Ferreras recuerda que el presidente buscaba todo el tiempo la mirada de Miguel Ángel Rodríguez. "Fue una entrevista con una cierta intensidad, seria, rigurosa, en algunos momentos correctamente dura, porque Iñaki tiene la ventaja de que puede ser muy duro en el contenido, pero siempre con buenas formas, con un saber estar..., nunca perdería la compostura. Vi a Aznar necesitando siempre el apoyo de Miguel Ángel Rodríguez, y a éste que entra en la sala y se coloca en una posición donde el presidente con una mirada lo encuentra."

En esa solitaria entrevista se habló sobre el cambio de postura del PP respecto a la desclasificación de los papeles del Cesid; el caso GAL; los impuestos; los presupuestos; el medicamentazo; el pacto con los nacionalistas; la profesionalización de las Fuerzas Armadas; la entonces polémica figura del ministro de Defensa Eduardo Serra; la congelación de los sueldos a los funcionarios; la plena integración en la OTAN; las privatizaciones... En la recta final se abordó una extraña cuestión:

I. G.: Estamos ya casi terminando y me intrigó mucho el otro día el artículo que publicaba el diario *El Mundo* con sus reflexiones de todo el largo camino hasta llegar adonde está usted ahora..., una frase me llamó muchísimo la atención: "Lo más difícil", decía, "en el 89 fue convencer a los altos estamentos de la viabilidad de mi camino...". Me dejó muy intrigado. ¿Quiénes son los altos estamentos que no creían en usted? ¿No me puede decir usted quiénes son los altos estamentos?

J. M. A.: ¿Quién quiere usted que le diga? Usted, por ejemplo..., ja, ja, ja.

I. G.: No, no... ¿Que preferían que usted..., que se negaban a que usted...?

J. M. A.: No, no, no se niegan... ¿Será Botín?

I. G.: Botín..., ¿no me diga que es un alto estamento? ¿Polanco?

J. M. A.: Repita usted lo que estaba..., lo que estaba diciendo.

I. G.: Lo más difícil, vistas las cosas, desde el 89, fue convencer a los altos estamentos... Por eso, ¿quiénes eran los altos estamentos?

J. M. A.: Pues todos los que entonces formaban parte, digamos, de los grandes..., de los poderes más importantes que hay en el país. Y es natural, en el año 1989 mi partido estaba en una situación extraordinariamente difícil, yo era un hombre absolutamente feliz siendo presidente de Castilla-León y, de pronto, me dicen, "tienes que dejar eso para venirte aquí". Yo comprendo que los altos estamentos y el público en general digan, "bueno, y éste..., y éste que llega ahora...".

I. G.: ¿Y ahora los altos estamentos confían en José María Aznar?

J. M. A.: Los altos estamentos reflejan la realidad del país perfectamente, ¿no? Sobre todo, confían los españoles, que es lo más importante, y yo se los agradezco mucho.

I. G.: ¿Sigue usted jugando al padel con Pedro J. Ramírez?

J. M. A.: Ja, ja, sigo jugando al padel con quien puedo... Sigo jugando al padel cuando puedo y con quien puedo también. Si usted sabe jugar, juego con usted también.

I. G.: No, yo no sé jugar al padel.

Aznar, pese a la seriedad en el tono general de la entrevista, hizo lo posible por mostrarse risueño y distendido y, después de un par de temas más —sus vacaciones y el cumplimiento de los acuerdos de Maastricht—, Iñaki dio paso a la fotografía de Luis del Val, que éste leyó ante la atenta mirada del presidente:

"Cuando veníamos a Moncloa nos intranquilizaba pensar que el ajuste presupuestario hubiera llegado hasta las pastas del desayuno, pero nuestras peores sospechas no se han confirmado. O bien el Gobierno anterior dejó superávit de pastas o bien el recorte se aplaza hasta el 97, pero había pastas con el café, bien es cierto que en cantidades que no se pueden calificar de pródigas; cambios en la estancia, dos cuadros que no existían antes, uno abstracto de amarillos y grises sin firma y un *collage* del 79 de Jordi Ballester, y una bandera española. Otro cambio, el anterior presidente entraba por la puerta doble que da a los jardines; nuestro actual presidente lo hace por la puerta sencilla que da al interior del inmueble. Viste una chaqueta azul marino, camisa blanca con listas de color rosa palo abrochada en los puños con dos pequeñas esferas de plata; corbata a juego con dibujos geométricos en tonos azules y rojos; pantalón oscuro, y mocasines negros con un esmerado lustrado *sobresaliente cum laude*; los bronceados de Oropesa, si los hubo, se han diluido y el rostro muestra ese ligero rubor de la buena salud. Lo que resulta difícil de dilucidar es si las frecuentes expresiones risueñas que llegan hasta la abierta sonrisa son una consecuencia del regocijo interior o forman parte de una necesidad diplomática que apoya la ilusión, si son meramente formales o emanan del aplomo que infunde el *autoritas*, y lo más esperanzador es que al fondo de la mirada todavía se columbran luces de afecto."

Entonces, Iñaki preguntó, como en un acto reflejo, "¿de qué se ríe tanto, Aznar?". Y el presidente respondió:

J. M. A.: Oiga, voy a hacer ya el esfuerzo por no reírme, porque... antes tenía problemas porque no me reía y ahora tengo problemas porque me río. En fin, me suelo reír cuando me hace gracia. Cuando algo me hace gracia me río como todos los mortales, pero tengo que decirle que yo estoy de buen humor y soy una persona bien humorada, por decirlo de esa manera. Ayer, por la noche, que tuvimos una entrevista muy interesante con el antiguo Secretario de Estado norteamericano, Henry Kissinger, que vino a verme, me decía: "Le veo a usted enormemente tranquilo". Me lo decía con un poco de sorpresa, y yo le decía: ¿Cómo esperaba usted verme? Tengo muchos motivos para estar tranquilo y para estar relajado y con un excelente humor, ¡vamos!

I. G.: ¿Y en la casa, bien?

J. M. A.: Bien.

I. G.: ¿Se ha terminado de acomodar bien a esta casa que no le gustaba en principio?

J. M.A.: Sí, sí, pero cuando pones "tu casa" en la casa, pues estás más a gusto, ¿no? Y, entonces, tenemos "nuestra casa" en la casa.

I. G.: Pues muchas gracias. Quisiéramos pedirle una simpleza, pero es que mañana se cumple el 50 aniversario de las quinielas, y vamos a hacer unas quinielas con todas las autoridades europeas, una por cada país. Y le toca a usted hacer el pronóstico de Las Palmas-Albacete. Si es tan amable...

J. M. A.: ¡Oiga, no me fastidie! ¡Ja, ja, ,ja!

I. G.: Señor Aznar, muchas gracias y muy buenos días.

Al cabo de dos años de aquella única entrevista con el presidente Aznar, Iñaki destaca, sin embargo, una pregunta perdida entre cincuenta minutos de interrogatorio, que recuerda haberle formulado sin mala intención, cuando aún no se podía imaginar el grado de aridez que iba a presidir en el futuro las relaciones entre el PP y el Grupo PRISA. La pregunta estaba referida a uno de los episodios más llamativos de aquel momento: la caída en desgracia de Aleix Vidal Quadras en su partido. Como quiera que Aznar se negaba a recibirlo para darle explicaciones de su "sacrificio" político a cambio de salvar el pacto con los nacionalistas catalanes, a Iñaki se le ocurrió hacerle esta observación: "Me ha dado un poco de miedo su actitud, señor Aznar". El presidente le ofreció una vaga y amplia respuesta sobre el caso, de todo lo cual a Iñaki sólo le quedó grabado "el modo cómo me miró cuando le dije lleno de ingenuidad, me da usted miedo". Pese a los frecuentes contactos periodísticos que tuvo con Aznar antes de que fuera presidente, Iñaki confiesa que siempre tuvo la sensación de que nunca había acabado de conocerlo bien, y por eso puso especial curiosidad en descifrar sus primeras actitudes al llegar a la Moncloa. "Cada gesto me parecía un dato y yo lo trataba de computar." El referido a Vidal Quadras era, en ese sentido, un dato inestimable para medir los comportamientos del nuevo presidente.

"Yo siempre había dicho que Aznar debía de tener muchísimo carácter, mucha fuerza, porque era un hombre que había pilotado un partido que estaba fuera de sitio hasta hacerse con el poder y ocupar el centro. Un partido lleno de problemas internos, con Herrero de Miñón, con Osorio..., lo difícil que debe de ser eso. Y si no se tiene mucho coraje y mucha tenacidad, en ese tipo de viajes te comen los cocodrilos. Estaba seguro de que se equivocaban los que decían que era un chisgarabís. Siempre he creído que Aznar tenía que ser un tío con mucho más hierro de lo que se decía. Y cuando vi su actitud en todo el conflicto de Vidal Quadras lo comprobé. Ahí estaba la fuerza de carácter que muchos le niegan y yo intuía, sólo que al mismo tiempo lo descubría inmisericorde, y eso no me lo esperaba y me defraudó. La firmeza es virtud, pero la rigidez es pecado político. Aleix decía, yo sólo quiero que Aznar me reciba, y Aznar que no lo recibía, y era un compañero suyo, ¡joder, qué crueldad! Y se lo pregunté. Y cuando pasado el tiempo, una vez que se confirmó que las relaciones de la Moncloa y el PP con el Grupo PRISA y esta casa no sólo iban a ser de no afinidad, sino de algo mucho más contundente, entonces yo recordé aquella pregunta del miedo y esa única entrevista se me hizo premonitoria. Me gustaría que el segundo bienio fuera más razonable. Los que diseñaron la estrategia con respecto a nosotros se equivocaron y le equivocaron. Y no sé qué beneficios ha podido reportar a nadie."

CAPÍTULO XVII

El periodismo civil

El 18 de junio de 1998 toda la prensa publicaba en primera página una doble noticia: el procesamiento del juez Javier Gómez de Liaño y el archivo del "caso Sogecable". El Tribunal Supremo decidía procesar al juez Liaño por presunta prevaricación durante la instrucción de la causa contra el presidente de Sogecable, Jesús de Polanco, y todo su Consejo de Administración. Paralelamente, la Audiencia Nacional acordaba el archivo definitivo de estas mismas diligencias, ante la ausencia de delito alguno.

El "caso Sogecable" adquiere una especial relevancia en la historia de los episodios que jalonan la guerra mediática y política de los últimos tiempos en España. Coincidió con el primer año de gestión del nuevo Gobierno del Partido Popular y parecía resumir todas las actuaciones de los medios de comunicación próximos al poder para desbancar al Grupo PRISA y poner en aprietos a sus directivos. (Mientras el sumario estuvo *vivo*, el juez impuso una fianza de 200 millones de pesetas a Jesús de Polanco y le prohibió, junto a otros encausados, salir del territorio nacional sin su autorización.) El caso se había abierto a partir de una denuncia del director del semanario *Época*, Jaime Campmany, y las querellas de cinco abonados de Canal Plus —propiedad de Sogecable—, que entonces contaba con más de un millón y medio de suscriptores. Enseguida, se convirtió en la *estrella* de tertulias, columnas y editoriales del frente mediático antiPRISA, en su punto más candente.

Cuando el 28 de febrero de 1997, Jesús de Polanco y el consejero delegado de Sogecable, Juan Luis Cebrián, acudieron con el abogado Matías Cortés a la Audiencia Nacional para recibir la notificación de la apertura de las citadas diligencias judiciales, aquélla pasó a ser una imagen de recurso en TVE con la que ilustrar las informaciones del caso. Las evidentes malas relaciones del Gobierno con PRISA —no hay que olvidar la "guerra digital"— hicieron sospechar que aquél no estuviera al margen del asedio a este grupo de comunicación. Las sospechas se acentuaron cuando el decano del Colegio de Economistas de Madrid Gerardo Ortega, uno de los autores del informe sobre Canal Plus, de Sogecable, que originó la denuncia del caso, indicó que este trabajo había sido un encargo de un secretario de Estado.

Una vez archivado el caso, la empresa Sogecable no dudó en señalar en un comunicado que sus administradores habían sido "injustamente difamados por los querellantes y por los portavoces de determinados sectores políticos y medios de comunicación que les dieron tribuna".

Esa mañana en que todo el mundo hablaba en España de cómo se desvanecía el "caso Sogecable" y era procesado el juez que lo instruyó, Iñaki Gabilondo abordó ambos temas en su programa *Hoy por hoy* sin ocultar cierto malhumor. Las últimas semanas habían estado informativamente caldeadas por el problema vasco y el primer juicio sobre la guerra sucia, cuestiones que, en contra de su costumbre, le llevaron a mantener tímidas polémicas en antena. Pero esa mañana, a la luz de algunas informaciones publicadas y difundidas en prensa y emisoras, Iñaki pareció harto de contenerse.

"Polanco logra que el Supremo procese a Liaño y que se archive el 'caso Sogecable". Con este título abrió esa mañana su primera página el periódico *El Mundo*. Iñaki Gabilondo dijo a sus oyentes que los delirios de un sector de la prensa suponían la vuelta del Tribunal de Orden Público (TOP) convertido en Tribunal de Orden Periodístico. Y se confesó espantado porque un número determinado de periodistas en España hubiera decidido constituir tribunales especiales para juzgar la realidad del país en clave de "polanquismo-felipismo". "Hace algún tiempo que la COPE", indica, "también resolvió cualquier complicación y ha pasado a explicar los hechos en esa misma clave hipnótica. Semejante reduccionismo actúa de ablandador de equipos periodísticos, porque ¿para qué te vas a molestar en averiguar las complejas realidades, si ya sabes que hay una causa universal? Hemos llegado a una situación alarmante. Y el periodismo está obligado a reaccionar o se va al garete."

En los días anteriores a la citada fecha, Iñaki había puesto todo el énfasis, durante las conversaciones para este libro, en la "goebbeliana" repetición de esa consigna del "polanquismo-felipismo" por parte de medios de comunicación hostiles al Grupo PRISA. De todas sus preocupaciones respecto al lenguaje, la primera era, sin duda, la peligrosa tendencia a la simplificación, y a ella volvía insistentemente cada vez que la actualidad le servía un nuevo ejemplo. "El que oiga ese mensaje todos los días acabará inyectándoselo en vena y si nadie le cura esta enfermedad al periodismo, un día habremos perdido toda la solvencia en medio del gran mitin. Es el primer mal que aqueja a la información en España: aquí la verdad, en clave 'polanquista-felipista', y aquí, en clave 'pedrojotarramirecista'. ¿Mañana quién va a creer nada de los medios de comunicación?"

En la edición de *Hoy por hoy* correspondiente a ese 18 de junio, Iñaki Gabilondo explotó por entender que las especulaciones vertidas bajo ese resobado cliché contravenían el Estado de derecho. Su contundente reacción en antena, en que se sinceraba ante la audiencia sobre los riesgos del periodismo, no dejó de sorprender. En todo el largo culebrón del "caso Sogecable", en que el Grupo PRISA sufrió un duro acoso de sus rivales mediáticos, Iñaki había eludido por todos los medios la tentación de zambullirse en la refriega.

Ahora, una vez que la justicia ponía las cosas en su sitio, creyó llegado el momento de escribir "¡basta!" en su programa.

BRONCAS 'SOGECABLIANAS'

En el encuentro de ese día para este capítulo del libro confesó estar dispuesto por una vez a saltar al ruedo de verdad con todas las consecuencias.

"Estoy verdaderamente molesto, y si tengo que estar quince días peleando, pues estaré quince días peleando. Siempre he querido que los oyentes tengan clara una cosa: que les voy a jugar limpio. Es lo único que me preocupa. En las broncas 'sogecablianas' hubo momentos de alta excitación, y a nuestra casa la excitación alguna vez le salpicó también y es posible que a algunos les haya decepcionado el modo poco guerrero con que yo estaba interviniendo. En el programa dijimos un par de veces que respetábamos la justicia y que estábamos convencidos de que el Grupo PRISA no tenía ningún reproche penal que recibir (hasta el propio García Añoveros dijo en la tertulia de *Hoy por hoy* que no pensaba hacer ningún comentario sobre el tema). Yo no creía que tuviera que entrar a matar. Sin embargo, ahora he estado completamente convencido de que tenía que entrar diciendo: oiga, un momento, yo no sé si Gómez de Liaño es culpable, pero sí sé que Polanco es inocente, y Juan Luis Cebrián y todos los restantes. Ante las decisiones judiciales que se han producido, no cabe otra lectura en un demócrata que: éste puede ser culpable, todavía no lo es, pero éste ya es inocente. Por lo tanto, los periodistas demócratas no podemos permitir que se diga, a la luz de una información como ésta: 'Polanco, culpable de ser inocente'. No, no, eso no. Eso ya de ninguna manera.

"Que sepan que yo me administro. No quiero militar en la batalla del día a día. Procuro no hacerlo. Y cuando creo que es mi obligación, entonces entro y digo: un momento, esto ya no vale, esto sí que no. Estas cosas tienen que sublevar a un demócrata sincero, porque son propias de quienes no creen en la democracia. Yo, que soy una persona llena de infinitas dudas, y que el 99% de las cosas no las tengo claras, ésa para mí está tan clara como que cuando Franco se murió yo tenía treinta y tres años. Da la casualidad de que lo del Estado de derecho yo me lo he creído. Aquí se coge a un abogado hablando con un etarra y se oye cómo dicen que hay que matar a unos guardias civiles, pero la grabación ha sido obtenida sin permiso judicial y el garantismo del Estado de derecho exige que esa prueba no se maneje, y yo defiendo en antena que no se maneje. Pero resulta que Polanco es culpable aunque diga la Audiencia Nacional que no lo es. Es una ignominia de tal calibre... Todos éstos que montan el follón están constantemente atribuyéndole todos los males del país a Polanco, es una obsesión disparatada. Se da la circunstancia de que en este caso el que dice que percibe movimientos de componenda se llama Baltasar Garzón; el que denuncia que ha habido intrigas de periodistas se llama Luis María Anson; el que decide que el caso se tiene que cerrar se llama Audiencia Nacional, y el que decide que hay que procesar al juez Liaño se llama Tribunal Supremo. ¿Qué coño tiene que ver en todo eso Polanco? Pero de un tiempo a esta parte, andan con esa cantinela, Polanco, Polanco, Polanco, y es ni más ni menos que una simplificación fascista. Yo he estado atándome todo este tiempo para no saltar, pero cuando llega el Tribunal Supremo y llega la Audiencia Nacional y ponen las cosas en claro, entonces digo, esto se acabó. Es la vez que más inquietante me ha resultado este viejo asunto, porque he visto que tampoco las decisiones de los tribunales valen para desactivar determinadas actitudes antidemocráticas. Y eso ya no me agrada y me empieza a poner nervioso y es probable que, aunque yo sea de un natural más o menos apacible, con éste y otros asuntos que vengan por el estilo un día me vaya a enredar de verdad."

A este paso, señala que en el periodismo español se acabará elevando una barrera ética similar a la frontera ideológica que separó en su día ante el franquismo "a unos allí y a otros aquí". En su opinión, el archivo del "caso Sogecable" y el procesamiento del juez que lo instruyó ha abierto una brecha en la prensa, al cuestionar un sector de la misma el Estado de derecho. El incidente abunda en la demanda que en estas páginas hace Iñaki de un urgente debate sobre los medios de comunicación y el futuro del periodismo en España, antes de que sea tarde y en lugar de una autocrítica corresponda hacer una autopsia. A su juicio, causa verdadero vértigo que la cultura del manoseo informativo en materia mediática y política, donde todo aparentemente vale, no pare de supurar insidias aun cuando se pronuncien los tribunales, pues ése debería ser el muro donde choquen todas las cavilaciones periodísticas.

La oportunidad de esa reflexión para un periodismo de vocación democrática no debería estar tan referida al cambio cronológico (siglo nuevo, vida nueva), como al hecho de que la Constitución española, que consagra la libertad de expresión, acaba de cumplir veinte años de vigencia. "Si mañana, a Mario Conde le archivan definitivamente el caso Banesto, esa misma mañana yo me tiro en plancha ante el micrófono y le digo a los oyentes, este señor es inocente. ¡Es que así es como debe ser!"

Vídeo y ética

La ética periodística, según sostiene, debe estar de guardia permanente. Cuenta cómo llegan a veces por "urgencia" a la Redacción algunos casos bajo la engañosa apariencia de constituir un escándalo en toda regla. Y cita como ejemplo el célebre vídeo sobre las intimidades del director del periódico *El Mundo*, Pedro J. Ramírez:

"Alguien dijo, acaba de llegar esta cinta de vídeo con imágenes de Pedro J. Empecé a visionarla y no continué. Fui todo lo rápido que pude al teléfono y lo llamé: querido Pedro, soy Iñaki y quiero decirte que acabamos de recibir un vídeo que me parece ignominioso, una encerrona abominable hacia tu persona, y cuenta con que yo nunca voy a permitir que en mi programa hagan uso de esto. Sé que él me lo agradeció. Y después le transmití a Augusto Delkáder mi postura, que coincidía plenamente con la que iba a adoptar la SER. Y eso está en el haber de esta casa."

En la historia del periodismo español, llama la atención que las relaciones del poder con el Grupo PRISA estuvieron siempre marcadas por la desconfianza. El gobierno socialista, y especialmente el popular, han mostrado en sus primeros años de gestión un determinado recelo hacia los movimientos empresariales del primer grupo de comunicación del país. Para Iñaki Gabilondo, la mayor mentira que se ha creído o ha querido creerse, en este caso, el Gobierno del Partido Popular es que el Grupo PRISA fuera un enemigo en acción contra el poder instituido:

"Me parece completamente lunar. Tardé mucho en convencerme de que era verdad que personas muy significativas en ese partido habían llegado a pensar que un grupo de comunicación tan importante estaba apuntando los cañones contra ellos. Constituyó para mí una gran sorpresa y ha marcado muchísimo la Legislatura. Ese juego de tensiones nos lo hubiéramos podido ahorrar en España y todos nos habríamos dado un tiempo más sereno y apacible. Confundir la no afinidad con la enemistad en acción y llevarlo a extremos de una declaración de guerra frontal, ha sido una sorpresa y una torpeza. Y en esto no estoy siendo ningún ingenuo. Hubiera entendido que, desde su posición privilegiada, el poder se decidiera por potenciar otros medios a su conveniencia. Pero de ahí a que todo un Gobierno de la nación pueda creerse el discurso de unos cuantos que andan diciendo que en España hay un Estado dentro del Estado, que domina hasta el poder judicial, me resulta inexplicable. Un grupo de comunicación importante opta, por tendencia natural, a vivir en la más razonable armonía, desde la afinidad o la desafinidad, con el poder, esté quien esté, democráticamente elegido. Las instituciones que tienen por su propio peso un valor vertebrador de un país no son elementos disolventes ni revolucionarios. Eso otro es más propio de pequeños grupos de comunicación con vocación francotiradora o ideológicamente en el extrarradio. Pero éste es un señor grupo, potente y civilizado, homologado por las entidades bancarias más fuertes del país y conectado con destacados grupos de comunicación internacionales. El mayor disparate, el mayor error y la mayor demostración de bisoñez del Partido Popular ha sido haberse fabricado esa guerra innecesaria con el Grupo PRISA, en un juego de camorrismo que no logro entender. ¿El Grupo PRISA convertido en aparato de guerra contra el poder constituido? Que eso de verdad lo hayan dicho algunos, cuela, pero lo que no me encaja en absoluto es que haya podido ser asumido desde instancias del poder político sin que les diera un ataque de risa."

El final del "caso Sogecable" cierra un periodo político marcado por la confrontación y abre un nuevo ciclo en las relaciones mediático-políticas en España. Coincide con el cambio de imagen del Gobierno Aznar, al sustituir a Miguel Ángel Rodríguez por Josep Piqué como portavoz, y con el deseo expresado por el presidente, tras las vacaciones, de centrar definitivamente su política.

Jesús de Polanco: "el equilibrio de Iñaki"

Jesús de Polanco, presidente del grupo PRISA, sitúa el origen histórico de la vieja antipatía del poder hacia este grupo, descrita anteriormente por Iñaki Gabilondo, en el rápido éxito que *El País* alcanzó en los albores de la democracia, 1977, al año de salir a la calle. Los sucesivos gobiernos democráticos desconfiaron siempre de ese grupo periodístico que crecía tan "deprisa" sin ataduras políticas.

"Nosotros somos un grupo profesional puro y duro", señala Jesús de Polanco. "O sea, cada uno de los que trabajamos en el Grupo PRISA podremos tener nuestra ideología, pero en modo alguno hemos estado al servicio de ninguna causa política, económica, religiosa... Nacimos con el diario *El País*, que en el año 76 enarbolaba las banderas de una sociedad moderna, el Estado de derecho, la democracia y la integración en Europa. Y en eso hemos querido ser, a lo largo de nuestra trayectoria, apasionadamente vehementes. Pero no hemos estado en operaciones políticas de ninguna naturaleza. Ahora bien, hay un hecho decisivo, y fue el éxito que enseguida experimentó *El País*. En 1977 ya quedó demostrado que *El País* había triunfado. Y desde entonces, desde que se produjo ese acontecimiento, se nos han venido atribuyendo, por parte de nuestros enemigos, todos los males del mundo. Acaso resulte obvio que los grupos políticos, económicos o religiosos estén disgustados porque no nos hemos plegado a ninguno. Pero estoy convencido de que la clave del Grupo PRISA es nuestra absoluta independencia, que yo proclamo, cuando se me pregunta, diciendo que detrás de mí no hay nadie."

En ese sentido, destaca que desde la UCD al PP, pasando por el PSOE, la Administración, sistemáticamente no ha visto con buenos ojos la conformación de este grupo de comunicación que comenzó echando raíces en un periódico y quiso después desarrollarse en los campos radiofónico y audiovisual. "Nadie de los que han gobernado facilitó a nuestro grupo crecer. Cuando en 1983 el Grupo PRISA dio el paso de entrar en la cadena SER, despertó recelos en aquella democracia novicia que estrenaba socialismo. Más aún, posteriormente, al desembarcar, en 1992, en Antena 3 Radio, se desencadenó el gran conflicto mediático.

"Como digo, paradójicamente, el *handicap* de PRISA era el éxito de *El País*, y cuando un medio alcanza demasiado éxito y no depende de nadie, todo el mundo tiende a evitar que crezca. A nosotros, ni la UCD nos dio concesiones de radio para poder montar una cadena, ni después, cuando entramos en la SER, los socialistas nos dieron concesiones de radio para resolver nuestros planes de expansión. Necesitábamos, y todavía hoy necesitamos, más postes. Entonces, se presentó la oportunidad de Antena 3 Radio y nuestros competidores dentro de esa cadena cometieron el terrible error de crear una crisis interna en la empresa, enfrentándose al socio mayoritario, Javier Godó. Aquello impulsó que Godó y yo llegásemos a un acuerdo en una cena, y sobró tinto de aquella cena para que el acuerdo se cerrara. Después se han dicho barbaridades, como que el acuerdo se había fraguado en despachos del Gobierno. Esas manipulaciones producen hilaridad. Lo que estoy diciendo aquí fue lo que pasó, simplemente las torpezas de nuestros competidores facilitaron el encuentro entre Javier y yo."

En relación con los planes televisivos del Grupo PRISA, recuerda que "los socialistas hicieron lo que fue conocido como 'ley antiPolanco' para evitar que pudiéramos tener más del 25% en cualquier empresa de televisión; incluso el proyecto de ley que envió el Gobierno a las Cortes pretendía que no excediera del 15%, pero allí les dijeron, ¿cómo van a tener menos que cualquier ciudadano? Aquella ley de la televisión privada, de finales de los ochenta, estaba claro que perseguía impedir que nosotros hiciéramos el tipo de actividades que luego hemos conseguido desarrollar. De aquellos obstáculos parecen haberse olvidado nuestros adversarios".

Polanco se declara oyente leal de Gabilondo —"lo escucho, al menos, una hora todos los días"— y cuando fue entrevistado para este libro ya conocía las reflexiones que el periodista había hecho en su programa, en aquellas mismas fechas, sobre la socorrida tesis del "polanquismo-felipismo" aireada con entusiasmo por medios de comunicación hostiles a PRISA para explicar los problemas del país. El encuentro con el presidente de PRISA se produjo en la Fundación Santillana, en Madrid, un día que no era un día cualquiera, sino el 10 de julio, precisamente, la misma mañana que la prensa informaba que el Consejo General del Poder Judicial (CGPJ) había decidido respaldar a un magistrado del Tribunal Supremo frente a las acusaciones lanzadas contra él por el diario *El Mundo*. Se trataba de una derivación periodística del archivo, semanas antes, del "caso Sogecable" y del procesamiento del juez Liaño. El CGPJ salía al paso de las informaciones del citado periódico que habían intentado tergiversar en esos días la amistad existente entre ese magistrado y uno de los abogados del presidente de PRISA y de Sogecable, Jesús de Polanco. Se trata de uno de los magistrados que tendrá que juzgar al juez Liaño, procesado a raíz de una querella del Grupo PRISA.

La nota oficial del CGPJ abordaba un aspecto de la actividad periodística, que constituía, precisamente, el núcleo de las reflexiones de Iñaki Gabilondo en estas mismas páginas:

"La Constitución española ampara la libertad de información", señalaba el texto, "pero exige que ésta sea veraz, y ello impone una especial diligencia al informador en la comprobación de los elementos de hecho objeto de aquélla, diligencia que obviamente no se ha producido en este caso.

"Del mismo modo, la libertad de expresión habilita para formular opiniones o valoraciones sobre hechos concretos, pero su fiabilidad queda en entredicho cuando éstos no se corresponden con la realidad.

"Yo creo que podemos decir que hoy es un día importante para el Estado de derecho", señala Jesús de Polanco. "Porque esa postura del CGPJ constituye una clara voluntad de restablecer los equilibrios de poderes democráticos frente a quien de manera prepotente trata de decirle al Tribunal Supremo qué es lo que tiene que hacer y qué es lo que tiene que decir. Ante eso, el órgano que gobierna el poder judicial le dice empiecen por cumplir con su obligación y digan la verdad."

Los síntomas de desgaste de la credibilidad periodística en la última década del siglo, que había sido un tema central en Gabilondo a lo largo de este libro, exigen, en opinión de Polanco, estar en continua alerta ante las "perversiones" de algunos medios de comunicación en una democracia que aún es inmadura. "¡Hombre!, yo soy muy optimista", afirma. "En España, es cierto que tenemos todavía poca musculatura democrática y poca experiencia de periodismo democrático. Pero yo he vivido el peso que tuvo el famoso 'parlamento de papel' en la transición política de este país. Tuvo mucho peso. Otro hecho cierto es que en los últimos años de la etapa anterior hubo una pinza político-mediática para expulsar a los socialistas del Gobierno. Eso son deformaciones, perversiones del sistema, y ahora vemos cómo al nuevo Gobierno le está costando distanciarse de ese fenómeno. Pero, como digo, yo confío en que la sociedad en el futuro, que ya es una sociedad mediática, sepa establecer sus propias normas de convivencia que eviten, como el peor de los fantasmas, el abuso del poder. La sociedad española deberá saber imponer un necesario equilibrio de poderes, y estamos hablando de esto justamente un día que por todo eso es tan importante en mi opinión."

Al llegar los de *El País* a la SER en los primeros años ochenta, no sólo traían bajo el brazo un estilo acreditado de gestión, sino ideas renovadoras, como vimos al hablar con Augusto Delkáder. Las ideas de PRISA, a juicio de su presidente, venían inspiradas en el talante progresista del diario que dirigió Juan Luis Cebrián desde su fundación en 1976 hasta 1988, el año en que Polanco le pidió que aceptara ser consejero delegado de la empresa.

"Cuando entramos en la SER, Juan Luis era todavía director de *El País*. Un día de junio del 88, en este mismo despacho, le planteé si estaba dispuesto a dejar la dirección del periódico para venir a trabajar a la empresa como consejero delegado. Me pidió el verano para responderme y el día uno de septiembre me contestó que sí. Ahora hace diez años de aquello. Él ha sido fundamental en la línea periodística del grupo. El gran acierto histórico de todo esto fue contar con él para ser el primer director de *El País* y después mantener sin desviaciones esa misma corriente. El éxito de Cebrián le ha convertido luego en una de las personas más atacadas en España. Si alguna vez mis queridos colegas concurrentes han creído posible romper la sintonía entre Cebrián y yo, no lo han conseguido. Llevamos veintitrés años despachando a diario. Que son años... ¡Casi un cuarto de siglo!"

Hay un cierto paralelismo que parecía reservarse la historia entre la primitiva SER —antes Unión Radio— y su posterior encuentro con el Grupo PRISA, es decir, entre los años veinte y los años ochenta, pues en aquel entonces la cadena radiofónica nacía vinculada al diario *El Sol* y en esta última etapa lazos semejantes se produjeron con *El País;* en ambos casos periódicos de talante progresista. Jesús de Polanco rescata de esa memoria periodística y empresarial de España la figura de Nicolás Urgoiti, unida por consanguinidad con Ricardo Urgoiti —director fundador de Unión Radio— a la trayectoria de la cadena SER.

"Es un personaje muy curioso de la historia de España de este siglo XX. Muy curioso y muy importante. Nicolás Urgoiti procedía del mundo industrial, de los fabricantes de papel en España. Es el que crea la Papelera Española, organiza la distribución en este sector y constituye dos grandes clientes del papel: uno, la editorial Espasa Calpe, que nace de la fusión de Espasa y Calpe, y el otro, el diario *El Sol*, dos espléndidas aventuras que ha habido en España. Luego, Ricardo es el que se pone al frente de la dirección de Unión

Radio, y ese conjunto es el gran grupo mediático, que después, curiosamente, iba a sufrir los avatares de *El Sol*, cuando tuvo problemas porque era demasiado fuerte y trataban de evitar que Urgoiti fuera tan poderoso."

La filosofía del Grupo PRISA arraigó en la SER. Su presidente destaca la feliz coincidencia con un profesional de las características de Iñaki Gabilondo en esta última empresa.

"Nosotros hemos querido hacer un proyecto coherente, en el que Cebrián es vicepresidente de la SER; Javier Díez de Polanco, consejero delegado; Augusto Delkáder, director general, y Daniel Gavela, director. Buscar una simetría en el compromiso con la democracia ha sido nuestro objetivo y lo hemos ido haciendo con nuestra gente. Cuando yo llegué a la SER, le ofrecimos a Iñaki Gabilondo ser el director de los Informativos. Y el dijo que no, que no quería dirigir los Informativos, que lo que quería hacer era su programa. Y apostamos por él. El *Hoy por hoy* se crea ya con nosotros en la SER. Entonces, Delkáder asumió esa responsabilidad, porque nuestro propósito era hacer que fueran absolutamente coherentes el esfuerzo periodístico de *El País* y el que se iba a realizar en la cadena SER."

Para Jesús de Polanco, Iñaki Gabilondo es un *rara avis* en tiempos de periodismo visceral, y constituye a estas alturas un fenómeno que llama poderosamente la atención porque su éxito contradice las reglas de juego que se han impuesto en amplios segmentos de la comunicación en España. El oyente que preside la empresa en la que trabaja Iñaki lo ve así:

"Yo creo que Iñaki es un personaje sui géneris. En él tiene una enorme influencia su genética vasca, hay muchas gotas de eso en su forma de ser. A mí siempre me interesó Iñaki. Lo he oído en la radio, lo he visto trabajar en la televisión, y siempre ha desprendido un gran equilibrio personal, que con el tiempo iba a ser tan necesario en este ámbito contrariado y beligerante en que se ha convertido el mundo de la comunicación en España. A mí me ha parecido encomiable su apuesta por la radio.

Yo, que le oigo todos los días, le he visto reaccionar ante esa noticia urgente que le entra de pronto como un rayo, y cómo la acomoda en su programa y cómo se la entrega a los oyentes con una capacidad de síntesis, con una naturalidad que sólo es posible en grandes comunicadores como él. Si tengo que decir qué valoro más en Iñaki, diré que su sorprendente habilidad para colocarse en la cabeza de un oyente medio. Es verdad que a Iñaki lo entiende cualquier ciudadano. Pero hay otro aspecto de su personalidad con el que me identifico, y que tiene que ver tanto con sus condiciones profesionales como con su actitud. Su actitud ética. La radio tiene cierta tendencia a facilitar que los comunicadores con ambición de protagonismo exploten las ventajas de persuasión propias del medio, ese factor intimista de la voz que le llega a uno al rincón más insospechado, con el fin de manipular la información en su destino. En el caso que nos ocupa, estamos ante alguien en posesión de una extraordinaria voz y de una gran capacidad intelectual que ha decidido no manipular a nadie. Eso es lo que me infunde más respeto hacia él y estoy convencido de que es la clave de su éxito. Iñaki ya sabe que hay quienes quieren que les coman el coco y que a esos nunca llegará, por suerte. El suyo es un periodismo civil. También es verdad que estoy encantado de que así sea."

Bibliografía

ALTED, Alicia, y otros: *Triunfo en su época*, Casa de Velázquez-Ediciones Pléyades, Madrid, 1995.

BAREA, Pedro: *La estirpe de Sautier*, El País-Aguilar, Madrid, 1994.

BRADLEE, Ben: *La vida de un periodista. Memorias del director del Washington Post*, El País-Aguilar, Madrid, 1996.

CEBRIÁN, Juan Luis: *Cartas a un joven periodista*, Planeta, Barcelona, 1997.

CRONKITE, Walter: *Memorias de un reportero*, El País-Aguilar, Madrid, 1996.

CRUZ RUIZ, Juan: "25 años de 40 Principales", *El País*, Madrid, 1991.

DÍAZ, Lorenzo: *La radio en España, 1923-1995*, Alianza Editorial, Madrid, 1992.

DÍAZ, Lorenzo: *La televisión en España. 1949-1995*, Alianza Editorial, Madrid, 1994.

EZCURRA, Luis: *Historia de la radiodifusión española*, Editora Nacional, Madrid, 1974.

FRATTINI, Eric, y QUESADA, Montse: *La entrevista. El arte y la ciencia*, Eudema, Madrid, 1994.

GÓMEZ DE LA SERNA, Ramón: *Greguerías*, Ediciones Cátedra, Madrid, 1995.

HERAS, Raúl: *Enciclopedia política y atlas electoral de la democracia española*, Ediciones Temas de Hoy, Madrid, 1997.

MCLUHAN, Marshall: *Comprender los medios de comunicación*, Paidós, Barcelona, 1996.

MUNSO CABUS, Juan: *40 años de radio, 1940-1980*, Ediciones Picazo, Barcelona, 1980.

Escrito en el aire, RTVE, Madrid, 1988.

PREGO, Victoria: *Así se hizo la transición*, Plaza y Janés, Barcelona, 1996.

RAMONET, Ignacio: *La tiranía de la comunicación*, Editorial Debate, Madrid, 1998.

SÁNCHEZ, Chelo: *Las tertulias de la radio*, Universidad Pontificia de Salamanca, Salamanca, 1994.

SILVESTER, Christopher: *Las grandes entrevistas de la historia. 1859-1992*, El País-Aguilar, Madrid, 1997.

URBANO, Pilar: *Con la venia... yo indagué el 23-F*, Argos Vergara, Barcelona, 1982.

VÁZQUEZ MONTALBÁN, Manuel: *Crónica sentimental de España*, Grijalbo, Barcelona, 1998.

VILLOT, Ramón: *Rencontre 1985*, Unión Europea de Radiodifusión y RNE, Madrid, 1986.

Agradecimientos

Los autores quieren agradecer la generosidad de Augusto Delkáder y Daniel Gavela. Asimismo, desean dejar constancia del empeño personal, casi histórico por su antigüedad, de Carmen Lacambra y Adolfo García Ortega para hacer realidad este proyecto. Por otra parte, expresan un especial agradecimiento a la colaboración prestada por Antonio García Ferreras. Fue valiosa la contribución de mucha gente: Paloma Quintanilla y el equipo de *Hoy por hoy*, Juan de Dios Rodríguez Pariente, Marta García Miranda, Ángeles Afuera, Joaquín Luque, Rosemary Jarque, Lucas Fernández, Natalia Wildpret, Conchi Trujillo, Ana Borderas, Alicia Martín Ramos, Juan Carlos González *(Xuáncar)*, Juan Carlos Mateu, Antonio Salazar, Santiago González, Julio Hernández García, José Antonio Pardellas, Xiomara Ávila Padrón, Mari Carmen Pérez Galván, Almudena Velasco Zamora, Edurne G. Ordóñez, Montserrat Medina Pérez, Ana María Jiménez Pérez, Lidia Rodríguez Pestano, Rita Guillén Suárez y María Jesús León Ledesma. Resultó vital la información aportada por Ramón Gabilondo, Urko Gabilondo e Iñaki Gabilondo, hijo, así como por los departamentos de Comunicación, Marketing y Documentación de la cadena SER. Una vez redactado este original, y ante la ausencia de un título convincente, el director de la SER, Daniel Gavela, sugirió el definitivo. Cuando la idea del libro nació, fue decisiva la orientación de Juan Cruz.

Agradecimientos

Este libro se terminó
de imprimir en los
talleres gráficos de Gráfica Internacional,
el 19 de noviembre de 1998.